Christian Rätsch, geboren 1957, studierte in Hamburg Altamerikanistik, Ethnologie und Deutsche Altertums- und Volkskunde. Er promovierte über das *Erlernen von Zaubersprüchen* (1985) und veröffentlichte Artikel in *Trickster, Pogrom* und *Unter dem Pflaster liegt der Strand.*

Von Christian Rätsch (in Zusammenarbeit mit Heinz-Jürgen Probst) ist als Knaur-Taschenbuch erschienen:

»Namaste Yeti« (Band 3801)

Vollständige Taschenbuchausgabe 1987
Droemersche Verlagsanstalt Th. Knaur Nachf., München
Lizenzausgabe mit freundlicher Genehmigung
des Kindler Verlages, München

Umschlaggestaltung Adolf Bachmann, Reischach
Umschlagillustration Christian Rätsch
Gesamtherstellung Ebner Ulm
Printed in Germany 5 4 3 2 1
ISBN 3-426-03883-8

Christian Rätsch:
Bilder aus der unsichtbaren Welt

Zaubersprüche und Naturbeschreibung bei den Maya und Lakandonen

Mit zahlreichen Abbildungen

Knaur

ti' hach k'ax yetel u winikil
ti' in x balum yetel u winik esalen

Für den Regenwald und seine Bewohner
Für Claudia und die Esalen-Indianer

Inhaltsverzeichnis

Vorwort

Die Erde lebt. Wir leben. Alles Leben ist verbunden. Für die Naturvölker der Erde ergibt sich daher folgender Schluß: Geist und Körper können nur dann im Gleichklang miteinander sein, wenn die Erde in diese Harmonie integriert ist. Eine kranke Erde hat kranke Erdbewohner. Die Kräfte der Erde und der Pflanzen, die auf ihr wachsen, geben den Schamanen aller Kontinente die Grundlagen des Heilens.

Für die Hopi auf dem kargen Hochland des Colorado Plateau ist die Unversehrtheit heiliger Plätze und Berge Voraussetzung für das Überleben aller Lebewesen. Die jahreszeitlichen Zeremonien dieses Pueblovolkes gelten daher vor allem der Erhaltung bzw. der Wiederherstellung des durch industrielle Großprojekte gestörten Gleichgewichts der Natur.

Für die Lakandonen im Tiefland des tropischen Mexiko ist der Regenwald Lebensraum und Spiegel des Kosmos. Ihr Wort für Welt ist Wald. Stirbt der Wald, naht das Ende der Welt.

Hopi und Lakandonen gemeinsam ist das Wissen und die Sorge um globale Zusammenhänge, obgleich ihr Handlungsradius den lokalen Horizont nicht überschreitet. Hier liegt die Bedeutung ihrer Kultur für die unsere.

Hopi und Lakandonen werden von uns als Naturvölker eingestuft. Wir haben dieses Stadium »überwunden« und damit jene spirituelle Verbundenheit mit unserem Lebensraum eingebüßt. Unsere Umwelt ist entseelt – dies manifestiert sich bereits in den Materialien unseres selbstgeschaffenen Environments: Beton, Asphalt, Stahl, Aluminium, Polyester, Styropor.

Wir sind kein Naturvolk: Das Umweltverständnis westlicher

Industrienationen reicht gerade bis zur Ökologie. Wir akzeptieren, meist gezwungenermaßen, biologische Interaktionen und ihre Verletzlichkeit, ignorieren aber die spirituelle Ebene dieses Zusammenwirkens. Unser Ökologieverständnis ist, entgegen dem der Naturvölker, unvollständig.

»Zauberei«, so schreibt Rätsch, »ist eine Mitteilung über eine Wirklichkeit und eine Beschreibung dieser Wirklichkeit. Und sie ist zugleich eine Mitteilung an unser Bewußtsein. Das Bewußtsein ist der Spiegel der Wirklichkeit . . . verändert man die Wirklichkeit, wandelt sich mit ihr das Bewußtsein. Mit der Zauberei wird die Wirklichkeit verändert, . . . einem gewünschten Zustand angepaßt.«
Zaubersprüche sind Formeln der Veränderung. Haben wir uns mittlerweile aller Zaubersprüche entledigt? Ist unsere Sprache inzwischen ohne die magische Kraft, auf die Realität einzuwirken?
Nein. Zauberei ist noch immer im Spiel, wenn auch keine gute. Der Wald stirbt. Über die Hälfte des deutschen Waldes ist bereits tot. Dieses bedrohliche Phänomen hat in der deutschen Sprache den Namen »Waldsterben« erhalten. Damit ist, kraft unserer Sprache, das Schicksal des Waldes besiegelt: Auf den Prozeß des Sterbens kann der Mensch ja nicht einwirken. Uns bleibt nur die Trauer. Wir trauern um den sterbenden Wald. Doch der Wald stirbt weder an Altersschwäche, noch wurde er von einem Virus aus Übersee befallen. Der Wald ist Opfer in einem stummen Krieg. Wir wissen, wer ihn tötet. Wir könnten es verhindern. Doch der fatalistische Begriff des Waldsterbens läßt uns resignieren. Der Wald wird von *uns* getötet: Er ist Opfer *unseres* Way of life. Unser Wald ist nicht mehr unsere Welt. Daher nehmen wir den Krieg gegen den Wald nicht wahr. Sprache kaschiert den Massenmord.
Regierung und Medien bedienen sich der Zauberei: Mit gezielter Benennung verschaffen sie sich die gewünschte Wende für den Lauf der Dinge und lenken das Bewußtsein der Bevölkerung auf eine realitätsferne Wirklichkeit, um jene Welt des

20. Jahrhunderts zu retten, in der die Zauberer des Fernsehens die Richtung der Kultur bestimmen.

Jede Zeit hat ihre Zauberer. Methoden und Ziele unserer Zauberer lassen erkennen, wie weit wir uns von den natürlichen Zusammenhängen (zu denen wir nach wie vor gehören!) entfernt haben. Der Leser, der mit Rätsch den Regenwald betritt, wird mit einer exotischen Welt konfrontiert. Die Exotik dieser Welt, ihrer Medizin, ihrer Zauberei schöpft ihre Faszination (die sie auf uns ausübt) wie auch ihre Ablehnung (die sie bei vielen hervorruft) aus der Andersartigkeit unserer westlichen Zivilisation. Was wir als fremd, exotisch, anachronistisch, irrelevant bezeichnen, war vor uns da. Nicht die Lakandonen sind »anders«, sondern wir sind es. Wir haben uns verändert.
Begegnungen mit dem Fremden öffnen die Augen für das Nahe. Darin liegt die politische Relevanz dieses Exkurses in den Regenwald für uns.
Der Ethnologe Christian Rätsch hat akademische Tabuzonen übertreten und damit seinen Mut als Wissenschaftler bewiesen. Vielleicht gehört sein Buch einmal zu jenen Veröffentlichungen, denen man nachsagt, daß sie eine Tür geöffnet haben: die Tür zu einem Raum des Weltgebäudes, über dessen Gestaltung und Bedeutung bislang nur wenig Zuverlässiges zu erfahren war.

Claus Biegert

DAS GRUNDLEGENDE NETZWERK DER TRAUMSYMBOLE UND DEREN DEUTUNGEN

(———▶ bedeutet Deutung/Prophetie)

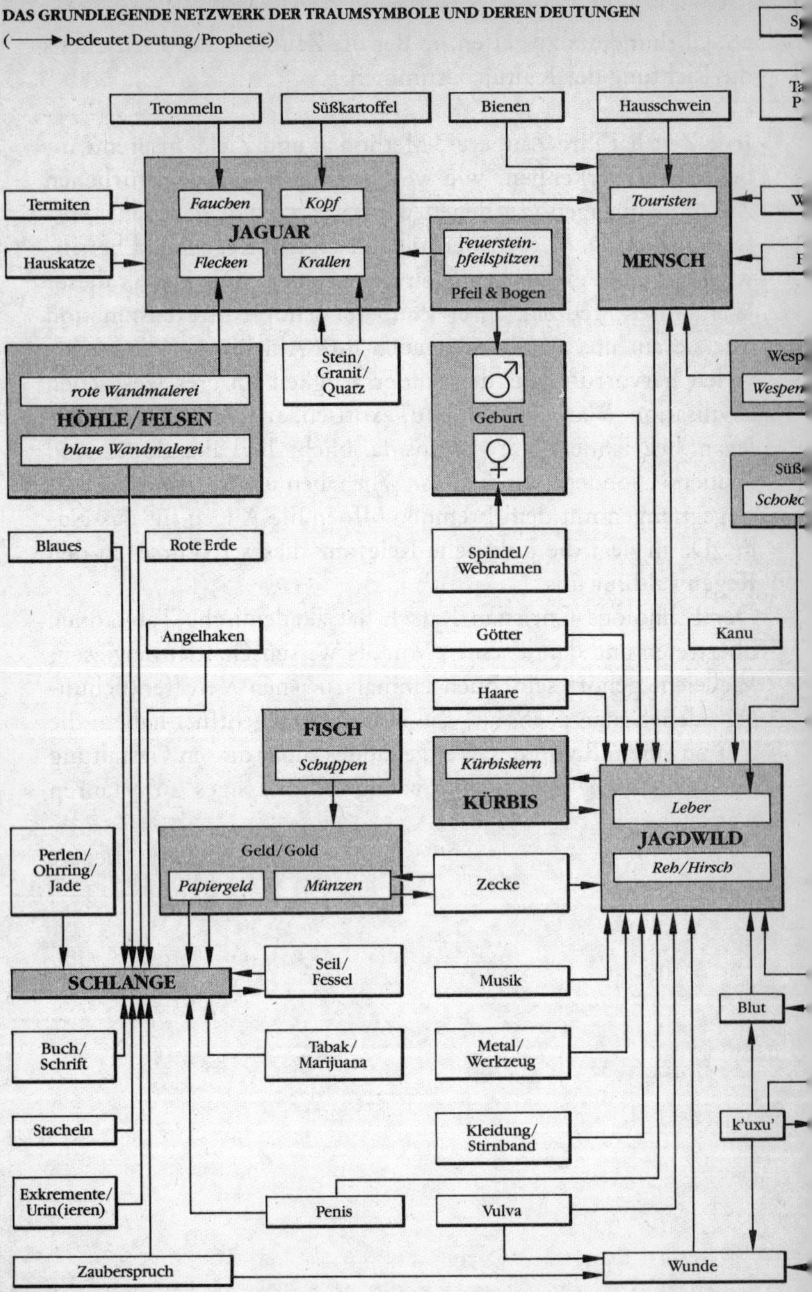

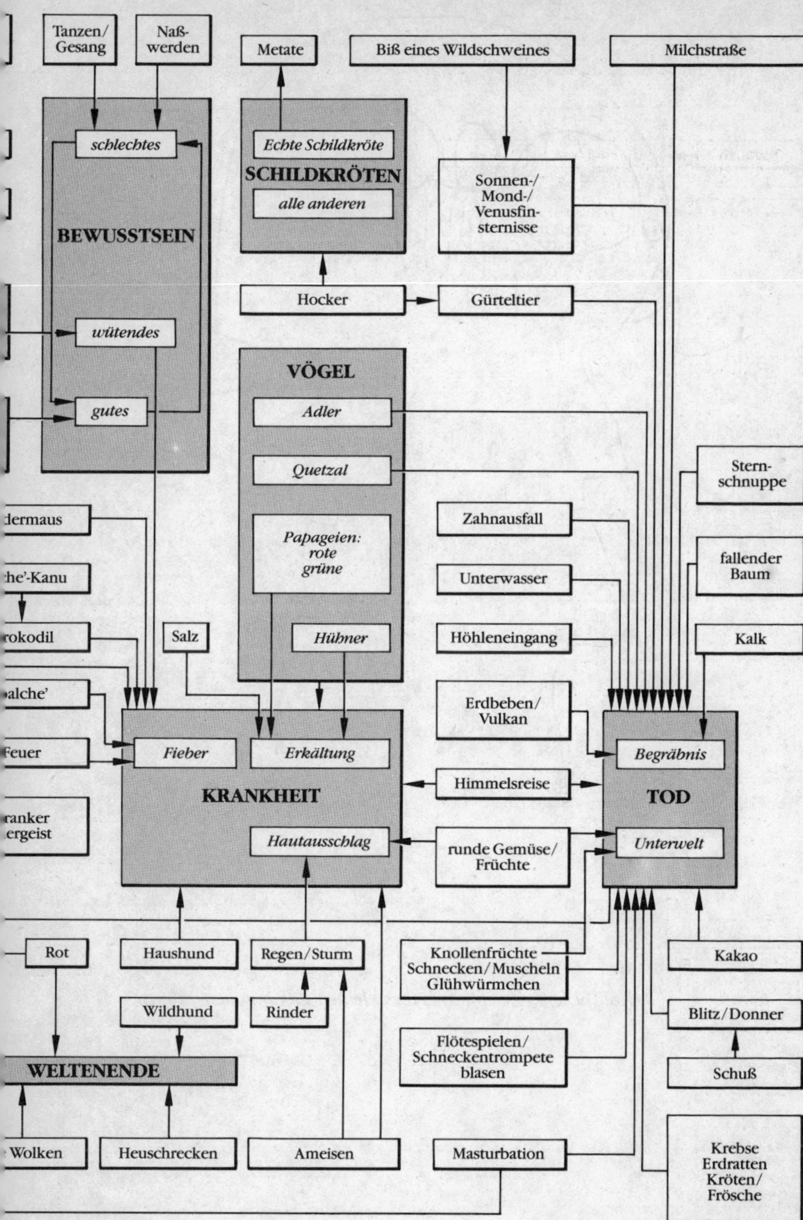

Tanzen/ Gesang
Naß-werden
Metate
Biß eines Wildschweines
Milchstraße
schlechtes
BEWUSSTSEIN
wütendes
gutes
Echte Schildkröte
SCHILDKRÖTEN
alle anderen
Sonnen-/ Mond-/ Venusfinsternisse
Hocker
Gürteltier
VÖGEL
Adler
Quetzal
Papageien: rote grüne
Hühner
Stern-schnuppe
Zahnausfall
fallender Baum
Unterwasser
Höhleneingang
Kalk
Salz
Erdbeben/ Vulkan
Fieber
Erkältung
KRANKHEIT
Hautausschlag
Himmelsreise
rund Gemüse/ Früchte
Begräbnis
TOD
Unterwelt
Rot
Haushund
Regen/Sturm
Knollenfrüchte Schnecken/Muscheln Glühwürmchen
Kakao
Wildhund
Rinder
Blitz/Donner
WELTENENDE
Flötespielen/ Schneckentrompete blasen
Schuß
Heuschrecken
Ameisen
Masturbation
Krebse Erdratten Kröten/ Frösche

»Kopffüßer«; Zeichnung eines kleinen Lakandonen-Jungen.

Bewusstseins-Zauber

Alles war voll Wirklichkeit,
und alles war voll Zauber,
beides gedieh vertraulich nebeneinander,
beides gehörte mir.

HERMANN HESSE
Kindheit des Zauberers

Zauberei gibt es. Zauberei wirkt. Sie ist *wirklich.*
Zauberei ist für den, der sie weiß, nichts Besonderes. Zauberei ist erlernbar.
Wäre sie das nicht, gäbe es längst keine mehr. Sie wäre verlorengegangen in einem verwirrten, isolierten Kopf.
Alles Erlernbare muß mit-teilbar sein. Zauberei ist nicht nur mitteilbar, *sie ist zugleich eine Mitteilung.*
Sie ist eine Mitteilung über eine bestimmte Wirklichkeit und eine Beschreibung dieser. Und sie ist eine Mitteilung an unser Bewußtsein.
Das Bewußtsein ist der Spiegel der Wirklichkeit, der Focus des Seins.
Verändert man die Wirklichkeit, wandelt sich mit ihr das Bewußtsein.
»... unser Bewußtsein ist etwas, das wir zwangsläufig konstruieren oder *erschaffen* müssen, um in der Welt überleben zu können ... Und wenn dieses Bewußtsein eine *persönliche* Konstruktion ist, dann kann jede Person ihr Bewußtsein einfach dadurch verändern, daß sie *die Art und Weise* verändert, in der sie es konstruiert« (*Ornstein*, 1976: S. 29f.).
Mit der Zauberei wird die Wirklichkeit verändert; sie wird einem erwünschten Zustand angepaßt. Sie findet bewußt statt, sie ist Bewußtsein.
Der gemeinsame Nenner von

Zauberei
Wirklichkeit
Bewußtsein
ist die Unmöglichkeit der Meßbarkeit.

»Und der Ethnologe? – Ins Chaos der vierdimensionalen Weltschau geworfen, steht er nun wie ein Kind vor diesen unfaßbaren Pänomenen: Alles erscheint ihm neu, nichts mehr bekannt.«

Kalweit, 1984: S. 270

Wirklichkeiten

Die Wirklichkeiten vermischen sich wie die Karten eines Tarot-Spieles. Jede Karte hat eine Bedeutung, nein, ist voll von Bedeutung. Wird sie ausgespielt und auf den Tisch gelegt, tritt sie in unser Bewußtsein ein. Ihre Bedeutung manifestiert sich als Wirklichkeit in unserem Bewußtsein.

Und so wie die Tarotkarten zusammengehören, durch eine unsichtbare Struktur untereinander und miteinander verbunden sind, so korrespondieren auch die verschiedenen Wirklichkeiten miteinander.
Wie erst alle 78 Karten zusammen ein vollständiges Spiel, das benutzbar ist, ergeben, ersteht unsere Welt, in der wir uns orientieren, erst aus allen verschiedenen Wirklichkeiten.
Die Wirklichkeiten des persönlichen und des kollektiven Bewußtseins, der transpersonalen Erfahrungen, der erweiterten und psychedelischen Zustände, der Träume, der schamanischen Seelenreisen und Todesabenteuer zusammen konstruieren das Zentrum im Mandala des Daseins.

»Der Intellekt gibt die Suche nach Bedeutung auf und ertrinkt in einem Ozean von *zu viel Bedeutung.*«

Wilson, 1984: S. 126

Das Götterhaus der Lakandonen, rechts die Zeremonialküche, in der die Opferspeisen zubereitet werden, die anschließend von den Männern den Göttern dargebracht werden (Kinderzeichnung).

Von Merseburg in den Regenwald

Und die Welt verändert sich, wenn ein Mensch die Frucht jenes Baumes in den Händen hält, dessen Wurzeln tiefer sind als der Wald.

URSULA K. LEGUIN
Das Wort für Welt ist Wald

Was hat Merseburg mit dem Regenwald zu tun? Was verbindet eine mittelalterliche deutsche Stadt mit einem mittelamerikanischen Urwald?

Beide Orte sind Denkmale eines alten Wissens der Menschheit, Tore zu einem magischen Reich, das nur noch schwer zu betreten ist. An einem der Orte wurde, an dem anderen aber wird auch heute noch Zauber gewirkt, ein Zauber, der, in Worte gekleidet, das Vehikel zu einer Seelenreise, zu einem ewigen Bewußtseinsabenteuer konstruiert.

Merseburg, an der Saale gelegen, etwas südlich von Halle und westlich von Leipzig, ist bereits seit dem achten Jahrhundert urkundlich dokumentiert. Der spätgotische Dom, mit dessen Bau 1015 begonnen wurde, bezeugt den hohen Stand der Handwerkskunst in jener Zeit ebenso wie die barocke Ladegast-Orgel. Berühmt ist auch der gewaltige Kreuzgang, der der Sage nach vom Teufel persönlich erbaut wurde. Der wollte die Christen vertreiben, wurde aber selbst von etwas Weihwasser vertrieben. Aus Gram darüber grub er die Krallen seiner mittelalterlichen Gestalt tief in das tragende Gemäuer des Kreuzganggewölbes. Dort sind sie heute noch als Mahnmal des Kampfes zwischen Teufel und Kirche zu sehen.

Einer anderen Sage zufolge lebte in der Saale der sogenannte Saaleaffe und trieb in Merseburg viel Schabernack. Als der Saaleaffe einmal von einem Maler porträtiert wurde, verschwand er plötzlich und wurde niemals wieder gesehen – nur auf dem Bild des Malers, denn das hatte den Affen gebannt. 1983 ist der Saaleaffe wieder aufgetaucht; diesmal in der Gestalt einer Betonskulptur auf dem Merseburger Marktplatz.

Merseburg besitzt ein sehr umfangreiches und wertvolles Stadtarchiv, in dem Dokumente, Urkunden, Verträge und Bücher aus den letzten tausend Jahren deutscher Geschichte lagern. Auch eines der ältesten Zeugnisse deutscher Literatur wurde in Merseburg gefunden: ein Manuskript mit zwei Zaubersprüchen.

In vorchristlicher Zeit entstanden, in der »heidnischen« Kultur der Germanen verwurzelt, entspringt diesen beiden Schriftstücken ein letzter Funke der Zauberkünste und des Weltwissens unserer Urahnen. Die Entstehung des Manuskriptes ist so dunkel wie sein Inhalt:

Phol und Wodan fuhren zu Holze
Da ward Balders Pferde der Fuß verrenkt
Da besprach ihn Sinthgunt und Sonne, ihre Schwester
Da besprach ihn Volla und Frija, ihre Schwester
Da besprach ihn Wodan, wie er wohl konnte
So Beinverrenkung, so Blutverrenkung, so Gliedverrenkung
Bein zu Beine, Blut zu Blute
Glied zu Gliedern, als ob sie geleimet wären.

Auch wenn die Namen der beschworenen und angerufenen Wesenheiten an die Gestalten in Richard Wagners *Ring des Nibelungen,* an die Wilden Jagden über den Harz und den Bayerischen Wald oder an die volkstümlichen, christlich übertünchten Pferdesegen erinnern mögen, dem »modernen« Menschen ist die *Wirklichkeit* des Zauberspruches verlorengegangen. Der Spruch hat offensichtlich keine mechanistische Funktion und ist technisch-empirisch weder nachvollziehbar noch überprüfbar. Und dennoch, er ist Ausdruck der Welterkenntnis unserer Urahnen.
Die Merseburger Zaubersprüche sind nicht der Anfang einer Tradition, in Struktur und Gehalt weisen sie zurück bis in jene Zeiten, in denen mit rotbemalten Runen gezaubert wurde. Und wie eine in Holz geritzte oder in Stein gemeißelte Rune ihren Zauber erst wirkte, wenn sie mit Menschenblut oder Rötel eingefärbt wurde, so verlangt auch der Zauberspruch nach einer ihm gerechten Handhabung.
Ein Zauberspruch ist ein sprachliches Konstrukt, dessen Gefüge den Zauber, der gewirkt werden soll, beschreibt. Zaubern ist eine erwünschte Veränderung der Wirklichkeit. Mit dem Spruch werden zwei Wirklichkeiten beschrieben: die bestehende, die verändert werden soll, und die erwünschte, die mit der Anwendung des Spruches eintreten soll. Die Veränderung, die

Transformation von einer Wirklichkeit in die nächste, von einem Zustand zum anderen, wird so beschrieben, *als sei sie bereits geschehen.*

In dem zitierten Merseburger Zauberspruch wird eingangs erklärt, daß ein Pferd sich das Bein verletzt hat. Am Ende des Spruches wird der erwünschte Zustand, nämlich das »geleimte«, also das geheilte Bein beschrieben. Dazwischen steht der Prozeß der Veränderung, das Besprechen. Es sind die Worte, die die Kraft haben, die Wirklichkeit zu verändern. Der Zauberspruch ist ein Spiel mit Worten, die wiederum mit der Wirklichkeit spielen. Algernon Blackwood, der in seiner phantastischen Erzählung *Die Weiden* über unsere Konzepte der Wirklichkeit nachdachte, drückte sich so aus: »Es ist besser, wir reden nicht davon, und am besten denken wir nicht einmal mehr daran, denn was man denkt, spricht man auch aus, und was man sagt, geschieht.«

Der Zauberspruch ist die Matrix *einer* möglichen Wirklichkeit und deren Veränderung oder Verwandlung in eine *andere* mögliche Wirklichkeit. Auch das, was wir als unsere alltägliche Wirklichkeit bezeichnen und so erleben, ist nur *eine von unendlich vielen* Wirklichkeiten. Auch sie verändert sich in jedem Augenblick hin zu einer jeweils *neuen und besonderen* Wirklichkeit. *Jede Wirklichkeit ist eine andere!* Das *I Ging*, das chinesische Buch der Wandlungen, zeigt einige Gesetzmäßigkeiten, nach denen sich die Wirklichkeiten verändern können. Und ebenso sind die Zaubersprüche ein Versuch, den Gesetzmäßigkeiten der ewigen Verwandlung auf die Spur zu kommen, sie zu nutzen und als Medium zur ständigen Wirklichkeitskonstruktion einzusetzen.

Zaubersprüche sind in Worte gekleidete Abbilder aktueller und antizipierter Wirklichkeiten und deren Wandlungen. Ihre Worte beschreiben Teilausschnitte der als Wirklichkeit wahrgenommenen Welt. Die in den Texten der Zaubersprüche mitgeteilte Welt ist für uns die Beschreibung anderer Wirklichkeiten.

Zaubersprüche gab es nicht nur im mittelalterlichen Merseburg, sie waren und sind Teil fast aller Kulturen unseres Planeten.

Uns sind die Zaubersprüche aus den vedischen, tantrischen und taoistischen Schriften, aus der ägyptischen, griechischen und römischen Dichtung, aus den Überlieferungen der Chaldäer und den mittelalterlichen und neuzeitlichen Zauberbüchern bekannt. Völkerkundler und Kulturanthropologen haben Zaubersprüche bei Indianern, Tscheremissen, Veddas, Malaien, Papuas, Trobriandern, Australiern, Franzosen und vielen anderen Völkern gefunden, aufgenommen und analysiert* – all diesen Zaubersprüchen liegt dieselbe Struktur zugrunde. Sie zeigen die Wege der Wirklichkeitsveränderung und geben ein Bild der Natur, in der die Zauberspruchkundigen leben. So beschreiben die Ilongot-Kopfjäger von den Philippinen in ihren Zaubersprüchen die skurrile Natur des Waldes und die besonderen Strukturen, mit denen verschiedene Wesen des Waldes untereinander verbunden sind (vgl. *Rosaldo* 1972 und 1975). In den Sprüchen zur Krankenheilung werden Geister beschworen, die die Krankheiten forttragen sollen. In einem dieser Sprüche werden viele Orchideenarten, die hoch im Geäst der Bäume gedeihen, genannt. Die Namen der Orchideen entsprechen den anatomischen Bezeichnungen für Körperbereiche wie Hüfte, Knie, Genital, Finger, Zopf usw. Mit ihrer Aufzählung wird ein *menschenähnlicher* Körper *beschrieben,* es ist der Körper des Geistes, der die Krankheit forttragen soll. Er ist also manifestiert in der Form vieler verschiedener Orchideen auf den Bäumen des Regenwaldes!
In einem Zauberspruch zur Fieberheilung riefen die Azteken, die im Hochtal von Mexiko ein komplexes Staatssystem aufgebaut hatten, die *Grüne Frau* an:

Hey, komm her, Grüne Frau
Vertreibe das Grüne Fieber, das Schwarze Fieber

* Wegen der Fülle der Literatur zu diesem Thema sei hier nur auf einige wesentliche Werke verwiesen: *Arnold* 1956, *Ebermann* 1903, *Eis* 1964, *Favret-Saada* 1979, *Hampp* 1961, *Kaarle* 1917, *Malinowski* 1981, *Meier* 1913, *Sebeok* 1953, *Sepulveda* 1983 und *Strathern* 1968.

Das Rote Fieber, das Gelbe Fieber:
Ich habe dich schon an den Platz-der-Sieben-Höhlen geschickt! ...

(nach *Hinz*, 1978: S. 125)

Grüne Frau ist eine metaphorische Bezeichnung für den halluzinogen wirksamen Peyotekaktus *(Lophophora williamsii)*, der als Medizin eingenommen wird und durch seine psychotrope Kraft eine Wirklichkeitsveränderung herbeiführt. Die vier Farben des Fiebers dienen der näheren Bestimmung der Krankheit und stellen vermutlich einen kosmologischen Zusammenhang mit den Farben der vier Weltgegenden her. Der *Platz-der-Sieben-Höhlen* ist der Magen des Kranken, in den die Peyotefrau auf Wunsch des Zauberers eindringt und als Agent zu der gewünschten Wirklichkeitsveränderung beiträgt.
Südlich des ehemaligen Aztekenreiches liegt das von Bergketten und Regenwäldern durchzogene Gebiet der Mayakulturen. Dort, wo heute die mexikanischen Bundesstaaten Chiapas, Tabasco, Campeche, Yucatán und Quintana Roo, die ehemalige britische Kolonie Belice, Guatemala, Teile von Honduras und El Salvador liegen, blühten in der vorspanischen Zeit neben- und nacheinander Mayastaaten mit Zentralgewalten, theokratischen Hierarchien und Spezialistentum auf.
Noch heute ragen aus den Regenwäldern des Tieflandes steile Tempelpyramiden zum Himmel und zur Sonne auf, prangen im Hochland geschickt in die Felsformationen eingepaßte Paläste und wehrburgartige Anlagen. Doch bereits zur Zeit der Ankunft der spanischen Konquistadoren waren einige dieser Tempelstädte, die wir unter den Namen Tikal, Copán, Quiriguа und Kaminaljuyú kennen, verlassen. Von den Menschen, die mit einer kruden Technologie architektonische und künstlerische Wunder vollbrachten, wissen wir nur wenig. Sie hinterließen uns zwar eine Hieroglyphenschrift, die wir aber mit einigen Ausnahmen auf der Lautebene noch nicht lesen können. Ja, wir wissen noch nicht einmal genau, welche der ungefähr 32 verschiedenen Mayasprachen der Schrift zugrunde lag oder ob

die Schrift, wie das chinesische Zeichensystem etwa, für verschiedene Sprachen gleicher Struktur und Grammatik benutzbar war. Mit den Hieroglyphen wurden Stelen, Türstürze, Fassaden, Stützbalken, Vasen, Knochen, Gegenstände aller Art und aus Pflanzenfasern hergestellte Faltbücher beschrieben. Viele der Inschriften haben kalendarische, astronomische, astrologische, historische und kosmologische Inhalte. Die Faltbücher – sie sind von den Franziskanern zu Hunderten als Teufelswerk verbrannt worden – waren Wahrsagealmanache, Kalender religiöser Feste, medizinische und mythohistorische Handbücher. Vermutlich waren in ihnen auch Zaubersprüche, Gebete, Gesänge und Prophezeiungen aufgeschrieben.
Als die Spanier im sechzehnten Jahrhundert die Halbinsel Yucatán entdeckten, fanden sie dort ein Land, in dem es viele noch intakte Stadtstaaten gab. Gesprochen wurde *mayathan*, die »Sprache der Maya«. Es gab Königshäuser und priesterliche Hierarchien, die in Chichén Itzá, Mayapán, Maní usw. regierten, und es gab Handwerker, Künstler und Bauern. Nur wenige Jahre später hatten die Spanier ihr grausames Ziel erreicht: Die »Götzenbilder« waren gefallen, die Herrscher entthront und ermordet, die Bauern versklavt und verarmt, der Wald und die Maisfelder verbrannt, die ganze Halbinsel mit eingeschleppten Krankheiten verseucht. Doch es waren unter den frühen Kolonialisten auch einige Missionare, die gelernt hatten, daß ihnen die Menschen, denen sie den christlichen Glauben aufzwingen sollten, auch etwas geben konnten. Deshalb unterrichteten sie einige ehemalige Mayapriester, besonders die visionären *chilam balam*, die »Jaguarpriester«, ihre Sprache mit den europäischen Lettern zu schreiben. So entstanden die »Bücher der Jaguarpriester«, einige andere Manuskripte und Wörterbücher – die Quellen, aus denen wir fast unser ganzes Wissen über die Weltsicht der Maya beziehen.
In einem dieser kolonialzeitlichen Manuskripte sind viele Zaubersprüche und religiös-mythologische Gesänge überliefert. Bei den Maya in Yucatán sind sie heute kaum mehr bekannt, aber die Lakandonen haben ihre Tradition bewahrt. Die Lakan-

donen, die sich selber *hach winik*, »echte Menschen«, nennen, leben in dem tropischen Regenwald, der nach ihnen *Selva Lacandona* heißt, in dem heutigen mexikanischen Bundesstaat Chiapas. Ihre Sprache, *hax t'an*, die »echte Sprache«, ist mit dem Maya von Yucatán so eng verwandt wie das Spanische mit dem Portugiesischen. Die Herkunft der Lakandonen ist umstritten. Manche Mayaforscher glauben, daß sie einmal in Yucatán lebten und vor den einfallenden Spaniern in den fernen Regenwald flüchteten. Andere vertreten die Ansicht, daß die Lakandonen schon immer in ihrem heutigen Lebensraum zu Hause waren (vgl. dazu *Stehlik*, 1981). Doch die Lakandonen selbst wissen, daß sie in Palenque am Rande der Selva Lacandona erschaffen wurden und von dort nach Chancalá, Yaxchilan und den Seen von Itsanohk'uh, Mensäbäk und Naha' wanderten, an denen auch heute noch ihre Siedlungen stehen. Die frühesten Berichte über die Lakandonen, die auch *Kariben*, gleichbedeutend mit »Kannibalen«, genannt wurden, stammen aus dem letzten Jahrhundert.
Als der New Yorker Anwalt und Hobbyarchäologe John L. Stephens 1840 durch die Urwälder Mexikos reiste, um die Ruinen der Mayastädte Palenque und Uxmal zu erforschen, verschlug es ihn auch an den Rand der Selva Lacandona. Stephens, der wohl erste gewissenhafte Mayaarchäologe, hat die Einwohner des »Landes der heidnischen Indianer« zwar niemals zu Gesicht bekommen, aber einige Gerüchte um diese Wilden aufgeschnappt und aufgeschrieben. So berichtet er von einem mutigen Padre, der diese »letzten heidnischen Indianer« bekehren wollte. Dazu lud der Gottesmann sie nach Palenque zur Messe am Tag des heiligen Dominicus ein:
»Es erschien auch tatsächlich eine große Zahl dieser wilden Indianer, welche Tigerfleisch, Affenfleisch und Kakao als Geschenke mit sich brachten. Sie hörten die Messe und erlebten die kirchlichen Zeremonien.«
Obwohl von dem christlichen Ritual nicht sonderlich beeindruckt, luden die freundlichen Indianer den Padre ein, bei ihnen zu wohnen. Leider verstarb er schon bald darauf.

»Die Kariben hätten sich dann in die Wildnis zurückgezogen, und nicht einen von ihnen hatte man seitdem in Palenque wieder gesehen« (*Stephens*, 1980: S. 96).

Als der Hamburger Völkerkundler und Geograph Carl Sapper (1866–1945) im Sommer 1891 in die Selva Lacandona reiste, hörte auch er die inzwischen legendäre Geschichte der vergeblichen Missionierung und der starken Traditionsgebundenheit der Lakandonen, die er bald darauf besuchte. Sapper war vermutlich der erste Europäer, der eine Lakandonensiedlung betrat. Er berichtete über seine Erlebnisse in der Zeitschrift *Ausland;* besonders ausführlich beschrieb er das merkwürdige, auffallende Aussehen der scheuen Waldbewohner.

»Das Aeussere der Lacandonen übt keine günstige Wirkung auf den Beobachter aus: das lange Jolocinhemd, welches die gesamte Kleidung ausmacht, war bei allen Individuen, die ich sah, in hohem Grade schmutzig, die langen, straffen schwarzen Haare hingen wirr und ungeordnet auf die Schulter nieder; auch das Gesicht macht mit der auffallend breiten und niedrigen Stirn und den vorstehenden Backenknochen, sowie den blauen Tinaflecken keinen vorteilhaften Eindruck. Der Bartwuchs der Männer ist spärlich. ... Allgemein üblich beim männlichen und weiblichen Geschlecht ist das Tragen von Halsketten, welche vorwiegend aus Blumenkelchen, häufig auch aus Samen verschiedener Früchte oder Knochenstückchen gewisser Tiere, seit neuester Zeit auch zum Teil aus Silbermünzen gebildet werden« (*Sapper*, 1891: S. 893–894).

Sapper, der sein ganzes Leben darum bemüht war, den Indianern Mittelamerikas ein respektvolleres Verständnis entgegenzubringen, durfte als erster Weißer ein Götterhaus der Lakandonen betreten. In seinem Bericht spiegelt sich seine Faszination von der sich ihm nur zögernd öffnenden Waldwelt wider:

»Als ich im Juli 1891 den Rio de la Pasion befuhr und in die Nähe einer kleinen Lacandonen-Ansiedelung kam, wollte ich mir die günstige Gelegenheit nicht entgehen lassen, einen Einblick in das Thun und Treiben dieses merkwürdigen Völkchens zu gewinnen; ich nahm in der Holzfällerei ›La Union‹ des Hauses Jamet & Sastré ein kleines Ruderboot und liess mich nach dem 2 Leguas entfernten See von Izan hinrudern, an dessen Ufer das kleine, von wenigen Familien bewohnte Lacandonendörfchen gleichen Namens liegt. Unter den armseligen Hüttchen, welche diese Ansiedelung bilden, erkennt man das Heiligtum der Indianer, die Ermita, auf den ersten Blick an seiner Größe und der sorgfältigen Ausführung des Baues. Während die Wohnhäuser offene, rechteckige Hüttchen darstellen, ist die Ermita ein längliches, an den Kurzseiten kreisförmig abgerundetes Gebäude, dessen Blätterdach fast bis zum Boden reicht, um unbefugten Blicken das Eindringen zu verwehren. Auf der Ostfront des Gebäudes ist in der Mitte der Langseite ein niedriger Eingang gelassen, durch welchen man mehr kriechend als gehend ins Innere des Heiligtums gelangt. Als ich eingetreten war, war ich nicht wenig erstaunt über die Fülle von Gegenständen, welche sich hier meinem Auge darboten. Es war das erste Mal, daß ich in ein heidnisches Heiligtum eintrat, und mit eigentümlichen Gefühlen sah ich die zahlreichen thönernen, mit einer vorstehenden Gesichtsmaske geschmückten Opferschalen, welche, mit Kopal und Wachs gefüllt, auf einigen Hängebrettern auf der Westseite des Gebäudes standen; davor befand sich ein niedriger Tisch, auf welchem Wachskerzen abgebrannt worden zu sein schienen. Eigentliche Götzenbilder habe ich nicht bemerkt, sofern nicht etwa die Gesichtsmasken der Opferschalen dafür angesprochen werden müssen. Am Boden der Hütte befanden sich eine Feuerstelle, mehrere sauber gearbeitete, auf vier Füssen ruhende Holzgestelle (auf einem derselben zahlreiche frischgeschlagene Feuerstein-Pfeilspitzen), mehrere große Holztröge mit verschiedenartigen Gegenständen (Gefässe mit Kopal, Holzstäbchen zum Auffüllen des Räucherwerks u. a.), Thongefässe von verschiedener Form und Grösse und mancherlei andere Geräte. Auch Musikinstrumente sah ich hier: eine Rohrpfeife von Flageolettform, eine kleine Pauke, sowie mehrere eigentümliche zweiarmige Saiteninstrumente, bei welchen Bindfäden an Stelle der Saiten angebracht waren. Von den Balken des Daches hingen lange Wachskerzen nieder, während an einer anderen Stelle eine Anzahl der nahezu mannshohen Bogen und Pfeile auf dem Gebälke lagen. An der Ostseite des Daches befanden sich, teils zwischen den Blättern des Daches steckend, teils auf dem Gebälke ruhend, einige Vogelfedern (besonders solche vom Guacamaya-Papagei) und frische Palmblätter, ausserdem zahlreiche Unterkiefer, welche Affenarten anzugehören schienen. Der Anblick dieser merkwürdigen Gegenstände, die Sauberkeit und Ordnung in allen Teilen, die auffallende Bauart der Ermita selbst – all dieses, nebst der Stille, welche in dem Raume herrschte, machten einen eigenartigen, nicht unsympathischen Eindruck auf mein Gemüt« (*Sapper*, 1891: S. 893).

Es mag unglaublich klingen, aber Sappers akribische Beschreibung des Götterhauses, das er mit dem spanischen Wort *ermita,* »Wallfahrtskapelle« oder »Einsiedelei«, bezeichnet, scheint bis ins letzte Detail ein Bild des Götterhauses in Naha' nachzuzeichnen, das knapp hundert Jahre nach Sappers Reise noch so aussieht, als hätte es den Forscher zu seinem Bericht angeregt.

Das Götterhaus von Naha', das etwas abseits des Dorfes, zwischen Bananen- und Tabakpflanzungen verborgen im Wald liegt, ist das Tor zur traditionellen Kultur der Lakandonen und die letzte Quelle des in vorspanischer Zeit verwurzelten Wissens von den Dingen. Hier sind die Götter – einstmals in das komplexe Pantheon der Maya eingefügt – noch lebendig. Hier beginnt das Reich der Seelen, hier werden die Träume gedeutet und die Kranken geheilt, hier wirkt das Ritual. Hier ist der Knotenpunkt zwischen den Welten, und hier wird der Trunk, der das Bewußtsein verwandelt, gebraut. An diesem Ort der Ruhe und inneren Anschauung berühren sich Himmel und Erde.

Von dieser Welt der Lakandonen und wie die Zauberei sie im Innersten zusammenhält, berichtet dieses Buch.

(oben) Hachäkyum, Unser Wahrer Herr, bei seinem Haus, den Ruinen von Palenque (Kinderzeichnung).
(unten) Die Geburt der Götter aus der Nachthyazinthe (Kinderzeichnung).

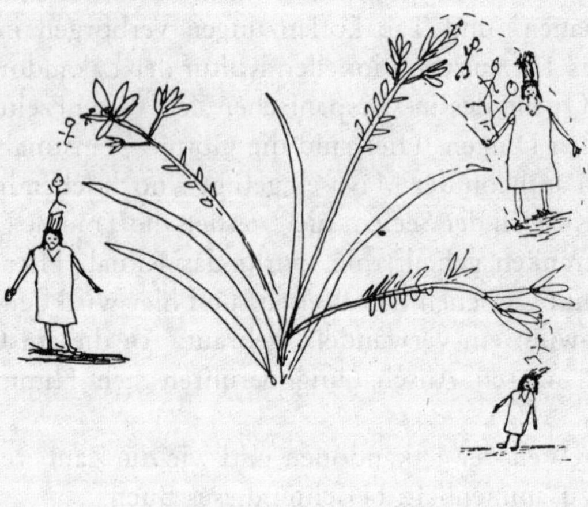

WALD-WELTEN

Es gibt nichts Verwunderliches im Universum. Es gibt nichts Verborgenes. Die Welt ist ein großes offenes Buch ... aber man muß lesen können, nicht wahr?

In der Photosynthese haben wir den alles Leben auf der Erde tragenden Grundprozeß der Schöpfung vor uns, in dem der *immaterielle* Lichtstrom von der Sonne durch die grüne Pflanzendekke der Erde in die *materielle* Energie pflanzlicher Organismen umgewandelt wird, die ihrerseits die Lebensgrundlage für die Tier- und Menschenwelt bilden.

ALBERT HOFMANN
Pflanzenkundliche Überlegungen zum Waldsterben

Die Lakandonen sind im tropischen Regenwald, in der Selva Lacandona, zu Hause. Der Wald ist in seiner Ökostruktur, in seinem Artenreichtum und seiner Ästhetik einzigartig.
Die Kultur der Lakandonen ist in ihrer Verbundenheit mit dem Wald, in ihrer Wahrnehmung der Umwelt und ihrem Wissen über die Vorgänge in der Innen- und Außenwelt ebenfalls eine Welt für sich. Die ökologische Welt des Waldes und die kulturelle Welt der Lakandonen harmonieren miteinander, ergänzen und fördern sich.
Im traditionellen Wissen der Lakandonen ist eine weitere Welt, die unsichtbare Welt, manifestiert. Sie ist dem Wald und seinen Bewohnern eine Parallelwelt und beiden inhärent. Die unsichtbare Welt ist ein Abbild des Waldes und ein Spiegel der Kultur der Menschen. Sie ist ein Medium zwischen den Welten.
Von diesen drei Wald-Welten berichtet dieses Kapitel.

Der Wald und seine Bewohner

> Die Seinsweise des Einen ist das Vergängliche, das Vorübergehende, das Kurzlebige. Was entsteht, wächst und sich entwickelt, nur um unterzugehen, von dem heißt es, es ist Eins.
>
> PIERRE CLASTRE
> *Staatsfeinde*

Für uns ist der tropische Regenwald eine »grüne Hölle«, ein geheimnisvoller Ort für Abenteuerlustige, eine Wildnis, bewohnt von reißenden Tieren und Nackten, verwilderten Menschen.

Für die Menschen, die im tropischen Regenwald zu Hause sind, ist der Wald die Welt, ihre Welt, die sie kennen, in der sie sich wohl fühlen und in die sie sich einbeziehen. Der Wald ist für seine Bewohner die Lebensgrundlage, ist der Urgrund ihres Daseins und ihrer Kultur. Er hat seinen eigenen Rhythmus, seinen eigenen Pulsschlag und seinen eigenen Atem. Wer sich ihm anpassen kann, der kann auch in ihm leben.

Der Wald lebt von Himmel und Erde, nährt sich von Licht und Regen und Mineralien. Er ist geboren aus der Befruchtung der Erde durch den Himmel. Aus dem befruchteten Boden sprießen die vielgestaltigen Pflanzen dem Licht entgegen. Verwurzelt in der Mutter, der Erde, recken sie sich dem Vater, dem Himmel, entgegen.

Sanft ergießt der Himmel jeden Morgen seinen erfrischenden Tau über den grünen Teppich, der ihm entgegenwächst, hüllt er die Wipfel der höchsten Bäume in seine Nebel, seine regenschweren Wolken, benetzt er den Boden. Mit dem Naß saugen die Wurzeln der ewig bis zum Absterben treibenden Pflanzen die Mineralien, die Nährstoffe der Erde, auf und pumpen sie durch Myriaden von Adern und Kanälen in ihr wildwuchern-

des, weitverzweigtes Blätterwerk, in die bunt-verspielten Blüten und saftigen Früchte.
Jeden Tag wird der Wald aufs neue von seinem Lebensquell, dem strahlenden Sonnenlicht, überflutet. Das Grün der Blätter leuchtet im Licht, ja, atmet Licht; und mit ihm der Wald und seine Bewohner. Die Wesen dieser Welt, die zusammen erst »den Wald« bilden, werden ständig geboren, wachsen und sterben. Doch der Wald bleibt – wenn sein ökologisches Gleichgewicht nicht gestört wird – bestehen, ein unsterblicher Organismus, dessen Puls von Geburt, Wachstum, Tod und Wiedergeburt durchzuckt wird.
Der tropische Regenwald ist das komplizierteste Ökosystem auf unserem Planeten. Sein Leben setzt sich aus dem jahreszeitlichen Wechsel, dem Rhythmus von Sonne und Mond, den ontogenetischen Wandlungen und den ineinander verzahnten Nahrungsketten zusammen. Der Wald hat als Ganzes genauso wie jedes einzelne Lebewesen seinen eigenen Rhythmus. Er ist immer grün, obwohl einige Baumarten irgendwann im Jahr einmal ihr Blätterwerk abwerfen, das den neuen strotzenden Knospen Platz machen muß. Schon zwei Wochen später entfalten sich die duftverströmenden Blüten über dem neuen, frischen Grün. Der Regenwald ist niemals kahl, aber bleibt einer seiner Bäume kahl, so ist dessen Lebenszeit abgelaufen. Sein Holz wird morsch, zerfressen von Würmern und Käfern, zerhackt von gelb gescheckten und rot-schwarz-weiß gefiederten Spechten und zerfurcht von den Wurzeln der Moose, Schlinggewächse, Epiphyten und Orchideen. Die bunten Pflanzenkolonien auf den Ästen des toten Baumes wachsen rasch dem Licht entgegen und werden bald eine so schwere Last, daß sie das faulende Holz zu Boden reißen. Der Baum fällt in sich zusammen, es ist ein Loch in das Dach des Waldes gerissen. Ameisen und Termiten ziehen in den toten Stamm ein, legen ihre Eier und pflegen ihre Nachkommen; ein neues lebendiges Treiben erblüht in der toten, pflanzenbedeckten Hülle. Das Licht, das durch das Loch im Blätterdach des Waldes bis zum Boden hinunterstrahlt, weckt die Lebenskräfte der Samen, die

schon lange in der Erde ruhen, als hätten sie nur auf ein Zeichen der Sonne gewartet. Sie brechen auf, entfalten ihre zarten Triebe, stoßen durch die dünne Humusschicht und strecken ihre Knospen ins warme Licht. Während sie dem Himmel entgegenwachsen, treiben sie zur gleichen Zeit ihre Wurzeln tief in die Erde hinein. Auf der Lichtung wachsen plötzlich Sträucher und Gräser, die sonst im Wald fehlen, weil sie unter dem dunklen Blätterdach nicht gedeihen. Ihre Samen werden von Vögeln, die eigentlich auf Wiesen, Feldern und in Sumpflandschaften zu Hause sind, gefressen und hier und da unverdaut wieder ausgeschieden. Bis das Loch im grünen Dach des Waldes wieder von einer Baumkrone geschlossen worden ist, vergehen zwanzig, fünfzig oder hundert Jahre. So lange leben auf der Lichtung Pflanzen und Tiere, die es sonst im Dickicht des Waldes nicht gibt.

Das Wachsen und Absterben der Bäume macht den Wald abwechslungs- und artenreich. Wie der Wald mehr ist als nur die Summe seiner Bäume, so ist auch ein Baum mehr als nur *ein* Lebewesen. Sein Wurzelwerk ist verknotet mit den feinmaschigen Myzelien der Pilze, seine Rinde überzogen mit Flechten, Algen und Moosen, sein Stamm umschlumgen von Lianen und Ranken, seine Äste dicht besetzt mit Bromelien, Orchideen, Gräsern, gelegentlich auch Kakteen und Kletterpalmen. Selbst seine Blätter können zottelig bemoost sein oder von den Kokons verschiedener Raupen zu einer schützenden Kapsel miteinander verklebt. Im Boden unter dem Baum, in seinem Holz und in seiner Krone sind ganze Scharen unterschiedlichster Tiere beheimatet: Gürteltiere, Erdratten und Korallenschlangen verkriechen sich in tiefen Höhlen hinter den kräftigen Wurzeln; Insekten und Vögel graben sich in den Stamm, die einen, um sich von ihm zu ernähren, die anderen, um in einer Höhle Schutz zu finden. In dieser Lebensgemeinschaft wohnen Eidechsen, Baumfrösche, Kletterschlangen, winzige Singvögel, riesige Adler und die Brüll- und Spinnenaffen zusammen. Zwischen den zarten Ästen spannen Spinnen ihre Netze auf, und an die Blätter heften Wespen ihre Papiernester.

Ein einziger Baum des tropischen Regenwaldes kann mehr Pflanzen- und Tierarten beherbergen, als wir in einem deutschen Wald finden. So ein Baum kann der »Stammvater« einer der vielen Singvögelarten sein, während er einer Spinnenaffenfamilie vielleicht nur ein paar Tage als Absteige dient.
Doch die Bäume machen nur einen der Lebensräume im tropischen Regenwald aus. Die Seen wimmeln von Mikroorganismen, Algen und Seerosen, Schnecken und Muscheln, Krebsen und Libellenlarven, Fischottern und Krokodilen. In den Uferregionen versteckt, leben Reiher, Dommeln, Sumpfhühner, Schnepfen und Pelikane im schützenden Schilfgras. Die dichten Uferniederungen werden des Nachts von den Tapiren, den größten Säugern der amerikanischen Urwälder, durchstreift. Sie hinterlassen ihre Fraßspuren an frischen Schößlingen und markieren ihre Wege mit riesigen Dunghaufen. Außer den im stillen Wasser der Seen lauernden Krokodilen hat der Tapir nur einen Feind: den Jaguar.
Der Jaguar ist die größte und kräftigste Katze im Regenwald. Sein Fell von seidigem Gelb, gezeichnet mit großen, durchbrochenen schwarzen Flecken, macht ihn in Schilf und Unterholz unsichtbar, seine weichen Tatzen machen ihn auf dem nachgebenden Boden unhörbar, seine gewaltigen Klauen und Zähne und die schier unerschöpflichen Kräfte seines nur aus Muskelfleisch bestehenden Körpers machen ihn unbesiegbar. Er ist das Ende und Ziel jeder Nahrungskette des Waldes, er beherrscht alle Welten des Waldes. Nur der Mensch kann sich mit seinen Waffen vor ihm schützen und ihn töten. Durch seine verfeinerte Technologie kann sich der Mensch den Wald und seine Bewohner untertan machen.
Aber der Regenwaldmensch steht nicht vor dem Wald wie vor einer undurchdringlichen Wand, er ist Teil des Waldes. Er gehört zu ihm wie jeder Baum, jeder Strauch, jeder Vogel und jedes noch so kleine Kriechtier.

Die Welt und ihre Schöpfer

Der Schöpfer steht seiner Schöpfung transzendent gegenüber, ist ihr aber zugleich auch immanent, wie der Vater seinem Kinde, der Künstler seiner Schöpfung, der Wissenschaftler oder Handwerker seinem Werke gegenüber transzendent und ihm zugleich immanent ist.

F. K. ENGLER
Dschu-lin Yä-schi

In der Selva Lacandona leben einige Tiere, die uns harmlos scheinen, die aber für die Lakandonen eine potentielle Gefahr darstellen. Von ihnen berichtet der alte Chan K'in, der Dorfälteste von Naha':
»Die Deckelspinne ist in der Erde. Sie ist aber nicht genau wie eine Spinne, sie ist anders, die Deckelspinne. Wenn du die Dekkelspinne betrachtest oder wenn sie kleine Kinder betrachten – selbst wenn sie herangewachsen sind, selbst wenn sie erwachsen sind, selbst wenn sie noch älter sind –, verliert sich das Augenlicht. Man sieht die Dinge nicht mehr. Du siehst nichts mehr, denn dein Augenlicht reicht nicht mehr aus. So ist es. Schnell verlierst du dein Augenlicht. Selbst die kleinen Kinder verlieren ihr Augenlicht. Es ist wegen ihr, der Deckelspinne. Es ist nicht gut, wenn du sie betrachtest. So sagte es mein Vater:
›Es ist nicht gut, wenn du die Deckelspinne betrachtest.‹
Sie hat einen Verwandten, einen Wurm, der *äh kuhche'* heißt. Er sitzt auf den Heliconiablättern. Diesen Wurm betrachte nicht. Es ist nicht gut, wenn du ihn betrachtest. Denn er trägt dein Augenlicht davon. Ich weiß nicht, warum. Der *äh te'*-Glühkäfer kommt des Nachts. Es ist nicht gut, wenn du ihn betrachtest. Siehst du seine Lichter in der Nacht, macht das nichts, das ist gut. Aber wenn du ihn am Tage betrachtest,

anschaust, wie der Körper des *äh te'*-Glühkäfers aussieht, trägt er dein Augenlicht davon. Selbst die kleinen Kinder müssen dann ihr Augenlicht verlieren. Denn die Lichter des *äh te'*-Glühkäfers sind das Augenlicht der Menschen, die ihn am Tage betrachtet haben. Er hat auch einen Jaguargeist. Wenn du den *äh te'*-Glühkäfer tötest, kommt sein Jaguargeist und frißt dich.«

Wie diese Tiere einerseits zur physischen Umwelt der Lakandonen gehören, sind sie andererseits Bestandteil der kulturellen Deutung eben dieser Umwelt.

Die kulturelle Welt ist die wahrgenommene und mit einer Bedeutungsstruktur versehene Natur. Sie ist die Lebenswelt des Menschen. Sie ist »die Wirklichkeitsregion, in die der Mensch eingreifen und die er verändern kann, indem er in ihr durch die Vermittlung seines Leibes wirkt« (*Schütz* und *Luckmann*, 1979: S. 25). Die Lebenswelt ist die Summe aller kulturell wahrgenommenen und verarbeiteten Informationen über die Objekte der Außenwelt und der Innenwelt des Menschen. Eine *wilde*, Welt wird, durch das Auge der Kultur betrachtet, zu einer geordneten Lebenswelt: Der tropische Regenwald, wie ihn die Lakandonen wahrnehmen und deuten, wird zu einem geordneten Kosmos. Die Wahrnehmung der Welt ist gleichzeitig die Schöpfung der Welt. Sie ist die kulturelle Wirklichkeit des Waldes.

In der Schöpfungsgeschichte der Lakandonen* wiederholt sich dieses abstrakte Konzept der Wirklichkeitsdeutung auf einer metaphysischen Ebene. Die ungeordnete oder *wilde* Welt, die aus sich selbst heraus *einfach da war*, wurde von den Schöpfergottheiten als Chaos wahrgenommen und durch ihr Denken, also das Reflektieren über Wahrgenommenes und über die grundlegenden Ideen des Daseins, in eine kosmologische und ökologische Ordnung gebracht, in der die von ihnen ebenfalls erdachten und erschaffenen Menschen ihren Platz bekamen.

* Die gesamte Schöpfungsgeschichte der Lakandonen ist nachzulesen in *Ma'ax/Rätsch*, 1984: S. 31–73.

Palenque ist der Nabel der Welt. Dort wurden die ersten Sandbänke der noch unbefestigten Welt angespült, und dort floß das Chaos in einem Strudel zusammen. Da waren auch die Urgötter Kak'och, »Zwei-Affe«, und seine Frau. *Sie waren einfach da.* Und sie schufen sich einen Himmel und eine Sonne, und sie pflanzten im Sand die Nachthyazinthe, aus deren köstlich duftenden und strahlend weißen Blüten die Götter der zweiten Generation erblühten, das heißt geboren wurden. Einer der Götter, Hachäkyum, »Unser Wahrer Herr«, geheißen, hatte viele Gedanken. Er setzte sich auf den losen Sand und *erdachte* das Aussehen der Welt. Nach diesem inneren Gedankengebilde erschuf er die feste Erde, die Berge und Täler, die Seen, Flüsse und Meere, die Echten Menschen (= Lakandonen), den Regenwald und seine Bewohner. Später erschuf er auch Drachen, Wilde Männer und die Heerscharen des Todes. Dort am Nabel der Welt erbaute Hachäkyum sein erstes Haus, das uns heute als Ruinenort Palenque bekannt ist. Sein ältester Bruder, Sukunkyum, ging unter die Erde und erschuf dort die Unterwelt, zu deren Herrscher er später werden sollte.

Den Himmel, wie wir ihn sehen, erschuf Hachäkyum. Aus schweren und dichten Wolken zusammengefügt, verfestigt und mit Wald besät, hängte er ihn zwischen den Himmel der Urgötter und die noch junge Erde. Er schuf die Sonne und ließ sie von seinem jüngsten Sohn T'uup beschützen. Dazu hängte er einen kleinen Himmel an den Himmel der Urgötter, über dem noch der in ewige Dunkelheit gehüllte Himmel der wandernden Götter lag. An seinen eigenen Himmel hängte er noch einen anderen kleinen Himmel, den Himmel der halbgöttlichen Geier. Die Welt hatte so sieben Schichten bekommen, die alle eigenen Raumzeitgesetzen unterworfen sind.

Nachdem Hachäkyum die Welt geordnet und die Menschen aus Ton erschaffen hatte, verließ er den Nabel der Welt, der an ihrem nordwestlichen Rande liegt. Er zog über den *Weißen Weg Unseres Wahren Herrn*, die Milchstraße, vorbei an den Sternenbildern, die er *Pfeil*, *Großer Specht*, *Schildkröte*, *Hummel*, *Krokodil* (kleiner Bär), *Pekari* und *Pekarifrischling* (beides

Konstellationen im Orion) nannte, begleitet von den aufgehenden und wandernden Sternen, die *Breites Auge* (Jupiter), *Libelle* (Mars), *Rote Libelle* (Betelgeuse), *Kleiner Specht* (Sirius), *Nordstern* (Polaris), *Weiße Erde* (Morgenstern) und *Weiße Sonne* (Abendstern) heißen, in das Zentrum der Welt.
So wie der Weiße Weg Unseres Wahren Herrn den Sternenhimmel zerteilt, wird der Wald auf der Erde vom großen *Strom*, dem Río Usumacinta, zerschnitten. Auf einer Halbinsel im Strom, genau im Zentrum der Welt, erbaute Hachäkyum sein zweites Haus, das wir heute als den Ruinenort Yaxchilan kennen. Von dort stieg er auf in seinen Himmel, in dem er noch heute mit seiner Familie und seinen verwandten Göttern lebt.
Auch andere Götter zogen zuerst in den Wald, um dort ihre Häuser zu errichten. Viele Höhlen, Felsformationen und Ruinen aus der klassischen Mayazeit, wie Toniná, Altar de Sacrificios, Piedras Negras, Bonampak, Canankax und Kunah, sind alte, verlassene Häuser der Götter. Wir sehen nur Steine, nur Ruinen, aber die Götter sehen ihre Häuser als palmwedelgedeckte Hütten, die ihren himmlischen Häusern und auch den Häusern der Lakandonen gleichen.
Die Urahnen fanden bei den alten Häusern der Götter noch die Wege in den Himmel. Sie schritten auf einem Pfad auf eine Ruine zu und kamen bei einer von Göttern bewohnten, einfachen Hütte an. Diesen Urahnen, die zur Gruppe der Habo', der Lakandonen, die bei Yaxchilan gelebt haben, gehörten, erklärten die Götter die Welt. Sie erzählten ihnen, wie sie im Wald leben sollen, welche Pflanzen sie essen können, welche sie anbauen müssen, welche Bäume heilig sind, wie sie am besten ihre Häuser konstruieren und ihre Felder anlegen, welche Tiere sie jagen und essen dürfen, wie sie ihre Kranken heilen und ihre Träume deuten können und wie sie zu den Göttern sprechen und ihnen opfern sollen. Die Götter gaben den Urahnen all das Wissen, mit dem die Echten Menschen in der für sie geschaffenen Welt mit den Pflanzen und Tieren des Waldes zusammenleben können. So lange, bis das Ende der Welt kommen wird.

Die unsichtbare Welt

> Nicht unsere sichtbare Welt ist die Heimat der Gedanken. Gedanken leben an einem anderen Ort, wo die Himmel nicht bedeckt sind von den Wolken der Sinnlichkeit.
>
> KAHLIL GIBRAN
> *Das Reich der Ideen*

> Sie sahen. Und sofort sahen sie weit, und es gelang ihnen zu sehen und zu wissen all das, was in der Welt war. Sie schauten, und sofort sahen sie alles rings um sich, und bei angestrengtem Sehen sahen sie über den ganzen Bogen des Himmels und über das ganze Gesicht der Erde.
>
> *Aus dem Popol Vuh*

Die Welt der Lakandonen ist ein Gedankengebilde der Götter. Sie haben das Aussehen und Wesen der Menschen erdacht, haben sie durch Denken zum Leben erweckt und verändern durch ihr Denken die Wirklichkeiten des Menschen. Die Götter waren die ersten und mächtigsten Zauberer des gesamten Kosmos. Die Götter haben auch die Wahrnehmung der Menschen gezeugt. Sie gaben ihnen Augen, zu sehen. Und die Augen der ersten Menschen waren denen der Götter gleich. Sie waren nicht nur *weitsichtig*, ihr Augenlicht reichte nicht nur an alle Horizonte dieser Welt, durchdrang Wasser, Wald und Himmel, sie waren auch hellsichtig, konnten durch die Dinge hindurchsehen, konnten das Wesen einer wahrgenommenen Gestalt erkennen. Dann wollten die Götter wissen, wie weit die ersten Menschen sehen konnten. Hachäkyum, Unser Wahrer Herr, sprach da zu ihnen. Sie sollten ihn und seine Frau beobachten und später genau berichten, was sie gesehen hatten. Und

Hachäkyum und seine Frau stiegen über die Berge und Täler, die Wälder, Flüsse und Seen, bis sie fast am Rande der Welt angekommen waren. Dort legten sie sich nieder zu einer göttlichen Vereinigung. Als sie wieder zu den Urahnen zurückkamen, sagten diese: »Mein Herr, wir haben *alles* gesehen!« Das gefiel dem Gott nicht, und er nahm den Urahnen die hellsichtigen Augen aus den Höhlen und röstete sie auf einer Tonplatte über einem Feuer. Als den Urahnen ihre Augen wieder eingesetzt wurden, konnten sie nur noch bis an den Rand des Waldes sehen. Und dort, wo sie früher das innere Wesen der Dinge, ihre nichtstoffliche Seele, erkannt hatten, herrschte jetzt nur noch Dunkelheit. Sie sahen nur noch die Oberflächen, die Hüllen der Dinge. Aber sie hatten einmal die Welt der Seelen geschaut, und das Wissen von dieser nichtstofflichen Welt der Seelen, dieser Wirklichkeit der innersten Wesen der Dinge, hatten sie behalten. Sie konnten sich an diese innere, diese unsichtbare Welt erinnern und lernten, daß die verschiedenen Lebensformen die Welt, die Objekte ihrer Umgebung, jeweils anders, abhängig von der eigenen Gestalt wahrnehmen. Sie lernten auch, daß das Sehen mit den Augen ein anderes war als das Sehen mit der eigenen Seele. So können die Augen der Menschen gewöhnlich keine Seele wahrnehmen. Und sehen sie eine Seele, können sie sie nicht als Seele erkennen; sie ist mit der Gestalt des materiellen Körpers identisch. Aber die Seele des Menschen hat nicht ganz verlernt, Einblick in die unsichtbare Welt zu gewinnen, *das innere Wesen der Dinge zu sehen und zu erkennen.* Die Gestalten der Dinge werden erst durch die Wahrnehmung erschaffen. So sieht man mit dem Auge die *Hülle,* also die äußere Gestalt eines inneren Wesens. Aber mit der eigenen Seele nimmt man die andere als die Essenz des inneren Wesens wahr. Diese Essenz des inneren Wesens manifestiert sich in der Wahrnehmung der Seele in einer inneren Gestalt. Diese innere Gestalt kann mit der äußeren übereinstimmen, aber auch transformiert sein.

Nimmt man einen Baum mit dem Auge wahr, so sieht man seine äußere Gestalt, seinen physischen Körper. In der Wahrnehmung der Seele aber sieht man die innere Gestalt, nämlich seine Baumseele, in der Form eines menschlichen Körpers. Aber wenn ein Nasenbär denselben Baum wahrnimmt, sieht er ihn als Maispflanze und seine Früchte als Maiskolben. Die wahrgenommene Gestalt eines Lebewesens ist unmittelbar bedingt durch die Gestalt des Wahrnehmenden. So berichtet ein Lakandone von der Wahrnehmung der Vögel:

»So wie wir die Wildkatzen sehen, so sehen die Singvögel das, was wir als Greifvögel sehen, als Wildkatzen. Die Singvögel sehen sie als Wildkatzen. Aber es sind keine Wildkatzen, so wie wir sie sehen. Als solche sehen sie nur die Singvögel. Das sind Greifvögel. Aber die Vögel sehen sie als Wildkatzen, weil es ihre Mörder sind, weil es die sind, die kommen und sie mit ihren Fängen schnappen. Denn sie sehen, daß sie sehr gefleckt sind, so als käme ein Jaguar. Wenn sie einen Greifvogel kommen sehen, wohl den Schwarzen Adler, sehen sie einen riesigen schwarzen Jaguar. Immer ist es so. Als den *k'astabil,* den durch Geilheit in einen riesigen Jaguar verwandelten Gott, sehen sie den Harpien-Adler. Das ist der Harpien-Adler. Den Harpien-Adler sehen sie als *k'astabil,* als den Großen Zerstörer, den Himmlischen Jaguar. So sehen sie den Harpien-Adler, weil er sehr laut schreit, hören sie seinen lauten Schrei wie das Brüllen des *k'astabil.* Dann flüchten sie, denn sie haben Angst vor ihm, wollen nicht gefressen werden, denn er ist ihr Mörder. Man sagt, er schafft es dennoch, denn er ist wie ein Jaguar und sehr groß. Alle Singvögel, so wie der Tukan, sehen die Greifvögel so. Wenn sie sehen, wie eine Wildkatze kommt, kreischen und jammern sie und sagen zu den anderen: ›Kommt jetzt nicht hierher, denn eine Wildkatze ist da!‹ Sie versammeln sich und sehen die Wildkatze. Sie sehen sie nur, aber der Tukan hört nicht auf zu lärmen: ›Ich hab sie gesehen! Sie ist da!‹
Genauso ist es mit dem *koox*-Vogel. Wenn der *koox* einen Greifvogel, vielleicht einen Falken, (als Wildkatze) sieht und seinen Ruf hört, wird er sehr ängstlich. Aber der *koox* flieht nicht. Wenn der Falke dann wirklich kommt und sich auf ihn

stürzt, schreit der *koox,* wird ergriffen und gefressen. Er sieht den Falken als Ozelot. So sieht er ihn, denn er ist sein Mörder. Du siehst ihn nicht so, so wie wir eine Wildkatze als Wildkatze sehen. Käme der Falke dir auch noch so nahe, würdest du dir nicht auf die Beine helfen. So ist es.

Wildkatzen sehen die Vögel auch, wenn sie die kleinen Greifvögel wie den kleinen Hochschnabel oder den kleinen *eeche* sehen. Sie sehen kleine Ozelots, sehen Tigrillos, die, die nicht so groß sind. Als Jaguar sehen sie die großen Adler und Habichte. Alle großen sehen sie als Jaguar oder als gestreiftes Jaguarundi. So sehen sie die sehr großen. Wenn ein Jaguaradler kommt, sehen sie ihn als Jaguar, der sehr groß ist. Vor ihm haben sie sehr viel Angst. Wenn ein Roter Jaguaradler kommt, wenn sie sehen, wie er kommt, sehen sie ihn als Jaguarundi oder als Puma. Sie sehen einen Puma. Wenn sie sehen, wie er kommt, haben sie sehr viel Angst vor ihm und flüchten, denn er ist ihr Mörder, denn sie sehen eine Wildkatze, sie sehen die Flecken . . .«

Ein Lebewesen kann sich also – in der Wahrnehmung anderer – in verschiedenen Gestalten manifestieren. Das innere Wesen jedoch bleibt dabei unveränderlich, ist konstant. Die unsichtbare Welt ist die unserer gewöhnlich sichtbaren Welt inhärente Gesamtheit der inneren Wesenheiten, die, werden sie durch die eigene Seele wahrnehmbar, zu transformierten Gestalten werden, die durch Worte beschrieben werden können. In den Zaubersprüchen der Lakandonen werden die wandelbaren Gestalten der inneren Wesen der Dinge benannt und ihre Handlungen und Eigenschaften beschrieben. Die Gesamtheit der Zaubersprüche zeichnet so die Topographie der unsichtbaren Welt. Und diese Topographie ist gleichzeitig ein metaphorisches Abbild der sichtbaren Welt.

Alle Gestalten der unsichtbaren Welt sind mit den Gestalten der sichtbaren unmittelbar verbunden, denn sie sind eigentlich eins, sie entstammen demselben Ursprung. Veränderungen in der unsichtbaren Welt sind deshalb unausweichlich mit Veränderungen in der sichtbaren Welt verkoppelt. Verwandelt sich das innere Wesen der Dinge, ändert sich auch die Hülle der Dinge; die eine Welt wirkt in die jeweils andere hinein. Es scheint fast so, als sei es die unsichtbare Welt, die die Dinge der sichtbaren im Innersten zusammenhält. Wenn man die unsichtbare Welt kennt, weiß man auch von der anderen. So, wie die Lakandonen die unsichtbare Welt aus ihren Seelenreisen, Traumabenteuern und Zaubersprüchen kennen, können auch wir über das Medium der Sprache den Schleier vor den inneren Wesen der Dinge zurückziehen und einen letzten Blick des ehemals weit- und hellsichtigen Menschen erleben.

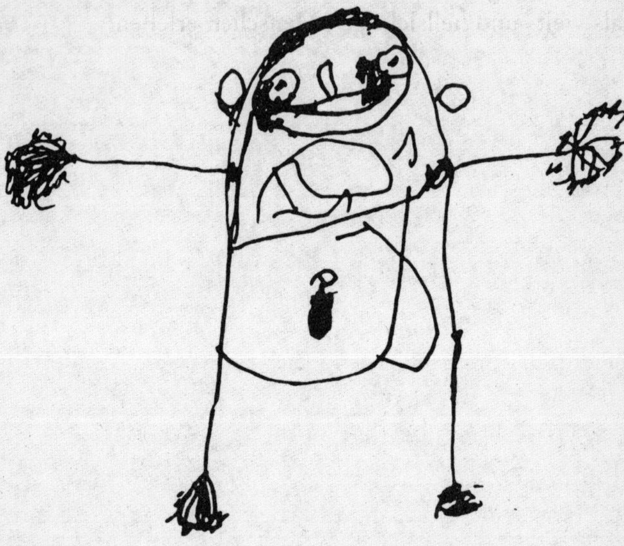

Darstellung eines Menschen, dessen Herz und innere Organe von dem Lakandonen-Kind mitgezeichnet wurden.

Das System Mensch

Menschen sowie alle anderen Lebensformen (sind) Teile eines unteilbaren organischen Ganzen. Aus ihrer Intelligenz läßt sich daher auf die Intelligenz des Ganzen schließen. Der Mensch wird als lebender Beweis für die kosmische Intelligenz angesehen. In uns wiederholt das Universum immer und immer wieder seine Fähigkeit, Formen zu erzeugen, durch die es sich seiner selbst bewußt wird.

FRITJOF CAPRA
Das Tao der Physik

Die Lakandonen gewinnen ihr Wissen über den Menschen aus ihrer Mythologie, die ihnen den gesamten Kosmos in Entstehung, Entwicklung und inneren Strukturzusammenhängen erklärt. Die Mythologie eines Volkes ist die sprachliche Metapher für seine Welterkenntnis. Gary Snyder glaubt, »daß Mythologie und Folklore die *koans* der Menschheit sind, daß sie für die gesamte Menschheit Vorstellungen speichern, um immer wieder darauf zurückzukommen und einen weiteren Sprung in eine wirkliche Gemeinschaft zu tun« (1984: 77).
Mythologie wird das metaphorische Erkenntnismodell einer Kultur. Ihre Tradierung bietet dem Menschen die Möglichkeit der Orientierung im Universum. Sie ist das Erkennen von kosmischen Zusammenhängen und den daran entwickelten Maßstäben des eigenen Handelns und Denkens. Der Mensch erfährt die Welt, und die Mythologie zeigt ihm, wie er sie erkennt und wie er mit ihr umgehen muß.
Die Welt, ist durch das Denken eines schöpferischen Gottes entstanden. Und es ist das Denken des Gottes, das der Mensch, der eben erst dadurch entstand, als Welt, nämlich als seine Welt, erkennt. Das Denken des Gottes manifestiert sich in der Schöpfung, die sich in der Mythologie verkündet. Diese wiederum dient dem Menschen zur Erkenntnis der Welt, in der er lebt. Sollte er etwa nicht mehr als ein göttlicher Gedanke in einer physisch etablierten, erdachten Welt sein? – Wie dem auch sei, einer der Kernsätze in den Mythen der Lakandonen heißt, es ist eben so und nicht anders, wir Menschen wissen zwar nicht, warum, aber die Götter, deren Geschöpfe wir sind, haben es nach ihren Gedanken so gewollt und gezeugt.
Ist der Mensch auch nur ein Gedanke des Gottes, ist er doch ein hochkomplexer. Wie ein Gedanke ein komplexes System mit unendlich vielen Verzweigungen, Verkettungen, Assoziationen, Bildern und Informationen ist, ist auch der Mensch ein ebenso komplexes System, das mit der übrigen Welt verbunden ist.
Für die Lakandonen besteht das System Mensch aus sechs Teilen:

Mensch (*winik*)	Bewußtsein	*(ol)*
	Denken	*(tukul)*
	Seele	*(pixan)*
	Körper	*(winkilil)*
	Geister	*(kisnin)*
	Tiergeist	*(oonen)*

Jedes dieser Teile hat seinen eigenen Aufgabenbereich, seinen ihm eigenen Aufenthaltsort und Anteil an der gesamten Welterfahrung. Mit seinem Bewußtsein reflektiert der Mensch über alle da hineinstrahlenden Informationen aus allen erfahrbaren Wirklichkeiten. Das Bewußtsein ist sein Zentrum, das ihn mit dem Kosmos verbindet.

Das Denken ist das kulturelle Gesetzbuch, nach dessen Regeln erst das Zusammenleben in der stammesvölkischen Gemeinschaft möglich wird.

Die Seele, das nichtstoffliche Duplikat der menschlichen Gestalt, lebt im Herzen des Menschen, erlebt seine Traumwirklichkeit und verbindet ihn mit der unsichtbaren Welt.

Der Körper des Menschen ist seine physische Seinsform in der Waldwelt, ist der Teil, der in die Kreisläufe der physischen, sichtbaren Welt eingegliedert ist. Er ist ein Akteur in der Kulturökologie.

Der Mensch besitzt vier nichtstoffliche Geister, die in den Pulsstellen pochen und ihn mit der Totenwelt verbinden.

Der Tiergeist des Menschen ist ein mit ihm schicksalhaft verbundenes Tier des Waldes. Er ist der Spiegel des Menschen.

So ergibt sich ein genaues Beziehungsgeflecht zwischen dem System Mensch und der Welterfahrung und Welterkenntnis:

Mensch	Bewußtsein	– Kosmos	Universum
	Denken	– Kultur	
	Seele	– Unsichtbare Welt	
	Körper	– Ökologie	
	Geister	– Tod	
	Tiergeist	– Schicksal	

Der Mensch ist so ein metaphorisches Bild des Universums, das ebenfalls ein metaphorisches Bild des Denkens des schöpfenden Gottes ist. Das System Mensch ist nur dann gesund, wenn seine Struktur integriert ist. Das heißt, wenn sein Bewußtsein gut ist, sein Denken vorhanden, seine Seele im Herzen ruht, sein Körper unbeschädigt und wohlernährt ist, seine Geister ungestört sind und sein Tiergeist frei ist.

So ist dann das *System Mensch* als Metapher für das Universum zu verstehen. Ist dann ein kranker Mensch auch Ausdruck eines kranken Universums? Auch das Universum muß geheilt werden, wenn der Mensch daran erkrankt ist, und das zu bewerkstelligen ist der innerste Sinn der Zaubersprüche, der Rituale und der Traumdeutung.

Das Bewußtsein

> Befreit von der Fessel der Anschauung gewinnt das Bewußtsein die Freiheit zu denken.
>
> OSSI URCHS
> *Trickster*

In der Biologie der Wahrnehmung wird Bewußtsein als die psychische Wachheit im Augenblick einer Handlung verstanden, während es nach philosophisch-anthropologischer Anschauung der Ort oder Ausdruck des spezifisch menschlichen Erlebens ist. Charakteristisch für das Bewußtsein ist das Reflektieren über die inneren und äußeren Wahrnehmungen und das Wissen über sich selbst. Ist es ein Perpetuum mobile der Erkenntnis? Bewußtsein wurde im Zuge des naturwissenschaftlichen Glaubensbekenntnisses unserer westlichen Kultur als Produkt des physischen Gehirns, also als eine Eigenschaft bestimmt geordneter Materie, betrachtet. In der neueren Bewußtseinsforschung, die durch die Entdeckung psychedelischer Substanzen, die Integration östlicher Philosophien, die Erfahrungen der Thanatologie und die Erkenntnisse der Quantenphysik begründet wurde, setzt sich die Tendenz durch, Bewußtsein als eine *eigene* Seinsform, die nicht an einen lebenden materiellen Organismus gebunden ist, zu betrachten. In klinischen Berichten über Sterbende zeigte sich, daß sich im Augenblick des Todes ihr Bewußtsein vom Körper trennte, räumlich entfernte und bei der Wiederbelebung wieder im Körper sammelte (vgl. *Grof*, *Halifax* 1980 und *Grof* 1984).
Ich verstehe Bewußtsein als das Feuer der Erkenntnis, das alleinige Licht des Daseins, das wissende Zentrum im Mandala des Mikro- und Makrokosmos. Dieser Gedanke liegt auch dem Bewußtseinsbegriff der Lakandonen zugrunde. Das Bewußtsein ist der Ort der Selbsterkenntnis und dadurch die Selbstre-

flexion des Kosmos. Es ist die Nahtstelle zwischen dem Universum und der menschlichen Existenz.

Palmenherzen und Gefühle

> Es gab zu allen Zeiten, an allen Orten dieser Erde und in allen Kulturen Menschen, die das hochkomplexe Wesen des Bewußtseins erkannten, ihr Wissen aber in verschiedenen Metaphern ausdrückten.
>
> KENNETH R. PELLETIER
> *Unser Wissen vom Bewußtsein*

In der Selva Lacandona gibt es viele verschiedene Palmenarten: kleine und große, lang- und kurzstielige, filigrane und üppige, glatte und stachelige, heilige und profane, schmalblättrige und weitgefächerte, leuchtend blühende und unauffällig getarnte. Alle Palmen haben im innersten ihrer Stämme ein Herz. Geschützt von der kräftigen äußeren Verholzung oder den langen, spröden Stacheln, fließen die Lebenssäfte durch das weiche, zarte und helle Herz, werden darin hochgepumpt zu den Stengeln der Fächer und Wedel. Jedes neue Blatt einer Palme wächst direkt aus dem in die Höhe treibenden Herzen. Es ist der Quell der Lebenskraft, das Zentrum der Pflanze und trägt den Namen »Bewußtsein«.

Das Palmenherz ist eine Metapher für das menschliche Bewußtsein. Es wächst ständig, ist der Ort der höchsten Aktivität. Schneidet man das Palmenherz ab, wächst es nach – so, wie sich ein ausgeblendetes Bewußtsein wieder aufklaren kann. Wie man ein Palmenherz ißt, damit seine Lebenskraft eine Wunde oder einen Knochenbruch heilt, kann man Bewußtsein wahrnehmen und sich daran laben. Ein gesundes, das heißt *gutes* Bewußtsein heilt ein krankes Bewußtsein. Wo Lebenskraft sprudelt, entsteht Bewußtsein, das sich zum Leben entfaltet.

Das Bewußtsein eines Menschen befindet sich im Kopf, ist aber weder mit dem Kopf noch mit dem Gehirn identisch und strahlt in den ganzen Körper ab. Alle Informationen, seien es Wahrnehmungen der sichtbaren Welt, Gedanken, Erinnerungen an Träume oder Gefühle, fließen im Bewußtsein zusammen und spiegeln den Zustand des Menschen und den des Kosmos wider. Es ist der Ort, in dem sich alle Erfahrungen und Erlebnisse präsentieren. Das Bewußtsein ist mit dem Wachzustand identisch. So, wie sich dieser permanent ändert, wandelt sich stetig mit ihm der Bewußtseinszustand.
Ein grundlegendes Merkmal der Kommunikationsstruktur der Lakandonen ist das häufige Verbalisieren des eigenen Bewußtseinszustandes in alltäglichen Unterhaltungen. Zur Beschreibung seines Bewußtseinszustandes stehen einem Lakandonen über dreißig Worte zur Verfügung.

Der gewünschte Zustand ist der des optimal guten Bewußtseins, der durch Krankheiten, soziale Schwierigkeiten, Ängste und Aggressionen, Gifte und Rauschmittel, Gier und Trauer negativ beeinflußt wird. Doch schon das Gespräch über das eigene Befinden dient dem Wandel zum Positiven. Gefühle der Angst und Aggression werden als *ängstliches, herausgerissenes* oder *linkes* Bewußtsein beschrieben. Diese Zustände sind unangenehm und können Schmerzen im Körper und in der Seele verursachen.
Angstzustände werden durch Lachen aufgelöst. Ein Lakandone, dessen Bewußtsein *herausgerissen* ist, entweder durch ein erschreckendes Erlebnis oder eine bedrohliche Gefahr, schildert die erlebte und noch nachwirkende Situation seinem Gesprächspartner, einem Freund, einem Verwandten oder dem Gemahl. Er erzählt alle Einzelheiten und wiederholt sie so oft, bis er und sein Gesprächspartner darüber herzlich lachen können. Bis sich die Angst aufgelöst hat und das Bewußtsein wieder *gut* ist.
Wenn man von Sorgen geplagt oder von Trauer erschüttert ist, *hat man Gedanken.* Dann ist das Bewußtsein *nicht gut,* ist

erfüllt mit Gedanken über etwas, *das man sowieso nicht ändern kann.* Ist man traurig, sagt man: »Mein Bewußtsein ist nicht gut, denn ich habe Gedanken.« Der Gesprächspartner fragt: »Worüber denkst du nach?« Und mit dieser Frage wird das Ventil geöffnet, das die Trauer unter Verschluß hielt. Die *Gedanken* sprudeln aus dem Bewußtsein hervor – vielleicht verlassen sie es, und es wird wieder *gut.*

Die Lakandonen identifizieren einen *optimal guten* Bewußtseinszustand mit völliger Gedankenfreiheit, denn Sorgen und Trauer löschen das Feuer der Erkenntnis. Auch Krankheiten äußern sich als unerwünschte Bewußtseinszustände. Ziel der Krankenheilung bei den Lakandonen ist deshalb die Neuerschaffung eines *guten* Bewußtseins. Ihre Heilverfahren konzentrieren sich denn auch darauf, die Teile des Systems Mensch in einen Zustand zu bringen, der seinen Ausdruck in einem guten Bewußtsein hat. So betrachtet, wird die Krankenheilung zu einer bewußtseinsverändernden Technik. Ihre Mittel sind Gesprächstechniken, Rituale, Zaubersprüche und zustandsverändernde Substanzen.

Die Bezeichnungen der Lakandonen für die verschiedenen Bewußtseinszustände des Menschen:

ne p'änkex tsoy -ol	optimal gutes Bewußtsein
ne tsoy -ol	sehr gutes Bewußtsein
tsoy -ol	gutes Bewußtsein
k'äs tsoy -ol	gerade noch gutes Bewußtsein
as tsoy -ol	fast gutes Bewußtsein
chichin tsoy -ol	ein etwas gutes Bewußtsein
ma' hax tsoy -ol	nicht wirklich gutes Bewußtsein
ma'tsoy -ol	kein gutes Bewußtsein
ne ma'tsoy -ol	sehr schlechtes Bewußtsein
yan -ol	Bewußtsein ist vorhanden
mäna' -ol	Bewußtsein ist nicht vorhanden
ne mäna' -ol	bewußtlos
bini -ol	gegangenes Bewußtsein
uli -ol	zurückgekehrtes Bewußtsein
hebi -ol	aufgeklartes Bewußtsein
kux -ol	lebendiges Bewußtsein
k'at -ol	erinnerndes Bewußtsein
oy -ol	überdrüssiges Bewußtsein
ch'a'ik -ol	Bewußtsein nehmen
ts'i' -ol	verlangendes Bewußtsein
chich -ol	festes Bewußtsein
ne chich -ol	sehr festes Bewußtsein
mehen -ol	kleines/geschrumpftes Bewußtsein
chi'an -ol	angebissenes Bewußtsein
sahak -ol	ängstliches Bewußtsein
hak' -ol	herausgerissenes Bewußtsein
ne siis -ol	sehr kaltes Bewußtsein
siis -ol	kaltes/kühles Bewußtsein
chäk -ol	heißes Bewußtsein
ne chok -ol	sehr heißes Bewußtsein

ts'ik -ol	wörtlich: »linkes Bewußtsein« (wütend)
ne ts'ik -ol	sehr wütendes Bewußtsein
k'ex -ol	verdrehtes Bewußtsein
satan -ol	ausgesetztes Bewußtsein
sutuknak -ol	kreiselndes Bewußtsein
yah -ol	schmerzendes Bewußtsein
kilen mak -ol	köstlich bedecktes Bewußtsein

Das Rebhuhn-Wildschwein-des-Waldes

> Bewußtseinsentwicklung ist Kulturentwicklung!
>
> WALTER KIHM
> *Zur Symbolik im Schamanismus*

Obwohl die Lakandonen von Naha' nach ihrer eigenen tradierten Geschichte niemals in Kriege verwickelt waren, kennen auch sie das Phänomen der Aggression. Menschen werden aggressiv, wenn sie Angst haben, bedroht werden oder einen Zustand ihrer Umgebung ihrer Vorstellung anpassen wollen. Genau wie Psychologie und Ethnologie das letzte Geheimnis der Aggressionen verschlossen geblieben ist, stehen auch die Lakandonen bei ihrer Erklärung vor einem Rätsel. Aber aggressive Gefühle kennt jeder, und sie tauchen gelegentlich *von selbst* auf. Sie gehören zum Gedankengebilde des schöpfenden Gottes und werden so *als eben einfach da* akzeptiert. Aggressivität wird als ein Bewußtseinszustand beschrieben: das Bewußtsein ist *links, verdreht* oder *erhitzt.* Um diesen unerwünschten Zustand in den angestrebten, den *guten,* aufzulösen, können Gesprächstechniken angewandt werden. Doch die sind nur selten effektiv, da es meist sehr schwer ist, mit einem Menschen zu sprechen, dessen Bewußtsein *sehr heiß* ist; besonders dann, wenn seine aggressiven Gefühle auf Gesprächspartner gerichtet sind.

In einem solchen Fall finden die Lakandonen Hilfe bei einem Zauberlied, das den Sprüchen zur Krankenheilung ziemlich ähnlich ist. Dieses Lied wird einfach im stillen gedacht, keinesfalls laut gesungen. (Nur einem ausgesuchten Schüler wird es laut vorgetragen.) Mit den Worten dieses Liedes kühlt man das erhitzte Bewußtsein seines Feindes und beruhigt damit gleichzeitig sein eigenes ängstliches. Sie entfalten ihre Wirkung über das Medium der unsichtbaren Welt. Dort hat die Seele eines Feindes die Gestalt eines gewaltigen Jaguars, der im Text metaphorisch *Rebhuhn-Wildschwein-des-Waldes* genannt wird. Im Kopf des Feindes/Jaguars brennt ein Feuer, dessen Scheite aus *lu'in*-Baumholz sind. Die Äste des *lu'in*-Baumes erinnern an menschliche Röhrenknochen; Kisin, der Herr des Todes, nimmt Menschenknochen als *lu'in*-Holz wahr. Ist im Text des Zauberliedes vom *lu'in*-Holz die Rede, sind damit die Knochen des Feindes gemeint: Sie brennen, und ihre Flammen erhitzen sein Bewußtsein. Wird das Feuer in der unsichtbaren Welt gelöscht, kühlt sich auch das Bewußtsein des Feindes ab.

Das ist der Weg, *wexil**
Wexil!
Wenn die Sonne in die Unterwelt tritt, *wexil*
Werden wir uns unterhalten haben
Da ist der Hagel, *wexil*
Den ich hineingetragen habe
Mitten in deinen Kopf
Selbst wenn du sagst, daß du mich mit deinem Pfeil erschießt
Du sagst, daß du mich tötest
Du wirst mich nicht töten, *wexil*
Das Rebhuhn-Wildschwein-des-Waldes
Dann hast du unsere Beine gesehen
Weiß ragen sie auf
Die Behaarung unserer Beine
Du siehst sie

* *wexil* ist eine Kontraktion von *(in-)w-e(t) xilalil*, wörtlich: »mein mit-Mann«.

Das Rebhuhn-Wildschwein-des-Waldes
Das ist das Rebhuhn-Wildschwein-des-Waldes, *wexil*
Wütend zieht es nur umher
Du spürst mein Werk, *wexil*
Ich schicke dir meinen Tabak*
Dann ist unsere Unterhaltung gut
Eins ist unser Bewußtsein
Eins ist unser Denken
Die Lunge hat es eingesaugt
Ich warf den Hagel
Dann habe ich ihn hineingetragen
In die Mitte deines Kopfes
Du gehst nicht, *wexil,* wir werden uns unterhalten haben
Wenn die Sonne in die Unterwelt tritt, ist dein Bewußtsein gut, *wexil*
Ich habe dir, dort wo du sitzt, den Wind des Südhimmels gesandt
Du gibst es nicht auf
Aber wir werden uns unterhalten haben, *wexil*
Ich nahm es
Ich habe die Flammen ganz gelöscht
Ich habe das *lu'in*-Feuer, deine Glut, ganz ausgelöscht
Ich habe sie ganz ausgelöscht
Hagel war es, den ich geworfen habe
Dann verlosch es, *wexil*
Du weißt nicht, daß ich dich besinge
Du und ich sitzen da
Wäre ich nicht gut?
Ich erzähle es
Du gehst nicht, *wexil*
Du bist nicht wütend
Ich habe die Flammen ganz gelöscht
Ich habe die Glut ganz gelöscht
Ich habe es ganz ausgelöscht

* Tabak ist ein traditionelles Gastgeschenk und dient der Freundschaftsbekundung und Vertragsbekräftigung.

Das weiße *lu'in*-Holz
Das ist seine Glut
Ich habe den ganzen Hagel geschickt
Dann ist dein Bewußtsein kalt
Wenn die Sonne in die Unterwelt tritt, werden wir uns unterhalten haben
Es ist nicht aufgesaugt
Eins ist unsere Kleidung
Eins ist unsere Lunge
Dort fiel der Hagel
Dann fiel er und drang in dich ein
Kühl ist dein Bewußtsein
Das Rebhuhn-Wildschwein-des-Waldes
Das ist mein Bein, das da liegt
Da siehst du mein Kleid liegen
Da liegt es, *wexil*
Kalt ist dein Bewußtsein
Dann habe ich das Lied Unseres Herrn eingefangen
Das ist sein Lied, das Unseres Herrn, der das Pulver bewacht*
Ich habe dein Bewußtsein abgekühlt
Ich habe dein Bewußtsein abgekühlt
Du bist nicht wütend
Selbst wenn du es sagst
Daß ich sehr schlecht bin
Nicht gut siehst du es
Wäre hier nicht mein Lied, *wexil*
Du weißt nicht, daß ich dich besinge
Nicht weißt du von den Dingen
Oder daß ich dich besinge
Deine Gedanken werden erlöschen
Selbst wenn ich von sehr weit her komme
Dann hast du mein Lied gehört
Dann hast du es gehört
Das Rebhuhn-Wildschwein-des-Waldes

* Gemeint ist Mensäbäk, der Pulvermacher, der Herr über die Regengötter und so Gebieter über das Wetter.

Grün glühen die Augen des Wildschweins-des-Waldes
Das siehst du
Mein Bewußtsein setzte ich dort hin
Das ist mein Bewußtsein
Das ist seine Musik
Dann hast du gehört, wie mein Lied verströmt
Du weißt nicht, daß ich dich besinge, *wexil*
Gut ist dein Bewußtsein
Eins ist unser Herauskommen
Eins ist unser Hocker
Du kommst an und setzt dich auf meine Seite
An die Seite
Du denkst an uns, wir werden uns unterhalten haben
Ganz gelöscht ist dein *lu'in*-Holz
Ganz gelöscht ist dein Feuer
Es ist verloschen
Ich habe alles aufgesogen
Ich habe alles gekühlt
Ganz gelöscht sei es, *wexil*
Kühl ist dein Bewußtsein
Verborgen hinter dem aufgereihten Mais
Dann kam ich an, von weit her kam ich
Selbst wenn du Pfeile mitgenommen hast
Du gehst und richtest deine Pfeile hoch
Nicht erschießt du mich damit
Nicht tötest du mich, *wexil*
Gut ist mir dein Bewußtsein, *wexil*.

Wenn die Welt unheilbar krank ist,
dann sitzt ihre Krankheit im Kopf des
Menschen.

PETER E. STÜBEN
Die Weisheit der »Primitiven«

Hier, hier sind sie, o Roter Chob
Die gekochten Maiskolben
So sprich denn zum Herrn des Himmels
Zu ihm gehen die gekochten Maiskolben
O du Sonne, sprich zum Bewußtsein des Himmels
Daß es deine Worte weitergibt an Mensäbäk, den Pulvermacher
Daß es zu ihm spräche
Hier ist mein Weihrauch
Der Weihrauch des Kopfes meines gekochten Maises
Sein Weihrauch
Erreiche dich, deine Zunge, dein Auge
Oh, Herr des Himmels.

Mit diesen Worten beginnt das lange Gebet zum Opfer der ersten gekochten Maiskolben. Dazu werden den tönernen Götterschalen – den Medien der Götter auf der Erde –, die auf ihren Sesseln und Betten im Götterhaus ruhen, einige gekochte Maiskörner auf den Mund gelegt. In ihren Bäuchen aber wird etwas Weihrauch verbrannt. Das Gebet richtet sich an Äkinchob, den Götterboten, den Vermittler zwischen Menschen und Göttern. Er soll die unsichtbaren Seelen der Opfergaben in den Himmel tragen und dort die im Gebet ausgedrückten Wünsche der Menschen verkünden. Er soll zu den Göttern des Himmels sprechen, vor allem aber zu seinem Schwiegervater Hachäkyum, Unserem Wahren Herrn.

Hachäkyum, der im Zentrum des Universums residiert, der im Herzen des Himmels sein Haus hat, der durch sein Denken die Welt erschaffen hat, ist *u yoli ka'an*, das *Bewußtsein des Himmels.* Wie das Bewußtsein des Menschen dessen Zentrum ist, ist

Die tönerne Götterschale des Äkinchob, des Götterboten.

das Bewußtsein des Himmels das Zentrum des gesamten Kosmos. Wie das Bewußtsein des Menschen in seinen Körper und seine Umwelt abstrahlt und zugleich der Sammelpunkt aller Informationen ist, erstrahlt das Bewußtsein des Himmels den Kosmos und ist gleichzeitig der *Focus allen Geschehens* dieser und jener Welten. Wie der aktuelle Zustand des menschlichen Bewußtseins den Zustand des Systems Mensch widerspiegelt, drückt sich im Bewußtsein des Himmels der Zustand des Kosmos aus. Nur wenn das System Mensch integriert ist, hat es ein gutes Bewußtsein. Nur wenn der Kosmos intakt ist, das heißt, wenn die ökologischen Kreise nicht gestört sind, ist das Bewußtsein des Himmels gut.

Wenn das Bewußtsein des Himmels *nicht gut* ist, zeigt sich das am Zustand der Ökologie des Regenwaldes. Trockenperioden, Hagelstürme, Maiskrankheiten, Tiersterben, Sturmfluten oder Waldsterben sind sichere Zeichen dafür, daß sich das Bewußtsein des Himmels in einem schlechten, in einem gestörten Zustand befindet. Da dem Menschen eine Grenze der Selbsterkenntnis gesetzt ist, kann er erst recht nicht in die innersten und tiefsten Schichten des Bewußtseins des Himmels schauen. Er kann lediglich versuchen, jene Techniken, die einstmals in der Urzeit den Ahnen von den Göttern gegeben wurden, anzuwenden, um so das nicht gute Bewußtsein des Himmels zu verändern und in einen guten Zustand zurückzuführen.

Für einen schlechten Zustand des Bewußtseins des Himmels sind immer die Menschen verantwortlich. Wenn sie einen Fehler begehen, wenn sie nicht nach den Vorstellungen des schaffenden Gottes handeln, verstimmt sich dessen himmlisches Bewußtsein. Zu den schwerwiegendsten Verfehlungen zählt das sinnlose, das über das Notwendigste hinausgehende Abholzen des Waldes und das Fällen von heiligen Bäumen, etwa des schon den alten Maya heiligen Kapokbaumes *(Ceiba pentandra)*, des Mahagonibaumes oder der Zeder. Ein Mensch darf soviel Wald roden, wie er Land braucht, um ein Maisfeld anzulegen, das ihn und seine Familie ernähren kann. Rodet er mehr, ist das eine Verfehlung, die das Bewußtsein des Himmels stört. Weil aber nun dieses den gesamten Kosmos durchstrahlt, dringt es auch in den Holzfäller ein und macht ihn krank, oder es vernichtet sein Maisfeld. Häufen sich die Fehler der Menschen, werden sie mit Umweltkatastrophen geschlagen.

Nach Auffassung der Lakandonen registriert das Bewußtsein des Himmels selbst die allergeringste Verfehlung. Deshalb dürfen die Lakandonen, obwohl sie vor den Giftschlangen des Waldes eine respektable Angst haben, diese auch nicht einfach töten. Wenn sie bei der Feldarbeit in der Milpa auf eine Nauyaca oder *fer-de-lance (Bothrops atrox)* treffen, müssen sie das getötete Tier rituell begraben. Dazu wird ein etwa zwanzig Zentimeter tiefes Grab ausgehoben. Der Schlange wird vorsichtig ein Zigarrenstummel in den Rachen geschoben, damit der Tabaksaft das Schlangengift neutralisiert, weil es sonst den Boden, auf dem später der Mais wachsen soll, verseuchen würde. Dann wird der tote Leib in die Kuhle gelegt und mit einem Spruch besprochen:

Hier, so gebe ich dir deinen Tabak
Es ist dein Fehler, daß du hier herauskamst
Hier in meiner Milpa
Ich habe dir den Tabak in den Rachen geschoben
So gehe denn deine Seele
Sprich zu deinem Herrn
Sage ihm, daß du hier in meiner Milpa
Herausgekommen bist
Wie konnte er das erlauben?
So geh denn.

Das Grab wird mit Steinen und Erde bedeckt. Dann fährt die Seele der Schlange aus ihrem Körper und reist in einen Berg, in dem der Herr der Schlangen, einer der Wandernden Götter der Erde, wohnt. Der Tabak in ihrem Hals zeigt ihm, daß sein Geschöpf in eine verbotene Zone, nämlich die Milpa eines Menschen, eingedrungen war. Der Herr der Schlangen berichtet davon dem Bewußtsein des Himmels, damit es weiß, daß der Schlangentöter richtig gehandelt hat.
Das Bewußtsein des Himmels ist abhängig vom Menschen wie der Mensch von ihm. Wenn die Maisernte gut war, liegt es nur daran, daß der Kosmos in Ordnung, also die Ökologie nicht gestört und das Bewußtsein des Himmels gut war. Zum Dank werden dem himmlischen Bewußtsein die Seelen der ersten Ernteerträge geopfert. Es labt sich an den Maisseelen, verteilt sie auch an alle anderen Götter des Himmels und der Erde und erzeugt so ein in sich ruhendes, gesundes und ausgeglichenes Universum.

> Ein Mensch mag *vor* dem Rausch melancholisch gestimmt sein und die dunklen Aspekte des Daseins vor Augen haben; er mag *im* Rausch den Ausblick in einen Himmel wolkenloser Heiterkeit genießen; und er mag dann schließlich *nach* dem Rausch beide Bewußtseinslagen in die Synthese einer dritten zusammenfassen.
>
> RUDOLF GELPKE
> *Vom Rausch im Orient und Okzident*

Als der englische Geistliche Thomas Gage im 16. Jahrhundert in die Neue Welt reiste, besuchte er auch viele indianische Gebiete Mesoamerikas. Bei den Pokomchi-Indianern in Guatemala beobachtete er den Gebrauch eines bewußtseinsverändernden Gebräus. In seinem ausführlichen Reisebericht findet sich im »10. Capitel« die »Beschreibung eines seltsamen Geträṅkes der Indianer«:

»Sie machen unter anderem einen besonderen Tranck/ der den Wein an Stärke weit übertrifft/ in großen irdenen Krügen oder Töpffen/die aus Spanien gebracht werden/auff diese Weise: Sie thun erstlich ein wenig Wasser in den Krug/denn füllen sie ihn mit Safft von Zuckerröhren/oder ein wenig Honig/damit der Tranck süsse werde/und sonst andere Wurzeln/welche da zu lande wachsen/und die sie wissen/daß sie dergleichen Wirckung haben/dazu. Ich habe selbst an unterschiedlichen Orthen gesehen/daß sie eine lebendige Kröten dazu hinein geworfen haben.

Hierauff wird das Gefässe zugemacht/und sie lassen dieses alles funffzehn Tage oder einen Monat lang miteinander jähren/biß alles wol durcharbeitet/die Kröte ganz verweset/und der Tranck die verlangte Stärcke bekommen hat.

Als denn machen sie das Gefässe wieder auff/und laden ihre

Freunde zum – Schmauße/der gewöhnlich bey Nacht angestellt wird/damit sie vom Priester des Dorffes nicht darüber ertappet werden/und hören nicht eher auf zu trincken/biß sie sämtlich toll und voll sind.
Sie heissen diesen Tranck *Chicha,* der aus der Massen übel reucht/und verursacht offters vielen den Todt/sonderlich an denen Orthen/wo sie Kröten hinein thun.
Als ich zu *Mixco* wohnte/bekahm ich die Nachricht/daß man den einem Indianer eine grosse Zusammenkunftt halten würde diesen Tranck zu trinken: Dannenhero ich die Gerichts-Leuthe des Orthes zu mir nahm/und ging in das Hauß dieses Indianer/ da wir vier solche Irdene Krüge oder Töpffe voll itzgedachten Tranckes/welche bereits geöffnet waren/funden! Ich ließ dieselbe auff die Gasse tragen/und sie in Stücken zerschlagen/daß die *Chicha* aller in den Koth lieff/welche so grausam stanck/ daß ich mich davon übergeben mußte/und fast acht Tage lang davon kranck wurde« (*Gage,* 1710: S. 307–308).
Dieser Trank, der laut Gage *chicha* geheißen haben soll, ist bereits in vorspanischer Zeit von den Maya in Yucatán und den Lakandonen gebraut worden.
Bei beiden Volksstämmen heißt dieser Trank *balche',* wörtlich übersetzt: das »Ding des Holzes«, denn er wird aus Wasser, Honig oder Zuckerrohrsaft und der Rinde (nicht den Wurzeln) des gleichnamigen Baumes *(Lonchocarpus violaceus)* hergestellt. In alten Zeiten war vermutlich auch das Einlegen der Kröte *Bufo marinus,* deren Hautsekrete halluzinogen und aphrodisierend wirksam sind, in den Trank gebräuchlich (vgl. *Dobkin de Rios* 1974); und deren Skelette wurden rituell bestattet (*Hamblin* 1981 und 1984). Heute jedoch wird die Kröte dem *balche'*-Trank nicht mehr beigegeben, obwohl die Lakandonen *Bufo marinus* sehr gut kennen, das enthäutete Tier gelegentlich sogar essen.*
Die Lakandonen von Naha' brauen die *balche'* in einem heiligen Kanu, das in Nord-Süd-Richtung vor der östlichen Seite des Götterhauses auf einem Holzgestell, seinen »Füßen«, steht. Der Trank darf nur zu Ehren der Götter als Dankesopfer oder

als Bekräftigung eines im Gebet geäußerten Wunsches angesetzt werden. Dazu wird das Kanu gereinigt und mit frischem Fluß- oder Quellwasser gefüllt. In diesem Wasser wird in den Wäldern gesammelter Honig der wilden, stachellosen Bienen oder der aus Zuckerrohr gepreßte Saft gelöst. Anschließend trägt der »Bewacher des *balche'*-Trankes« am Kanu einen sehr

* Die in die Literatur eingesickerte Behauptung, die Lakandonen würden den stark halluzinogen wirksamen Pilz *Strophoria cubensis* in Verbindung mit *balche'* einnehmen (so *Robicsek* 1978: S. 57 und *Furst* 1976: S. 191), hat sich als vollkommen falsch erwiesen (vgl. *Clare* 1984), da dieser Pilz nicht in der Selva Lacandona vorkommt und den Lakandonen unbekannt ist. Der einzige berauschende Pilz, von dem die Lakandonen eine undeutliche Kenntnis haben und den sie in den höhergelegenen Pinienhainen gelegentlich finden – sie nennen ihn *Licht der Erde (äh kib lu'um)* –, ist der Fliegenpilz *(Amanita muscaria)*.

langen Zauberspruch vor, mit dem er alle giftigen Tiere des Waldes, Schlangen, Baumfrösche, Erdkröten, Giftechsen *(Heloderma horridum)*, Skorpione, Stechameisen, Hummeln, Wespen, Hornissen, Spinnen und Raupen, herbeiruft. Er bittet sie, die unsichtbaren Essenzen ihrer Gifte in den Trank zu geben, damit er in seiner Wirkung möglichst stark wird. Ist der Zauberspruch zweimal vorgetragen, werden bereits gebrauchte Rindenstücke des *balche'*-Baumes und einige frische Rindenstreifen in die Lösung gelegt. Auf den alten Rindenstücken haben sich Hefekolonien angesiedelt, die die Lösung rasch zur Gärung bringen.
Von den inzwischen verschollenen Lakandonen von Piedras Negras heißt es, sie hätten den stärksten *balche'*-Trank gebraut. Es heißt, sie hätten Blätter des Bauerntabaks *(Nicotiana rustica)* und einige der giftigen Baumfrösche und Kröten in ihrer Lösung mitziehen lassen. Vielleicht brauchten sie deswegen auch keinen Zauberspruch, um die Essenzen der Gifte herbeizurufen. Doch kannten sie einen anderen, der – selbst ohne Hefe? – die gewünschte Gärung einleitete:

Dort erhebt er sich
Dort steigt der Schaum auf
Ich habe ihn aufschäumen lassen
Der Schaum
Dort erhebt er sich
Der Speichelkäfer
Ich habe den Schaum aufsteigen lassen
Dort, von den Füßen meines Kanus
Habe ich den Schaum aufsteigen lassen
Habe ich es aufkochen lassen
Habe ich es aufschäumen lassen
Dann erhebt er sich
Dann habe ich ihn aufschäumen lassen
Dort erhebt er sich
Das Krokodil
Da zieht es vorbei

Tritt in mein Kanu ein
Ich habe die Blasen aufsteigen lassen
Die Gelbe Schildkröte
Dort erhebt sie sich
Die Gelbe Schildkröte
Dort erhebt sie sich
Dort steigen die Blasen auf
Da ziehen sie vorbei
Da ziehen sie durch mein Kanu hindurch
Dort steigen sie auf
Dort erheben sie sich
Die Rotaugenschildkröte
Dort erhebt sie sich
Dort zieht sie vorbei
Sie hat den Schaum aufsteigen lassen
Der Speichelkäfer
Dort erhebt er sich
Ich habe es aufkochen lassen
Dort erhebt er sich
Der Speichelkäfer
Da zieht er vorbei
Der Speichelkäfer
Der Große Speichelkäfer
Das ist sein Schaum
Ich habe ihn aufsteigen lassen
Dort erhebt er sich
Dort zieht er vorbei
Das Brodeln
Das Rote Krokodil
Dort erhebt es sich
Das Kurzschwanzkrokodil
Da ziehen sie vorbei
Die Rotaugenschildkröte
Ich habe die Blasen aufsteigen lassen
Dort brodelt es
Dort erhebt er sich

Der Speichelkäfer
Dort erhebt er sich
Ich habe die Blasen aufsteigen lassen
Die Gelbe Schildkröte
Dort zieht sie vorbei
Dort zieht sie vorbei
Sie ist es die da vorbeizieht
Der Drachen
Er zieht durch mein Kanu hindurch
Dort erhebt er sich
Ich habe die Blasen aufsteigen lassen
Dort erhebt er sich
Dort steigt er auf
Alles erhebt sich
Ich habe den Schaum aufsteigen lassen
Ich habe den Schaum zusammengeballt
Dort erhebt er sich
Dort steigt er auf
Dort, vom Fuß
Dort, im Kanu
Dort zog er hindurch
Ich sitze hier vor der Mitte des Kanus
Das Krokodil
Es zieht vorbei
Dort steigt es auf
Der Wels
Er zieht durch mein Kanu hindurch
Dort steigt er auf
Der Bunte Barsch
Er ist es, der dort vorbeizieht
Die Sardine
Da ziehen die Blasen vorbei
Die Gelbe Schildkröte
Die *let'*-Schildkröte
Die Echte Schildkröte
Dort steigen sie auf

Da ziehen die Blasen vorbei
Gelbe Schildkröte
Dort steigt sie auf
Die Schwanzschildkröte
Da brodelt es
Dort erhebt sie sich
Die Schwanzschildkröte
Ich habe den Schaum aufsteigen lassen
Dort erhebt er sich
Dann steigt er auf
Die Gelbe Schildkröte
Dort erhebt sie sich
Die Gelbe Schildkröte
Dort steigt sie auf
Dort erheben sich die Blasen
Dort steigen sie auf
Die *let'*-Schildkröte
Das Krokodil
Das Kurzschwanzkrokodil
Dort zieht der Schaum vorbei
Ich habe die Blasen aufsteigen lassen
Sie ziehn durch mein Kanu hindurch und bewegen es
Ich habe den Schaum aufsteigen lassen
Ich habe es aufkochen lassen
Der Speichelkäfer
Er zieht vorbei
Dort unter dem Kanu
Dort ziehen die Blasen vorbei
Es ist aufgeschäumt
Von selbst ist der Schaum
Dort aufgestiegen.

Mit diesem Zauberspruch – den nur noch ein Mann in Naha' kannte – werden die Seelen der im Wasser lebenden Tiere aus der unsichtbaren Welt herbeigerufen, um das Wasser im Kanu aufschäumen zu lassen.

Schon nach ein oder zwei Tagen ist die *balche'* »reif«, ist der gesamte Zucker in Alkohol verwandelt. Der fertige Trank wird in besondere Baumkürbisschalen abgefüllt und vor die Götterschalen gestellt. Einige Tropfen werden den Köpfen an den Götterschalen auf die Unterlippe geträufelt. Mit einem Gesang wird die Seele des Trankes in den Himmel geschickt, damit sich die Götter, einschließlich des himmlischen Bewußtseins, daran berauschen können:

te'epaah
Neigt euch herab zum Opfer
Neigt euch herab zu dem köstlichen Tranke
Versammelt euch
Herr des Himmels, der dort am Rande des Stromes sitzt
Neige dich herab, Bewußtsein des Himmels
Neige dich herab, Köstlicher Roter Chob
Ewiger T'uup, Beschützer der Sonne, neige dich herab
Itsanal des Herrn des Himmels
Neigt euch herab zum süßen Trank
Zum Opfer
Zur Versammlung
Er ziehe vorbei an euren Mündern
Daß ihr ein weiteres Leben habt
Es kommt noch mehr
Er ziehe durch euer Leben
Der köstliche Trank
Das ewige Opfer des köstlichen Trankes
Neigt euch herab zum köstlichen Trank
Zum Opfer
Zur Versammlung
Neigt euch herab, *te'epaah*, zum Opfer
ha'alin.

Die Seele der *balche'* ist eine Bewußtseinsnahrung der Götter; und ebenso wird der entseelte Trank in den Baumkürbisschalen zur Bewußtseinsnahrung für die Menschen der Erde.

Haben sich die Götter um das Bewußtsein des Himmels geschart, um ihr eigenes Bewußtsein mit der Seele des Trankes zu verändern, so versammeln sich alle Männer des Dorfes im Götterhaus um den »Bewacher der *balche'*«. Die Frauen, die sich an den Trank heranwagen, begeben sich in die dem Götterhaus gegenüberliegende Zeremonialküche. Der Bewacher der *balche'* verteilt an alle Teilnehmer des Rituals, die im Kreis um ihn herumsitzen, je gleich viel des berauschenden Getränkes. Einige Schalen voll bringt er auch den Frauen nebenan. Es wird immer gleichzeitig getrunken, und zwar sehr schnell und sehr viel. In nicht mehr als vier bis fünf Stunden trinkt jeder Beteiligte ungefähr 17 Liter des Gebräus. Die gemeinsame Bewußtseinswandlung setzt sehr schnell ein, man sagt, das Bewußtsein *verläuft* sich oder *dreht* sich, es ist dem Abenteuer des Rausches *ausgesetzt*. Die Qualität der frischen *balche'*-Rinde und die Sorgfalt des Zauberspruches bestimmen die Wirksamkeit des Trankes.

Balche' wirkt nicht wie Bier oder Wein oder wie ein anderes uns bekanntes Rauschmittel. Sie wirkt auch nicht wie die starken Halluzinogene, die in den anderen Kulturen der amerikanischen Regenwälder benutzt werden (Ayahuasca, Yopo, Brugmansia usw.). Die Wirkung der *balche'* ist äußerst facettenreich. Das Bewußtsein wird euphorisiert, die Wahrnehmung geschärft, die Muskeln werden entspannt, Magen und Darm entleert, und das Herz wird zum Lachen gebracht. Sehr starke Dosierungen (20 l) haben narkotisierende und schmerzlindernde Effekte. Besonders stark ist die Wirkung auf das Gemüt. Die Berauschten neigen zu Lachkrämpfen und rühr- oder leutseligen Gefühlen. Aggressive Gefühle lösen sich dagegen bei steigender Wirkung auf. Und aus ebendiesem Grunde hat die gemeinsame Einnahme des Trankes, verbunden mit der gemeinsamen Bewußtseinsänderung, eine geradezu sozialtherapeutische Bedeutung. Aggressionen lösen sich im Rausch auf und verwandeln sich in Lachen, Freude und Zuneigung.

Wenn zwei gegeneinander aggressiv gestimmte Männer am Ritual teilnehmen, kann der eine zum anderen sagen: »Komm, laß uns trinken, denn es ist zwischen uns etwas.« Dann trinken beide gleichzeitig und sehr schnell eine riesige Menge, die kaum in ihren Mägen Platz hat. Sie ändern so gemeinsam und nicht weniger rasch ihr Bewußtsein und müssen, wegen der Unmengen Flüssigkeit, bald gemeinsam erbrechen und Blase und Darm entleeren. So hat der Trank ihren Körper durchspült, das Bewußtsein dem verstärkten Rausch *ausgesetzt* und beide von ihrem Problem gereinigt.

Gewöhnlich fallen die Berauschten nach dem Ritual – wenn der gesamte Inhalt des Kanus durch die Kehlen geflossen ist – in einen traumlosen Schlaf. Daraus erwachen sie nach einigen Stunden mit einem *aufgeklarten* Bewußtsein und einem gereinigten Körper. Ebenso klärt sich auch das Bewußtsein des Himmels wieder auf; das Universum hat eine weitere Wandlung erfahren.

In der Urzeit hatte der *balche'*-Trank noch andere Qualitäten. Er konnte nicht nur das Bewußtsein des Menschen und das des Himmels verändern, er konnte sogar die Gestalt eines Menschen verwandeln. Er war eine Tür zwischen den Wirklichkeiten. Der alte Chan K'in erinnert sich noch:

»Wenn du in den Himmel aufgestiegen bist, um mit den Göttern zu sprechen, da angekommen bist im Himmel des Hachäkyum, Unseres Wahren Herrn, und wieder herabgestiegen bist und du danach *balche'* trinkst, macht es nichts, wenn Menschen dazukommen. Es ist auch sehr gut, wenn die, die kommen, nicht mit ihren Gatten geschlafen haben. Aber wenn du *balche'* für die Götter trinkst, sie ihnen opferst, und es kommen welche dazu, die gerade mit ihrer Frau geschlafen haben, um von der *balche'* zu trinken, ist es nicht gut. Ich weiß nicht, warum, aber so heißt es. Wenn sie zu dir ins Götterhaus kommen, werden sie den Weihrauch oder die neuen Götterschalen oder die Kautschukfiguren schlecht machen. Dann wird dir die Kleidung am Körper festwachsen. Es läßt sich dann nicht mehr ändern. Es wird dir ein Fell daraus wachsen. Deine Kleidung wird zu deinem Fell. Sie ist dir festgewachsen. Es läßt sich nicht mehr ändern. Du hast das Fell eines Jaguars, bist ein Jaguar, hast die Flecken. Sehr gefleckt ist dein Fell, genau wie das eines Jaguars. Genauso werden deine Nägel zu den Krallen eines Jaguars. Der Kopf, alles ist in einen Jaguar verwandelt. Alles hat sich in einen Jaguar verwandelt, der Kopf, die Zähne, die Krallen. Dir wächst ein Schwanz, genau wie der eines Jaguars. Sehr gefleckt ist er, gelb durchbrochen. *Hmm, hmmm, hmmm* faucht der Jaguar. Er wird wieder wie ein Mensch, wenn er so viel geschlagen wird, bis das ganze Fell ausgefallen ist . . .«

Verwandlungen in der Nacht

> Der Traum ist ein zweites Leben ... Die ersten Augenblicke des Schlafes sind das Bild des Todes. Eine nebelhafte Erstarrung ergreift unsere Gedanken, und wir können den genauen Augenblick nicht feststellen, wo das *Ich* in einer anderen Form die Tätigkeit des Daseins fortsetzt.
>
> GÉRARD DE NERVAL
> *Aurelia*

Mit dem Einschlafen taucht der Mensch in eine andere Wirklichkeit ein. Sein Körper ruht, sein Bewußtsein ist ausgeblendet, dafür wird seine Seele aktiv. Sie steigt aus dem Herzen heraus und fährt davon in die Nacht, in ihre Traumwirklichkeit. Traum heißt auf lakandon *wayak'*, wörtlich: »Verwandlung/Metamorphose in der Nacht«. Der Traum ist die Wahrnehmung der Seele von der unsichtbaren Welt. Das Geschehen in der unsichtbaren Welt manifestiert sich als Trauminhalt. Der Traum wird so zu einem Gebilde, das sich in einer ewigen Metamorphose befindet. Er ist ein transformiertes Abbild der sichtbaren Welt und dadurch gleichzeitig der Spiegel der unsichtbaren Welt. Der Traum ist die Wirklichkeit der Seele.

Wenn die Seele den schlafenden Körper verläßt, kann sie die Gestalt des eigenen Tiergeistes annehmen und außerhalb der Raum-Zeit-Gesetze der sichtbaren Welt eine zeitlose Reise in die Welt der Seelen antreten und so das innere Wesen der Dinge erschauen. Die Seelen aller Dinge können in der Gestalt ihrer physischen Körper erscheinen oder in einer verwandelten Gestalt. Alle Wesen, die man im Traum sieht, befinden sich in der Nähe des Träumers und kündigen sich ihm mit dem Auftauchen ihrer Seele, der gleichgestaltigen oder transformierten, an. Erinnert man sich im Wachzustand an den Traum, also an die

Erlebnisse der eigenen Seele in der unsichtbaren Welt, so läßt sich der Traum auch deuten. Hat man im Schlaf eine Zigarre gesehen, die die transformierte Seele einer Schlange ist, bedeutet dies, daß man im Wachbewußtsein den physischen Körper, nämlich die Schlange, sehen wird. Sie hat sich über das Medium der unsichtbaren Welt angekündigt. Der Traum wird zum Bewußtsein; er lenkt die Aufmerksamkeit auf ein bestimmtes Objekt. Wenn man weiß, daß eine Schlange in der Nähe lauert, wird man besonders vorsichtig sein, um sich vor ihrem giftigen Biß zu schützen.

Die Lakandonen erzählen sich ihre Träume jeden Morgen und deuten sie gemeinsam. Das Traumdeuten zeigt ihnen potentielle Gefahren, spiegelt ihre Bewußtseinszustände und sagt ihnen, ob es sich lohnt, auf die Jagd zu gehen. Für die Lakandonen ist es sehr wichtig, sich an ihre Träume zu erinnern:

»Es ist nicht gut, wenn sich dir der Traum auslöscht. Mein Vater sagte, dann ist deine Seele nicht sorgfältig zurückgekehrt. Erst in der nächsten Nacht kehrt deine Seele zurück.«

Ist die Seele nicht zurückgekehrt, ist der Mensch anfälliger für Krankheiten. Ist die Seele verloren in der unsichtbaren Welt, so ist dem Menschen der Kontakt zu den inneren Zusammenhängen seiner Welt abgeschnitten.

Sollte die unsichtbare Welt das dem Menschen gewöhnlich Unbewußte sein, das er durch das tägliche Erinnern an den Traum und durch dessen Deuten in sein Wachbewußtsein hebt?

Traumdeutungen, die für den Menschen Unangenehmes wie Krankheit, Schlangenbiß, Weltende oder Tod prophezeien, gehen dann nicht in Erfüllung, wenn man diesen Traum und seine Deutung im Wachzustand anderen Menschen erzählt. Wird der Trauminhalt ausgesprochen, *nimmt der Traum seine Scham.* Seine Bedeutung löst sich auf. Hat man geträumt, daß einem ein Zahn ausfällt, ein Traum, der in fast allen Kulturen der Erde bekannt ist und als schlechtes Omen gedeutet wird (vgl. *O'Nell* 1976), prophezeit das den baldigen Tod eines nahen Verwandten, der Mutter oder des Vaters. Damit sich diese schreckliche Prophezeiung nicht erfüllt, muß man den Verwandten aufsu-

chen und ihm von diesem Traum berichten. So wird die eigene Angst im Traum auf eine für andere Personen bedrohliche Situation projiziert. Spricht man mit der Person über den Traum, löst sich die Angst auf. Hat man nicht die Möglichkeit, mit dem Verwandten zu sprechen, kann man die Deutung des Traumes abwenden, wenn man mit den Zähnen eine Metate, einen Maismahlstein aus Granit, berührt:
»Wenn du ein schlechtes Vorzeichen gesehen hast, gehst du und beißt in eine Metate, auf der die Menschen mahlen. Dahin gehst du und beißt hinein, aber du beißt nicht richtig zu, es heißt, du bewegst deine Zähne darüber ... wenn du fest zubeißt, hast du später keine Zähne mehr ... Dadurch bleibt dein Traum darin, was du auch träumtest, dann ist es vorbei.«
Viele Trauminhalte werden mit deren Gegensatz gedeutet. Sieht man im Traum zum Beispiel viel Schlamm, wird man nur sehr wenig im Wachen sehen; sind im Traum die Schuhe neu, werden sie im Wachzustand alt sein und umgekehrt. Fühlt man sich im Traum krank, wird man sich im Wachzustand gesund und wohl fühlen. Ist man im Traum traurig, wird man im Wachen ein sehr gutes Bewußtsein haben. Begeht man im Traum eine gefahrvolle Reise, wird man im Wachzustand beruhigt durch den Wald wandern.
Viele Traumsymbole prophezeien das Auftauchen von Jaguaren, von Schlangen, von Jagdwild, Menschen oder Krankheiten und Tod. Alle Symbole und Deutungen sind in einem Netzwerk miteinander verknüpft (siehe Vorsatz).
Es gibt aber auch komplexere Deutungen: Wenn man *k'uxu'*, die von den Fruchtkernen des *Bixa orellana*-Strauches gewonnene blutrote Farbe, im Traumgeschehen wahrnimmt, kann das für die sichtbare Welt des Wachbewußtseins verschiedene Deutungen haben. Sah man einen Menschen, der an Armen oder Beinen mit *k'uxu'*-Farbe bemalt wurde, wird sich dieser im Wachbewußtsein mit dem Buschmesser ins Bein schlagen. Sieht man im Traum aber, daß die Kleidung eines Menschen mit *k'uxu'*-Farbe betupft wird, wie es bei manchen Zeremonien und *balche'*-Ritualen geschieht, dann wird die Wirklichkeit des

Wachbewußtseins von Zauberei beherrscht. Dieser Traum hat folgende Bedeutung:
Einige Männer der aggressiven Südlichen Lakandonen, die wegen ihrer ehemals knöchellangen Gewänder »die Langen Tunikas« heißen, werden zu einem Haus kommen und den Mann mit Hilfe eines Zauberspruches an dem Gegenstand, auf dem er gerade sitzt, festkleben lassen. Dann kommen sie in das Haus, nehmen die Frau gefangen und töten den festgeklebten Mann, indem sie ihm einen kleinen Pfeil in ein Auge oder ins Herz schießen. Anschließend entführen die Männer die Frau und heiraten sie sofort. Der Raub hat einen sexuellen Grund: Die eigenen Frauen der »langen Tunikas« haben eine Vulva *wie die eines Tapirweibchens*, die Frauen der Lakandonen von Naha' hingegen haben eine Vulva *wie eine Süßwasserauster.*

Der Körper, das Denken, die Geister

Der Körper des Menschen, in dem sein Bewußtsein und seine Seele zu Hause sind, besteht aus fester Materie; sie ist komplex organisiert und erfüllt bestimmte Aufgaben. Die Lakandonen sagen, daß jeder Teil des Körpers seine eigene *Arbeit* hat. Nur wenn alle Teile richtig zusammenarbeiten, funktioniert der Körper und lebt der Mensch. Ein Lakandone hat ein sehr genaues Wissen von den Körpervorgängen:

»Die Galle, siehst du, ist sehr grün. Sie ist dicht bei unserer Leber. Dort, wo die Leber ist, dicht dabei hängt sie. Wenn eine Schlange kommt und dich beißt, geht sehr schnell dein Blut dorthin, wo dein Bauch ist. Schnell, sehr schnell schmerzt dein Herz. Die Galle stirbt schnell. Schnell verfault sie. Siehst du, weil wir Gallen haben, verfault sie sehr schnell. Hättest du keine Galle, würdest du nicht sterben. Siehst du, Tepesquintlis und Agutis sterben nicht, wenn sie von einer Schlange gebissen werden, denn sie haben keine Galle. Auch wenn Wildschweine oder Pekaris von Schlangen gebissen werden, sterben sie nicht, weil sie keine Galle haben. Sie sterben nicht. Nur wir, denn wir haben unsere Galle. Wenn eine Schlange zubeißt, geht sehr schnell dein Blut, alles geht zur Leber, bis zum Herzen. Sehr schnell kommt es da an. Danach ist nichts mehr, sehr schnell ist nichts mehr da von deiner Kraft. Schnell ist alles Blut getötet. Die Galle verfault schnell. Wenn die Galle verfault ist, sterben wir. Wenn das Blut gestorben ist, ist da nichts mehr von dir. Du stirbst, denn sehr giftig ist der Zahn der Schlange, sehr giftig . . . Durch unsere Galle nehmen wir unser Blut. Das ist es, was unser Bewußtsein gut macht. Genauso wie dein Bewußtsein gut wird, wenn du trinkst und wenn du ißt. Das ist die Arbeit der Galle. Wenn deine Galle verdorben ist, wirst du sehr schnell durstig. Trinkst du, wirst du schon nach einer Stunde wieder durstig, denn deine Galle ist verdorben.

Es ist unsere Leber, zu der unser Blut geht. Überall hin geht es durch unser Herz. Denn unser Herz hat überall Adern, genauso unsere Leber, denn damit arbeiten sie für unseren Bauch. So nehmen wir unser Blut. Ist es gut, ist alles gut. Auf diesen Weg nehme ich auch meine Luft. Wenn die Leber verfault, sterbe ich sehr schnell, weil sie nicht mehr mit meinem Herzen arbeitet. Dort beim Herzen kommen alle Adern zusammen.

Unser Magen, der ist für unsere Speise da. Dort kommt deine Speise, dein Trinken hin. Das alles trägt er. Unser Blut trägt von der Arbeit dort alles fort. Der Magen zerkleinert alles, und alles geht.

Die Lunge arbeitet mit ihm zusammen. Sie ist es, die die Luft nimmt. Sie stopft die Luft in uns hinein. Gäbe es sie nicht, hätten wir kein Blut. Unsere Därme sind dafür da, daß sie helfen. Unsere Därme helfen der Leber, dem Herzen, der Lunge. Sie helfen allen. Sie sind der Weg der Scheiße. Sie sind dafür da, damit unsere Speise durch sie hindurchzieht. Denn wenn es den Weg der Scheiße nicht gibt, kannst du nicht essen. Wenn du dann essen würdest, explodieren deine Gedärme, du stirbst. Wenn die Arbeit in deinem Fleisch beendet ist, kommt alles durch den Darm heraus. Weiteres, Neues zieht dann hindurch. Es ist gut, wie er so arbeitet. Es gibt noch einen anderen, wo die Speise des Wassers ist. Sie ist gesondert, denn sie ist der Urin.

Meine Nieren, meine ich, arbeiten für meine Arme, damit sie sich bewegen. Das ist es, denn sie sind es, die alles tragen. Durch sie werden die Muskeln fest. Wenn deine Nieren geschwollen sind, ist dein Bewußtsein schlecht, du wirst sehr blaß. Ich weiß nicht, wie es kommt, daß sie das alles machen. Wenn dein Blinddarm geschwollen ist, stirbst du. Denn du kannst nicht mehr gehen. Dann ist dein Bewußtsein sehr schlecht. Denn er, der Blinddarm, arbeitet mit dem Blut zusammen. Schwillt der Blinddarm an, geht dein Blut, und du wirst immer schlafen, denn es schmerzt sehr.

Unser Gehirn ist für unser Denken da. Dort denken wir die Dinge. Dort sehe ich die Dinge, dort habe ich mein Denken. Dort werde ich wütend, mit meinem Denken. Das ist seine Arbeit. Es arbeitet mit den Augen zusammen. Hätten wir kein Gehirn, hätten wir kein Denken.«

Das Wort *denken* hat für die Lakandonen verschiedene Bedeutungen. Zum einen ist es eine Funktion des Gehirns, ein Produkt der Arbeit des Gehirns, zum anderen bezeichnet es etwas vom Körper Unabhängiges, Abstraktes, eine Art kulturelles Regelsystem.
Dieses *Denken* als kulturelles Regelsystem oder Gesetzbuch wird den Heranwachsenden, die *noch kein Denken* haben, mit ihrem ersten erlebten Bewußtseinswandel durch *balche'* bei der Initiation verliehen. Die Initiation dauert drei Tage und findet im Götterhaus statt. In dieser Zeit werden den Jungen und Mädchen die Mythen ihres Volkes erzählt, religiöse Aufgaben erklärt und die Handhabung von Pfeil und Bogen bzw. Spindel und Webgeschirr gezeigt. Symbolisch gespeichert sind diese Informationen in Kürbiskernen, die im Götterhaus aufbewahrt werden. Wenn die Heranwachsenden dann nach Ablauf der drei Tage zum erstenmal *balche'* trinken und ihr Bewußtsein dem Rauschabenteuer öffnen, werden ihnen von dem Bewacher der *balche'* die Kürbiskerne für kurze Zeit in die Ohren geschoben. Das in den Kernen gesammelte *Denken* soll ihnen durch den Gehörgang ins Gehirn kriechen und dort als kulturelles Regelsystem wirksam werden. Dieser in der Initiation verliehene Kodex fußt auf der Erfahrung der Urahnen, die ihr Wissen von den Göttern bekamen. Verhält man sich, wie es die Urahnen getan haben, so *denkt man.* Umgekehrt bedeutet der Bruch mit den überkommenen Traditionen des Stammes einen Verlust des *Denkens,* zum Beispiel, wenn man sich die langen Haare abschneidet.
Das Blut des Menschen ist der Träger seiner Lebenskraft. Es verbindet nicht nur die Organe miteinander, es ist auch die Nahrung der im Herzen lebenden Seele und die Herberge der vier im Menschen tätigen Pulsgeister. Diese vier Geister sitzen an den Pulsstellen der Handgelenke und in den Knöcheln der Füße; sie helfen dem Herz, das Blut durch die Adern zu pumpen. Wenn der Mensch stirbt, wenn er *zur Hülle wird,* verlassen ihn die Geister. Sie sind *wie ein Wind,* nehmen seine Gestalt an, bleiben aber meistens unsichtbar und spuken durch die

Nacht. Sie bleiben für immer im Wald, der Waldwelt auf der Erde. Mit ihnen ist das System Mensch bis in alle Ewigkeiten, eben so lange, wie der Wald selbst besteht, mit diesem verbunden.

Die Vögel über dem Regenwald gehören zur Nahrung der Menschen; der aus den Weihrauchschalen aufsteigende Duft verwandelt sich im Himmel zur Nahrung der Götter (Kinderzeichnung).

Nahrung für Menschen und Götter

Hier, in dieser Welt außerhalb der Zeit,
in dieser Welt ohne Trennungen, dieser
Welt, in der alles eins ist und in der du
eins bist mit allem, was ist . . .

ROBERT MASTERS UND JEAN HOUSTON
Phantasie-Reisen

»Wenn du morgens nichts trinkst, wird dich eine Schlange beißen«, lautet eine der überlieferten Verhaltensregeln der Lakandonen. Ist die Galle dagegen voller Flüssigkeit, hält das die Schlangen von einem Angriff zurück.
Eine andere Regel heißt ähnlich: »Du mußt etwas essen, bevor du auf die Jagd gehst.« Denn ein hungriger Magen erzeugt Gedanken, die die Aufmerksamkeit des Bewußtseins von der Umwelt weg und auf den eigenen Körper lenken. Wer sich im Wald bewegt und zuviel denkt, begibt sich in große Gefahr. Im Wald gibt es noch immer die Wandernden Götter, wenn es früher auch wesentlich mehr waren als heute. Sie streifen in der Gestalt riesiger gefleckter, feuerroter oder pechschwarzer Jaguare durch das dichte Unterholz, auf der Jagd nach Menschen. Wenn nun ein Jäger durch den Wald streift und dabei sehr intensiv an eine köstliche Mahlzeit denkt, so fängt ein Wandernder Gott diese Gedanken vielleicht auf. Er verwandelt sie in die Mahlzeit, an die der Jäger gedacht hat, und legt sie ihm auf den Weg. Der Jäger sieht das warme Essen und stürzt sich sogleich darauf. Doch kaum hat er davon gegessen, schläft er auch schon ein, denn die Speise enthält die Seele eines Kinkaju, des Tieres, das den Menschen durch sein Fleisch betäuben kann. Ist der Jäger bewußtlos, kommt das Kinkaju und kratzt ihm die Augen aus. Durch die leeren Augenhöhlen fährt die Seele des Tieres aus dem Menschen heraus und wieder in das Herz des eigenen Körpers. Hat die Kinkaju-Seele den schlafenden Jäger verlassen, wacht er zwar wieder auf, doch sehen kann er nicht mehr. Dann kommt der jaguargestaltige Wandernde Gott und frißt den geblendeten Jäger auf. Nur ein anderer Mensch, der den bewußtlosen Jäger mit den ausgekratzten Augen noch rechtzeitig sieht, kann den Schlafenden vor dem nahenden Jaguargott schützen, indem er ein Schamhaar zwischen zwei dünnen Lianen über den Weg spannt. Damit ist der Jaguar gebannt. Der Jäger, der wegen seines *zu intensiven Denkens* sein Augenlicht verloren hatte, wird wieder aufwachen, aber für immer in der Nacht seines eigenen Denkens gefangen bleiben.

Essen und Trinken halten nicht nur den Menschen am Leben. Wie der Mensch seine Nahrung braucht, müssen auch die Götter genährt werden. Über die Nahrung des Menschen und der Götter, ihre Herkunft, Beschaffung und kosmische Bedeutung berichten die folgenden Kapitel.

Jagd- und Feldzauber

> Stein zu Stein und Gras zu Gras und
> Sand zu Sand, die Ebenen glänzen!
>
> CHRISTOPH MECKEL
> *Wildnisse*

Die Lakandonen sind zugleich Jäger, Sammler, Garten- und Feldbauern. Der Wald ist der Ernährer der Menschen: In ihm sind viele eßbare Pflanzen und Tiere zu Hause, und sein Boden und die Asche seines Holzes lassen Mais und Gemüse auf der Milpa wachsen.

Jeder Lakandone ist ein leidenschaftlicher und überaus geschickter Jäger. Bis in das 20. Jahrhundert hinein haben die Lakandonen den Tieren des Waldes allein mit Pfeil und Bogen nachgestellt. Seit jedoch Holzfällertrupps, Krokodiljäger, Kaugummisucher und Viehzüchter in die Selva Lacandona eingefallen sind, gelangten über oft undurchsichtige Kanäle kleinkalibrige Gewehre auch in die versteckten Ansiedlungen der Lakandonen. Das Gewehr ersetzte Pfeil und Bogen fast vollständig; doch hatte die neue Jagdtechnik kaum Einfluß auf die Magie des Jagens.

Vor einem Jagdausflug kann der Jäger sich in eine Höhle begeben und »sehen« *(ilik)*, wo sich Jagdwild befindet. Um *sehen* zu können, darf er einen Mond lang nicht mit seiner Frau schlafen; er darf sie nicht einmal berühren. Deshalb schläft er in dieser vorbereitenden Phase in einer eigenen Hängematte oder sogar abgeschieden in einer eigenen kleinen Hütte. Nach dieser Zeit ist das Bewußtsein gewandelt. Die gewöhnlich ins Bewußtsein aufsteigenden sexuellen Phantasien sind in die Aufmerksamkeit dem Wild gegenüber transformiert. Drückt sich in der Traumwirklichkeit Sexualität in der Gestalt von Jagdwild aus, so bewirkt die Abstinenz eine auf die Jagd gezielte Bewußtseinskonstruktion.

Versteckt im Wald in der Umgebung von Naha' gibt es eine tiefe, hausgroße Höhle mit erdigem, flachem und trockenem Boden. In ihr liegt der große und ausgeblichene Schädel eines Jaguars, in dem ein unsichtbarer, furchtbarer und menschenfleischgieriger Jaguargeist verborgen ist, der die Höhle bewacht. Er ist das Haustier der Wandernden Götter, die in der Höhle wohnen. Hätte der Jäger, der die Höhle besucht, trotz des Verbots mit seiner Frau geschlafen und wäre der Duft der Lust noch an ihm, der Jaguargeist würde erwachen und den Eindringling wütend zerfleischen. In der Höhle gibt es außerdem noch eine Felsformation, die einem riesigen Gürteltier ähnelt. Sie heißt *Hocker des Gottes* und erwacht ebenfalls von Zeit zu Zeit zum Leben.

Der Jäger, der Wild *sehen* will, braucht ein *sehr festes* Bewußtsein, um sich ohne Lampe oder Fackel in die Höhle hineinzuwagen. Dort muß er sich entkleiden, denn erst durch das Abstreifen seines Gewandes öffnet er sich für die Welt der Seelen. Anschließend legt sich der Jäger mit dem Rücken flach auf den Boden und verfällt in einen hellsichtigen Zustand, der *dem Schlaf* gleicht. Seine Seele steigt aus seinem Herzen und holt Informationen aus der unsichtbaren Welt. Sie *sieht* die Wandernden Götter, die Herren der Tiere, und ihre wunderschönen, nackten Frauen und erfährt, welche Opfergaben der »Schlafende« am Höhlenausgang zurücklassen soll, wenn er die Seelen des Jagdwildes *gesehen* hat. Nachdem die Götter zu ihr gesprochen haben, schwebt die Seele des Menschen durch den Wald und sieht die Seelen von Wildschweinen, Pekariherden, Rehen, Hirschen und Affenhorden. Wenn der Jäger aufwacht, weiß er, wo er im Wald welche Tiere suchen muß. Jetzt kann er auf die Pirsch gehen.

Dauert ein Jagdausflug mehrere Tage, muß der Jäger im Wald übernachten. Um gut schlafen zu können, legt er Palmenwedel auf den Waldboden und entfacht zu seinem Schutz ein Feuer mit dem *bämbäx*-Holz, dessen Glut über Nacht nicht verglimmt. Der Rauch des Feuers vertreibt Moskitos und Vampirfledermäuse, das Licht der Flammen verscheucht die Geister der Toten und die Heerscharen des Todes. Zum Schutz vor Giftschlangen und gefräßigen Wanderameisen streut der Jäger die Asche seiner Zigarre um seine Lagerstatt. Die durch die Nacht schleichenden Jaguare hält er sich mit einem Zauberspruch vom Leib. Der Spruch wird nur *gedacht.* Mit ihm gibt der Jäger seiner Seele die Gestalt eines Jaguars. Diese verwandelte Seele dringt in den Körper jedes sich nahenden Jaguars ein und gewinnt so Gewalt über sein Verhalten:

Dort erhebt er sich
Einen Arm nach dem anderen ziehe ich an
Schleichend zieht er umher
Durch den Wald
Der Jaguar
Dort sind die Ringe um seinen Schwanz
Das sind die Ringe um seinen Arm
Das ist die Fläche seiner Hand
Ein Bein nach dem anderen zieht er an
Dort erhebt er sich
Ein Bein nach dem anderen zieht er an
Dort sind die Streifen auf der Rückseite seiner Ohren
Dort erhebt er sich
Er ist es, der durch den Wald zieht
Er zieht umher
Durch den Wald komme ich daher
Er sagt, er kommt von den Grasbaum-Palmen
Wer kommt dort heraus?
Kommt dort von den Grasbaum-Palmen
Dann kam er
Dann sagte er
Es kommt Unser Herr
Komm, laß uns unter die gefallenen Bäume zum Schlafen gehen, er ist es, der da kommt
Er spürt, das ich durch den Wald ziehe
Er ging, ist schon geflohen
Sehr ängstlich ist er vor mir
Es ist Unser Herr, der da kommt

Es kommt Unser Herr
Es kommt Unsere Mutter
Sie sind es, die da kommen
Dort erhebt er sich
Die Streifen um seinen Schwanz
Er bewegt seinen Schwanz
Es bewegt sich sein Schwanz
Er bewegt seinen Schwanz auf und nieder
Das ist der Echte Jaguar
Dort ist die Klebrigkeit seiner Hand
Ein Bein nach dem anderen zieht er an
Zwei Beine zieht er an
Dort erhebt er sich
Einer seiner Arme
Dort sind die Streifen seiner Hand
Die Streifenhand-Katze
Dort erhebt sie sich
Sie ist es, die durch den Wald zieht
Fest komme ich
In der Richtung des Weges
Es kommt Unser Herr
Er flieht
Er fürchtet mich
Fürchtete er mich nicht
So ist das sein Herr
Das sein Vater, der sich dort erhebt
Das ist sein Vater
Einer seiner Arme
Die Streifen seiner Ohren
Die Rückseite seiner Ohren
Das sind die Flecken seines Kleides
Die Sprenkel seines Kleides
Die Streifen auf der Vorderseite seiner Hand
Dort erhebt sich eine Hand nach der anderen
Die Streifen auf seinem Handrücken
Die Sprenkel seiner Ohren

Dort erhebt er sich
Die Sprenkel seines Schädels
Dort erhebt er sich
Dort sind die Ringe um seine Hand
Dann kehrte ich zurück und setzte mich
Er ging und beobachtete mein Kommen
Er sagt, es kommt Unser Herr, so laß uns in den Wald gehen
Er ging unter die gefallenen Bäume
Schlafend liegt er da
Dort sind die Sprenkel seiner Ohren
Dort sind die Sprenkel seines Schwanzes
Dort sind die Streifen seines Kleides
Dort erhebt er sich
Dort sind die Streifen seines Kleides
Das da ist die Schwarze-Wespen-Katze
Auf ihrem Weg durch den Wald
Sie ist es, die da umherzieht
Es kommt Unser Herr
Dort kommt er
Dort hat er ihn gesehen
Gesehen unter den gefallenen Bäumen
Er wird nicht hervorkommen
Er ging zum Schlafen
Dann erhebt er sich wieder.

Um das in der Höhle geschaute Wild aufzuspüren, muß sich der Jäger gelegentlich in Gebiete vorwagen, die er nicht kennt. Zur Orientierung dienen ihm dann die Pflanzen des Waldes. Besonders einprägsam sind die Standorte seltener oder kulturell bedeutsamer Bäume. Im Kopf des Jägers entsteht so beim Durchqueren des unbekannten Geländes eine kognitive Karte, deren markante Punkte Kapok- und Korallenbäume, Palmenhaine, Flußläufe und Moraste sind. An Lichtungen, Wegrändern und Felsklippen wachsen die *äh aksah k'in*, die »Zeiger der Sonne« *(Solanum spp.)*, flache Büsche mit trichterförmigen rot-violetten oder weißen Blüten, die tagsüber geschlossen sind. Ist die Sonne aber hinter den Bäumen verschwunden und macht sie sich zu ihrem Abstieg in die Unterwelt bereit, öffnen sich die zarten Blütenblätter und zeigen so dem Jäger, daß es höchste Zeit ist, sich einen Schlafplatz herzurichten oder – wenn die Zeit noch reicht – den Heimweg anzutreten. Wenn die Dunkelheit hereingebrochen und der Jäger schlagartig in der Wahrnehmung des Waldes und seiner Bewohner eingeschränkt ist, wird der Aufenthalt im Urwald auch für einen erfahrenen Mann sehr gefährlich. Hat sich ein Lakandone verlaufen, kann er sich des Nachts nur noch an den Sternen und Unserer Mutter, dem Mond, orientieren. Am Tage dagegen, wenn Mond und Sterne unsichtbar sind, kann der verirrte Jäger Hilfe bei einem *kleinen Ding des Waldes* suchen. Die Fangschrecke *(Mantis spp.)*, jenes Insekt, das bei uns Gottesanbete-

rin und in Mexiko Teufels Reitpferd heißt, nennen die Lakandonen *äh xaman*, »Norden«, denn es hat die Fähigkeit, ebendiese Himmelsrichtung anzuzeigen. Setzt man eine Fangschrecke auf eine flache Unterlage, ein Stück Rinde oder ein breitflächiges Blatt, und sagt man dann zu ihr einen kurzen Spruch:

Du *äh xaman*, du Norden
Hierhin setzte ich dich
Damit du mir zeigest
Wo Norden ist,

so dreht sich das zartgliedrige Tier augenblicklich und zeigt mit seinen schlanken, aber kräftigen Fangarmen in die gewünschte Richtung*.

Man muß die Tiere des Waldes genau kennen, muß alles über ihr Wesen und Verhalten wissen, um ihnen erfolgreich nachstellen zu können. Der Lakandone hat ein überaus empfindliches Gehör und kann an noch so vorsichtig geäußerten Geräuschen und Lauten die verschiedenen Tiere erkennen und lokalisieren. Mit seinen Augen, die den Wald nicht als grüne Mauer wahrnehmen, sondern jede Bewegung, jede Form und jeden Schatten sehen, verfolgt er die Spuren im Waldboden und an den abgefressenen Schößlingen oder geknickten Früchten der Palmen und Bäume. Will der Jäger Affen, Rehe, Hirsche und Baumhühner sicher aufspüren, kann er sich ein magisches Amulett herstellen. Dazu sucht er eine *äh kikil*, eine große einzelgängerische Ameise, die einen giftigen Stachel besitzt. Die Lakandonen sagen, die *äh kikil*-Ameisen sind die mit dem Jagdwild schicksalhaft verbundenen Tiergeister. Findet der Jäger so eine Ameise, muß er sie – ohne gestochen zu werden – fangen und ihr den Stachel herausreißen. Mit einem handgesponnenen Baumwollfaden bindet er den Leib der Ameise und hängt sich die so entstandene Kette um den Hals. Anschließend bespricht er die gebundene und entstachelte Ameise:

Hole mir deinen Tiergeist hervor
Damit ich ihn töte
Damit ich ihn esse
Deinen Tiergeist.

* Ich selbst habe mit dieser Methode oft meinen Weg durch den Wald gefunden.

Mit solchem Amulett ausgerüstet, wird dem Jäger das Tier, dessen Geist sich in der gebundenen Ameise manifestiert hat, innerhalb von zehn Tagen über den Weg laufen und sich leicht erlegen lassen.
Wenn man eines der scheuen Riesennagetiere (Aguti und Tepezquintli) jagen will, darf man vorher niemandem sagen, daß man zur Jagd geht. Denn die Seelen der Riesennager schweifen durch die Ansiedlungen der Menschen und hören so, wenn sie gejagt werden sollen. Ebenso darf man niemandem erzählen, daß man eine Schlingfalle für schwer zu jagende Vögel im Wald aufbauen will. Papageien, Tauben und sogar Kolibris werden mit Pfeil und Bogen bzw. Gewehren erlegt. Die Rebhühner und die großen Steiß- und Baumhühner werden dagegen in eine Biegungs- oder Schwippgalgenfalle gelockt, deren Springstab ihnen die Schlinge um den Hals zieht. Ist die Falle gebaut und

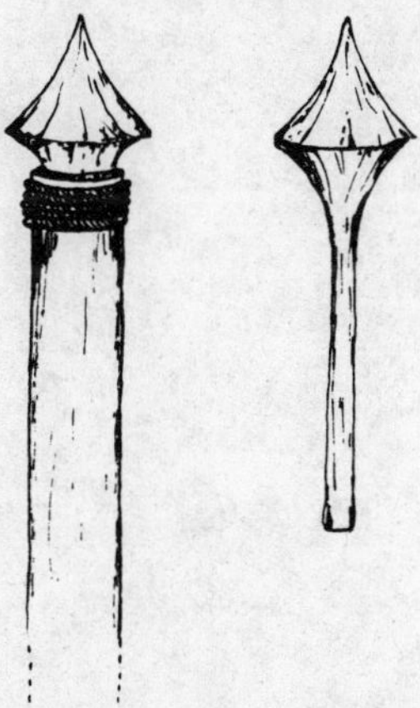

Die hölzernen Pfeilspitzen zur Vogeljagd.

der Köder, Früchte einer wilden Magnolia, auf den Springstab gespießt, *denkt* der Jäger einen Zauberspruch, mit dem er die begehrten Vögel herbeiruft und die Großen Greifvögel ausschickt, um die Opfer in die Falle zu treiben. Die angelockten Vögel nehmen die roten Magnoliafrüchte als besonders köstlichen Nektar (*anyon*-Honig) wahr. Die in dem Spruch genannten Wildkatzen sind die Greifvögel des Waldes, die, wie bereits erklärt, von den anderen Vögeln als Wildkatzen wahrgenommen werden. Der Zauberspruch wendet sich über das Medium der unsichtbaren Welt an die Seelen der Vögel. Indem ihre Handlungen beschrieben werden, hat der Jäger Macht über sie; sie gehorchen und gehen in die Falle. Die Greifvögel werden durch den Spruch zu Hilfsgeistern des Jägers. Sie spüren die begehrten Vögel auf und treiben sie über Berg und Tal und durch den Wald auf die Falle zu. Die erhoffte Beute wird nicht nur mit ihrem Namen angerufen; sie, das heißt eigentlich ihre Seele, wird auch durch die beschriebenen Gestalten ihrer Beine gekennzeichnet*:

ts'in ts'on Rot!
Die der kleinen, dünnen Beine
Dann setzte ich mich
Dort unten bei ihrer Speise
Der *anyon*-Honig
Er fällt herunter
Ich habe alles gezeigt
Dort am Ast des großen Baumes
Dort ziehen sie vorbei
Am Ast des großen Baumes
Die der kleinen, dünnen Beine
Die der Grünen Beine
Die Großen Steißhühner
Geh und treibe sie hierher zu mir
Ozelot
Geh und hole sie mir
Weit hinter dem großen Berg
Da treibe sie für uns zusammen

* Die der kleinen, dünnen Beine = *pupuch'* (Toxostoma ocellatum)
Die der grünen Beine = *äh wan* (Tinamus major)
Die ch'eh der dünnen Beine = *äh ch'el* (Penelope nigra)
Die der großen, dünnen Beine = *äh ts'ul* (Columba spp.)
Die der weißen Beine = *k'ambul* (Crax rubra)
Die der kleinen, roten Beine = *äh nokol* (Crypturellus spp.)
Die der großen, roten Beine = *äh ch'el* (Penelope nigra)

Mein Spannstab
Dort wölbt er sich auf
Dort an der Spitze der Spindel
Dort kommen sie
Dort zu eurer Speise
Dem *anyon*-Honig
Ich habe ihn aufgespießt
Das ist mein Stöckchen
Die Früchte des *mo'os*-Baumes
Sie sind ihre Speise
Die der grünen Beine
Gerade kommst du
Aus der Richtung der großen Berge
In der Richtung der großen Berge
Dort suchst du deine Speise
Geh und bring sie mir
Baumozelot
Weißer Adler
Harpien-Adler
Geh und hole sie alle her
Von den Ästen der großen Bäume
Alles sei gezeigt
Dort an der Spitze der Spindel
Dort bei meinem Stöckchen
Dort ist eure Speise
Ihr wißt nicht, daß ich gerade arbeite
Dort ist das Stöckchen aufgestellt
Dort ist eure Speise
Ich habe sie aufgespießt
Der *anyon*-Honig
Er fällt herab
Von weit oben, von dem Ast des großen Baumes
Gerade fällt er herab
Gerade kommen sie dort zusammen
Kommt und seht
Dort ist eure Speise, der *anyon*-Honig

Gespannt
Ist der Spannstab
Kommt und besucht ihn
Kommt und seht, ob eure Speise heruntergefallen ist
Ich habe sie aufgespießt
Dort ist das *comal* eurer Großmutter*
Dort ist die Spindel
Deine Großmutter
Das ist das aufgestellte Stöckchen
Deine Großmutter
Ihr wißt es nicht
Daß ich gerade den Stab spanne
Die Falle
Gerade seht ihr den Stab der Falle sich erheben
Aber nicht das seht ihr
Das sind die Früchte des *mo'os*-Baumes
Ich habe sie aufgespießt
Der *anyon*-Honig
Ich habe sie aufgespießt
Eure Speise
Die *ch'eh* der dünnen Beine
Der *ch'inkälan*-Vogel
Sehr weit sogar
Ozelot
Geh und hole sie zu mir her
Dort zu den Früchten
So bringe sie zu mir
Ich habe sie an die Seite, dort, wo die Sonne hingeht, geschickt
Geh und suche sie für mich
Ozelot
Jaguarundi
Geht und sucht sie

* Das *comal* ist eine flache Tonschale oder -scheibe, auf der die Maisfladen über dem Feuer gebacken werden. Mit »*comal* eurer Großmutter« ist ein Stück Rinde des wilden Magnoliabaumes, auf den der Köder gelegt wird, bezeichnet. Der Köder, die Magnoliafrüchte, werden von den Vögeln als Mais wahrgenommen.

Weit dort hinter dem großen Berg
Geht und sammelt alle zusammen
Dort vor dem Spannstab essen sie
Kommt und seht
Kommt hierher zusammen
Hier kommt ihr her
Kommt und besucht sie
Die der kleinen, dünnen Beine
Die der großen, dünnen Beine
Die der weißen Beine
Kommt und seht
Der Spannstab
Dort ist das *comal* eurer Großmutter
Da kommen sie langsam
Da ist deutlich ihre Schlinge
Gerade seht ihr sie
Dort an der Spitze der Spindel
Ist eure Speise
Ich habe sie aufgespießt
Der *anyon*-Honig
Das ist eure Speise
Dann ist sie heruntergefallen
Dort erheben sie sich weit oben in den Ästen
Die kleinen weißen Adler
Geht und bringt sie mir her
Der *wits*-Falke
Geht und holt sie alle hierher
Von weit hinter den großen Bergen
Geht und holt sie alle hierher
Dann seien alle hergebracht
Alles sei gezeigt
Dort auf dem Ast des großen Schwarzen *balche'*-Baumes
Alles auf der Erde sei gezeigt
Der Tukan
Alles sei gezeigt
Der große, gelbe Tukan

Da kommt und seht
Dort ist das *comal* eurer Großmutter
Das sind die Früchte des Kehlkopfbaumes
Das Stöckchen ist an den Spannstab gestellt
Die der kleinen, dünnen Beine
Die der kleinen dünnen Beine, der kleinen, roten Beine
Die der großen, roten Beine
Kommt und seht alles
Bringt sie alle hierher
Auf einmal sind sie alle hier angesammelt
Dort unten bei dem *anyon*-Honig
Eure Speise
Sie ist es, die da herunterfällt
Dort an dem aufgestellten Stöckchen
Dort an der Spitze der Spindel eurer Großmutter
Das ist das aufgestellte Stöckchen
Ihr wißt es nicht
Dort bei dem Spannstock
Da wölbt er sich auf

Gerade werdet ihr behütet
Kommt und besucht sie
Kommt und seht doch eure Speise
Das seid ihr bei eurer Speise
Dem kleinen *anyon*-Honig
Dem großen *anyon*-Honig
Eure Speise
Das sind die der dünnen Beine
ts'in ts'on.

Nach Aussage der Lakandonen kann ein Jäger, der diesen Zauberspruch vollständig beherrscht, mit der aufgestellten Biegungsfalle an einem einzigen Tag Hunderte der begehrten Vögel fangen.
Es gibt noch andere Tiere, deren Verhalten mit einem Zauberspruch beeinflußt werden kann. So ist die ganze Selva Lacandona von unendlich vielen Flüssen, Bächen und Rinnsalen durchzogen, in deren kühlem, frischem Wasser große Flußschnecken *(Pachychilus indiorum)* leben, die kräftige, langgezogene Schalen mit sich tragen. Sie ernähren sich von den herabfallenden Früchten und Blättern der Uferpflanzen. Diese Schnecken sind ein gesuchtes Nahrungsmittel bei den Lakandonen, denn sie enthalten wichtige Proteine und Mineralstoffe (vgl. *Nations* 1979). Um sie einsammeln zu können, kennen die Lakandonen ein Zauberlied, mit dem sie die begehrten Tiere aus ihren Verstecken unter der Böschung hervorlocken. Dazu knien sich die Jäger an einem Fluß oder Bach nieder und *denken* das Lied. Damit ruft man die Schnecken, *Spiralen* oder *dünne Steine* genannt, herbei und zaubert einen Haufen ihrer Lieblingsnahrung vor sie in das flache Wasser. Diese *Speise* können nur die Schnecken wahrnehmen, weil der Zauberkundige *für die Schnecken denkt.* Er konstruiert so durch sein *Denken* eine nur für die Schnecken erlebbare Wirklichkeit. Würde das Lied laut gesungen, hätte es keine Wirkung:

kanah
Dann erheben sie sich
Die Spirale dort an euren Hinterleibern
Sie ziehen umher und essen Schlamm
Sie ziehen umher
Sie ziehen umher, dort den Schlamm hinauf
Dort ist das Zeichen Unseres Herrn
Sie ziehen umher, die Flußschnecken
An euren Hinterleibern sind die Spiralen, sind Spiralen
Dort an euren Hinterleibern
Dort zieht umher euer Zeichen
Dort ziehen sie umher
Dort auf dem Grunde des Wassers ziehen sie umher
Eure Speise, die *oochil*-Liane
Eure Speise, die weißen Blätter
Dort ziehen eure Speisen, die *oochil*-Liane, die großen Blätter, vorüber
Kommt hervor und seht eure Speisen
Die Spirale dort an euren Hinterleibern, die Spirale
Spiralen, so kommt hervor
Kommt hervor und besucht mich
Ihr kommt hervor, schmale Steine
Kleine, schmale Steine
Zwei Haufen sind mein Werk
Ihr verwandelt sie in die Spiralen
Es kommt mein Lied
Sie ziehen umher und zeichnen in den Schlamm
Sie ziehen umher und zeichnen die Fläche des Wassers
Dort unten am Grunde des Wassers
Dort herauf zur Erde
Kommt hervor und seht, schmale Steine
Ihr kleinen Schmalen
Ich werde denken euer Denken, Spiralen
Wohl weiße Blätter und *oochil*-Liane
Eure Speisen, Spiralen
Die *holop*-Liane ist eure Speise

Das Gras auf den Bäumen
Eure Speise, das Gras auf den Bäumen ist eure Speise
Kommt hervor und seht eure Speise, die Blätter der Bäume
Spiralen, kommt hervor und besucht mich
Kommt hervor, und ihr seht es
Kommt hervor zuhauf, *äh taw* ist eure Speise, der Rote Kaugummibaum
Gehäuft seien die Steine
Die kleinen Schmalen
Die großen Schmalen
Sodann kommen sie, ihr seht es, Spiralen
Kommt hervor, die weißen Blätter, die *oochil*-Liane sind eure Speise
Die Blätter der Schattenpalme
Deine Frau, Kleiner Herr*
Weißt du, daß ich arbeite?
Komm hervor und sieh mich
Ich suche nach den rollenden Steinen
Den kleinen Schmalen
Den kleinen, dünnen Steinen
Kommt hervor und seht
In der Richtung des Zeichens
Sie ziehen umher und zeichnen auf der Erde
Sie nähern sich und essen Erde
Ihr eßt Schlamm
Kommt heraus, besucht und seht mich
Ich sitze auf allen vieren, mit meinem Fangnetz
Dann füllt es sich, Spiralen
Dann habe ich sein Leder bewegt
Ich ziehe herum und suche euch
Eure Speise, die großen Blätter
Hervor kommt eure Speise, die Blätter der *oochil*-Liane
Eure Speise
Kommt hervor und seht

* Gemeint ist der Herr der Flußschnecken, der zu den im Wald in den Höhlen lebenden Wandernden Göttern gehört.

Kommt hervor und häuft euch vor mir
Die Spiralen, Kleiner Herr
Die Sonne zieht über den Grund des Wassers
Dort ist der Schlamm gezeichnet
Dort zeichnen sie im Wasser
Da seht ihr mich, Spiralen
Dann habe ich mich hingesetzt
Ich umarme meine Kürbisflasche
Dort ziehe ich umher und suche
In der Richtung des Gerölls
Kommt hervor und häuft euch an
Dort ist eure Speise, die weiße *oochil*-Liane
Spiralen zu mir! Sie essen Schlamm.

Die lebenden Schnecken werden in einer Kürbisflasche gesammelt und nach Hause gebracht. Gekocht und mit wilden oder angebauten Gewürzen schmackhaft zubereitet, sind sie eine willkommene Abwechslung in der oft eintönigen Maisdiät. Die dicken Schalen der Schnecken werden weiterverarbeitet. Über einem Feuer gebrannt, verwandeln sich ihre Schalen in ätzenden gebrannten Kalk. Sind alle Schalen verfallen, wird das Feuer und mit ihm der gebrannte Kalk mit Wasser gelöscht. Der gelöschte Kalk ist lebenswichtig für die Lakandonen, denn er dient dem Aufschließen und Quellen des eingelagerten getrockneten Maises*. Der Mais bildet die Hauptnahrung der Lakandonen. Sie bauen ihn auf der Milpa, einem sogenannten Brandrodungsfeld, an. Die Arbeit in der Milpa ist direkt von dem jahreszeitlichen Geschehen und der ökologischen Situation des Waldes abhängig; und auch in ihr wirkt die Zauberei.
Wenn die Wasser der letzten Regenfälle im modrigen Dschungelboden versickern und die Orchideen in den Baumwipfeln verblühen, beginnt die Zeit der Ersten Sonne. Die Sonne, bei den Lakandonen ein männlicher Gott, steigt höher in den Him-

* Wenn Mais mit Kalklauge gekocht wird, werden für den Menschen wichtige Vitamine und andere Nährstoffe aufgeschlossen. Durch die Behandlung mit Kalk wird der Mais zu einer Vollwertnahrung (vgl. *Katz* et al. 1974).

mel hinauf und verweilt nicht mehr so lange in der Unterwelt. Sukunkyum, der Ältere Bruder des Hachäkyum, der tagein, tagaus die Sonne auf seinen breiten Schultern an den dunklen Reichen des Herrn des Todes vorbeiträgt, füttert die Sonne während dieser Zeit nur mit Bohnen; zur Zeit der Regenmonde, wenn die Sonne die langen Nächte in der Unterwelt verbringt, bekommt sie von Sukunkyum köstliche gegrillte Fische vorgesetzt.

Mit der Ersten Sonne verwandelt sich der immergrüne Wald in einen bunten Teppich. Viele Bäume strecken der Sonne rotleuchtende Blüten entgegen, und die Blumen an den Waldes- und Wegrändern blühen auf. Aus verschlungenem Lianengewirr blicken bizarre, violett-weiß-dunkelgrün gesprenkelte Knospen hervor. Mit einem Mal verändert sich das Leben im Regenwald. In den Ameisenbauten herrscht aufgeregtes Treiben, denn bald werden die neuen Königinnen ausschwirren, neue Staaten zu gründen. Die Luft wird immer wärmer und flimmert in der Mittagshitze, dann, wenn die Zeit der *Flammenden Mitte des Tages* ist. Die kalten Nordwinde haben sich gelegt, und die stehende Luft wird nur von den aufgeregten Vögeln und den glänzenden, in vielen Farben schillernden Schmetterlingen bewegt. Die Singvögel trällern berauschende Melodien von den Baumwipfeln und Hügeln in den frischen Morgen. Die Zeit der Ersten Sonne ist ein Erwachen nach langen, kalten Regenmonden.

Gewöhnlich hat zu Beginn dieser warmen und regenarmen Periode jeder Mann ein Stück Wald gerodet, um eine neue Milpa anzulegen. Die geschlagenen Bäume und geschnittenen Sträucher sind nun für drei Monde täglich der prallen Sonne ausgeliefert. Auch der allmorgendliche Tau kann ein rasches Austrocknen der Hölzer nicht verhindern. Selbst der Boden beginnt an der Oberfläche zu trocknen. Dadurch hat kaum eine Pflanze oder eine in der Erde noch lebende Wurzel die Möglichkeit zu gedeihen. Während das Holz auf der neuen Milpa trocknet, gibt es wenig Arbeit, aber viel Zeit für soziale Aktivitäten: Besuche, Reisen, gemeinsame Jagdausflüge und Zeremonien. Viele Männer arbeiten an Pfeil-und-Bogen-Sets für den Handel und holen Feuerholz von der neuen Milpa.

Wenn die Bremsen in den Blüten der höchsten Bäume geboren werden, ausschwärmen und Menschen und Tiere belästigen, bricht die Zeit der Großen Ersten Sonne an. Jetzt sind die Tage am längsten, und die Hitze ist erdrückend. Das Blau des Himmels ist im Staub und Dunst kaum noch auszumachen. Bald werden die ersten Regentropfen fallen. Aber noch vor dem ersten Regen müssen die neu angelegten, knochentrockenen Milpas abgebrannt werden. Früher wurde eine Divination durchgeführt zur Bestimmung des Tages, an dem das Feuer gelegt werden sollte. Nach der Divination wurde ein *balche'*-Trank angesetzt, um die Götter zu bitten, das Feuer nicht auf den Wald überspringen zu lassen und bald – nach dem Milpa-Brand – den befruchtenden Regen zu schicken. In der Nacht vor dem Ereignis darf der Mann nicht einmal in der Nähe seiner Frau schlafen, geschweige denn, sie berühren. Im Laufe des folgenden Vormittags geht er zu der trockenen neuen Milpa und entfacht ein *suhuy k'ak'*, ein unberührtes Feuer, mit einem Stück Rinde und einem handgedrehten Feuerbohrer. Einige trockene Maislieschblätter dienen als Fackel, um den Brand an verschiedenen Stellen in Gang zu setzen. Das trockene Gesträuch und Holz geht schnell in Flammen auf, und schon nach einer halben Stunde legt sich das Feuer wieder. Wenn sich der Rauch verflüchtigt hat, bleibt ein nacktes, aschebedecktes Stück Erde mitten im grünen Wald zurück. Der Boden muß drei Tage abkühlen, bis er mit dem Mais bepflanzt werden kann. Dazu schneidet man sich einen Stock und spitzt ihn an einem Ende zu. Im Abstand eines Schrittes stößt man den Pflanzstock ungefähr zehn Zentimeter tief in die Erde und legt fünf bis sieben Maiskörner in den Boden. Das tiefe Loch schützt die Maiskörner vor hungrigen Amseln und die bald sprießenden Schößlinge vor schädlichem Fraß. Um die Pflanzarbeit zu erleichtern und die Milpa von Unkraut frei zu halten, *denken* die Lakandonen ein Zauberlied. Mit dem Lied werden unsichtbare Hilfsgeister in Gestalt von Vögeln aus der unsichtbaren Welt herbeigerufen.

Sie gehen dem Arbeiter zur Hand und passen auf, daß die besäte Milpa nicht allzuschnell von den Pflanzen des Waldes überwuchert und dadurch das Maiswachstum verhindert wird:

Ich bin es, der zurückkehrte und sich setzte
In meine Milpa
Den Wald hinab
Pflanze ich meinen Mais
Weit ging ich
Schnell, schnell gehe ich
Kleine Vögel, helft mir!
Nicht wißt ihr, daß ihr mir helft
Sehr viele Kleine Vögel kommen daher
Große Vögel
Und Kleine Vögel
Helft mir! Schnell ist die Arbeit getan
Den Wald hinab in Richtung meiner Milpa
Durch den Wald kommt hierher in meine Milpa
Ich kehre zurück
Sehr schnell bewegt sich meine Hand
Fühlt ihr meine Arbeit?
Schnell kehre ich zurück
Schnell, schnell kehre ich zurück
Es dauert nicht lange
Und ich kehre um
Während der Flammenden Mitte des Tages
Werde ich in meinem Haus sein
Ihr wißt nicht, ob ich arbeite
Meine Milpa ist nicht überwuchert
Sauber liegt sie da
Schnell, schnell gehe ich
Das Unterholz, es sprießt nicht
Aus seinen Früchten
Die Blätter der Bäume kommen nicht hervor
Ich stürze nicht in meiner Milpa
Schnell ziehe ich hindurch und bewache sie

Schnell, schnell sammle ich alles auf
Schnell verbrenne ich alles Unterholz
Den Wald hinab
Weit den Berg hinauf
Hinauf liegt es, das Ende
Über die Fläche meiner Erde ziehe ich
Schnell ziehe ich darüber hinweg
Der *k'ok'ta'*-Vogel
Das ist der Vogel
Das ist der Große Vogel der Städter
Kleine Vögel
Gelbschnabel-Hockos
Geht und bewacht meine Milpa
Das habe ich zusammengetragen
Rotgeflammte Grasmücke
Große Vögel
Kleine Gelbschnabel-Hockos
Das sind meine Mitarbeiter
Auf dem Rücken tragend ziehen sie umher
In meiner Milpa
Die Großen Blattschneideameisen
Die Kleinen Blattschneideameisen
Wie viele sind es!
Dann habe ich sie alle herbeigerufen
Dann wird meine Arbeit sehr schnell beendet sein
Schnell
Sehr weit ziehe ich umher
Nicht wißt ihr, daß ich meine Gefährten herbeirufe
Damit sie in meiner Milpa arbeiten
Schnell kehre ich zurück
Ich reiße alles Unterholz heraus
Schnell, schnell beende ich meine Arbeit
Alle meine Gefährten sind darin verstreut
Sie wissen nicht das Arbeitslied
Nur ich, ich bin es, der arbeitet
Den Wald hinab

Umfasse ich meinen Pflanzstock
Gar nicht lange dauert meine Arbeit
Je zwei werfe ich hinein
Von den Zähnen des Maises
Schnell gelange ich zur Mitte meiner Milpa
Fast bis zu den Armen der Bäume
Den Wald hinab
Den Wald hinauf
Fast ziehe ich mich selbst heraus
In Reihen pflanze ich meinen Mais
Schnell reiße ich das Unterholz heraus
Ich ziehe umher
Kleine Vögel
Rotgeflammte Grasmücken und Gelbschnabel-Hockos
Sie sind es, die mir helfen
Die Blattschneideameisen, sehr helfen sie mir
Die Stachelameisen helfen mir
Nichts sprießt hervor
Alle Samen der Gräser haben sie zusammengetragen
Die Großen Ameisen
Sie tragen alles in meiner Milpa zusammen
Sie essen in meiner Milpa
Nicht ist sie überwuchert
Die Kleinen Nestameisen
Die Großen Stachelameisen
Sie ziehen umher und tragen alles zusammen
Die ganze Nacht über tragen sie alles zusammen
In meiner Milpa
Die Samen der Gräser
Weit hinauf in den Wald werfen sie sie
Alles bringen sie dorthin
Die Früchte des Unterholzes
Welche Blüten auch immer
Kalt ist mein Tabak, seine Blüten haben sie zusammengetragen
Alles haben sie weit hinauf in den Wald geworfen
Die Blattschneideameisen tragen alles zusammen

Alles tragen sie fort
Sehr gutes Essen gedeiht in meiner Milpa
Auf dem Wege sind sie
Sauber ist mein Gehöft
Ich habe das ganze Lied gesungen
Kein Unterholz
Meine Pflanzungen werden nicht überwuchern
Wie viele Zeiten der Ersten Sonne auch verstreichen
Essen gedeiht in meiner Milpa, seht ihr?
Den Wald hinab
So pflanze ich meinen Mais
Ich arbeite
Schnell arbeite ich
Schnell, schnell ziehe ich umher
Schnell kehre ich zurück
Schnell ziehe ich hindurch und sehe
Meine Arbeit
Schnell gehe ich
Das Wild ist gebunden
Schnell, schnell gehe ich
Zusammen gehen wir
Dort liegt der Wald meiner Verwandten
Die Blattschneideameisen, meine Haustiere, ziehen umher
Mit ihnen gehe ich
Nicht wißt ihr, daß ich umherziehe
Meine Arbeit ist beendet
Schnell liegt meine Milpa hinter mir
Riesig ist meine Milpa
Selbst eine große Milpa
Sieht die Große Erste Sonne
Ausgebreitet liegt da meine Milpa
Ein Stück habe ich vom Unterholz befreit
Schnell, schnell ziehe ich umher
Den Wald hinab
Den Berg hinauf
Durch die Fläche meines Waldes

Kehre ich zurück
Wie die Fläche am Kopfe der Rückenechse
Das ist die Fläche am Kopfe der Rückenechse
Das ist meine Milpa, die Hüfte meiner Milpa.

Schon einige Tage nach der Aussaat der Maiskörner entfalten sich die schmalen, hauchdünnen und leuchtend grünen Blätter der Sprößlinge. Genährt vom ersten Regen und allmorgendlichen Tau, sind die Maispflanzen bereits nach zwei Monden zu stolzer Manneshöhe herangewachsen. Verstreicht ein weiterer Mond, öffnen sich die männlichen und weiblichen Blüten, und die Kolben brechen aus den Stengeln. Während der Mais reift, werden zwischen den Pflanzen Kürbisse, Chayotes, Tomaten, Süßkartoffeln, süßer Maniok, Chilipfeffer, Kohl, Zuckerrohr, Ingwer, Bananen, Baumwolle und Tabak angepflanzt. Sind die Maiskolben ausgereift, wird die Maispflanze unterhalb des Kolbens abgeknickt, so daß dessen Spitze zur Erde zeigt. In diesem Zustand trocknen die Körner, die Zähne des Maises. Da die Kolben nach unten gerichtet sind, kann auch kein Wasser durch ihre Spitzen unter die Lieschblätter dringen und den Mais faulen lassen. Wenn die Maispflanzen abgeknickt werden, pflanzt man dicht bei ihren Wurzeln Kletterbohnen, die rasch an den Maisstengeln hochranken. Sind die Kolben vollständig getrocknet, sind auch die Bohnen reif und können gemeinsam mit dem Mais geerntet werden.
Die Maisernte beginnt mit einem Opfer an die Götter. Die ersten jungen Kolben werden von den Frauen in der Zeremonialküche gekocht und von den Männern im Götterhaus den hungrigen Göttern, vor allem dem Bewußtstein des Himmels, dargebracht. Die Götter nähren sich nur an den Seelen der Maiskolben und lassen deren Hüllen den Menschen. Schließlich bereiten die Frauen aus dem getrockneten Mais die ersten neuen Maisfladen, die ebenfalls zuerst den Göttern geopfert werden.
Alle Erträge angebauter Speisepflanzen müssen erst den Göttern dargebracht sein, damit die Menschen die neue Ernte be-

rühren und essen dürfen. Das Speiseopfer an die Götter ist der Dank dafür, daß sie die Ökologie des Waldes erhalten und das Wachstum der Pflanzen gefördert haben. Bekämen sie nicht die ersten Erträge, würde sich das Bewußtsein des Himmels verstimmen und mit ihm der Kosmos in Unordnung geraten. So, wie das Essen den Menschen gesund erhält, wird durch das Opfern der ersten Erträge der Kosmos gesund und ausgeglichen gehalten. Nur ein sattes Bewußtsein, sei es das menschliche oder das himmlische, ist auch ein gutes Bewußtsein.

Die Mutter des Ellenbogens

> Das Wahrsagen besteht nicht darin, daß man etwas Erdichtetes sagt, oder etwas, von dem man sich einbildet, daß es wahr sei, sondern darin, daß man etwas Wahres sagt, das heißt etwas, von dem man wahrnimmt, daß es wahr ist.
>
> FRANZ HARTMANN
> *Unter den Gnomen im Untersberg*

Sind die Götter verstimmt, weil die Menschen sich einer Verfehlung schuldig gemacht haben, schicken sie schwere, manchmal todbringende Krankheiten. Diese Krankheiten können nicht mit Medizinen oder Zaubersprüchen geheilt werden, denn nur die Götter kennen den Zauber, der sie bannen und die Menschen heilen kann. Um die Götter zu bewegen, ihren Zauber wirken zu lassen, muß man sie *bezahlen*, das heißt, ihnen Opfergaben ihres Wunsches zukommen lassen. Den Wunsch der Götter erfährt der Mensch durch eine Divination.

Das Divinieren haben die Urahnen von Äkinchob, dem Götterboten, gelernt. Nachdem der Gott den Urahnen gezeigt hatte, wie sie zu den Göttern sprechen, wie sie ihre Götterschalen aus Ton herstellen und wie sie den Göttern opfern sollen, nahm er einen kleinen schwarzen Käfer und setzte ihn dem Ältesten der Urahnen in die Armbeuge. Worauf der Käfer seine kräftigen Kiefer in die Haut des aufschreienden Mannes grub. Der Käfer sollte fortan *Mutter des Ellenbogens* heißen und seine Bißstelle das System Mensch für die Wünsche der Götter öffnen und empfänglich machen. An der Hautstelle, in die die Mutter des Ellenbogens gebissen hat, kann der Mensch beim Divinieren die Wünsche der Götter ablesen. Eine Divination beginnt damit, daß man sich in die Hände spuckt und zweimal durch die Lippen flötet; damit wird die Bißstelle der Mutter des Ellenbogens aktiviert. Darüber streicht man nun rhythmisch mit den aneinandergelegten Nägeln von Daumen und Zeigefinger, und dazu wird das Divinationslied gesungen. In diesem Lied kommen immer wieder Ja/Nein-Fragen vor, und bei jeder Frage muß man mit den Fingernägeln nach der Bißstelle der Mutter des Ellenbogens schnappen. Können die beiden Nägel die Haut festhalten, gilt die gestellte Frage als mit Ja beantwortet. Erfaßt man die Haut nicht, ist die Frage verneint.

Mit dem Divinationslied sollen ganz unterschiedliche Fragen geklärt werden:

- Welcher Gott ist für die Krankheit verantwortlich?
- Welcher Gott kann die Krankheit heilen?
- Welche *Bezahlung*, d. h. welche Opfergabe fordert der Gott, um seinen heilenden Zauber wirken zu lassen?
- Wo soll die Opfergabe dargebracht werden, in der Götterschale oder in einem der im Wald liegenden Häuser der Götter?
- Wird der an der Krankheit Leidende sterben, weiterleiden oder gesund werden?

Die im Text des Divinationsliedes angerufene *Schlange* ist eine zeremonielle Anrede an den Unterweltgott Sukunkyum, den Älteren Bruder des Hachäkyum:

Wo ist die Schlange die da sprach?
Wo ist sie, daß ich mich dort erhebe?
Wo ist sie?
Hat nicht gesprochen er, der Große Gott der Itzá?
Wir sehen, wo die Schale der Schlange, die da spricht, ist
Er, Mensäbäk, der Pulvermacher, sprach
Nein nicht er, er war es nicht
Er sprach da – gut
Wo ist er denn zu suchen, wo erhebt er sich?
Wohl fragte er, wo ist er?
Er ist dort, wohl fragte er
Ist es wohl der Hüter des Waldes, den ich dort ausleihe?
Oder Unser Herr Chob, den ich ausleihe?

Blick auf Ocotal Grande in der Selva Lacandona / Chiapas, 1978 aus dem Flugzeug aufgenommen. Diese bewaldeten Hügel am Rand der Süßwasserlagune werden seit 1983 abgeholzt und abgebrannt.

Links: Licht- und Wolkenspiele über dem Regenwald von Naha'.
Unten: Eine der vielen prächtigen Blüten des Kalenders der Lakandonen.
Die während der Regenzeit aufblühenden Orchideen nennen die Lakandonen bak'che', Fleisch der Bäume.

Links oben: Der im August blühende Blütenstand des balche'-Baumes. Die zart duftenden Blüten werden gelegentlich als Aromalieferant in den berauschenden Trunk gelegt.
Links unten: Ein Lakandone neben der heiligen Schattenpalme (Chamaedorea sp.), deren Blätter sich in religiösen Zeremonien zum ›Stuhl der Götter‹ verwandeln. Neuerdings werden diese Palmen von mexikanischen Geschäftsleuten in riesigen Mengen aus der Selva Lacandona importiert, um in den Städten den Fruchtsaftverkäufern zur Zierde ihrer kleinen Stände zu dienen.
Unten links: Der Lakandone K'ayum hat ein frisches Stück Rinde von einem Ast des balche'-Baumes abgezogen.
Unten rechts: Das abgezapfte Pinienharz ist die Grundlage für den Weihrauch, die Nahrung der Götter.

.inks: Die verschiedenfarbigen
Maissorten haben auch verschiedene
Geschmacksnuancen.
Unten: Die vorgekeimten Maiskörner
werden für die Aussaat ausgesucht.
Ein Lakandonenjunge erfreut sich an einem
großen Maisfladen.

Yahaw Petha·, wörtlich: Großer See, an dessen Ufern die Häuser der Götter des Wassers und der Erde stehen. Die Lakandonen besuchen den See regelmäßig, um den Göttern Weihrauchopfer darzubringen.

Oder Unsere Mutter, die Frau des Bewußtseins des Himmels,
die ich ausleihe?
Seine Gefährtin, sie steigt auf und spricht zu ihm
So ist es
Was er erbittet, das erbittet er
Ob es die Großen Maisfladen sind, die er erbittet?
Vielleicht sind es nicht Bohnen, die er erbittet
Für die Füllung der bereiteten *xiw*-Blätter, für ihre Füllung
Es sind nicht Bohnen, um die er bittet
Fleisch in den *xiw*-Blättern, um Fleisch bittet er
Der Kranke wird sich erheben, so ist es
Nicht wird er sich erheben
Morgen wird nichts mehr von ihm sein
Nicht mehr lebt er morgen
Morgen, morgen gehe ich und begrabe ihn
Es ist wahr, nichts wird da mehr von ihm sein
Nein, nur ist er da, um zu sehen, wie ein neuer Mond kommt
Er wird ihn sehen
Frage den Befehl, so gib ihn, frage den Befehl
Frage unsere liebe Mutter des Ellenbogens
Sie verheimlicht es mir
Frage den Befehl des Chob
Frage den Befehl des T'uup, des Beschützers der Sonne
Frage den Befehl der Äx K'ale'ox, unserer Mütter
Sie sind es, die sich erheben werden
Es ist wahr, sie werden sich erheben
Frage den Befehl des Bewußtseins des Himmels
Ob es zum Schattenpalmenblatt geht und spricht
Ob es heilt, so ist es
Was erbittet es?
nabilil erbittet es
Nicht *nabilil, yak'in* erbittet es
Nicht *yak'in* erbittet es, *wits'bil* erbittet es
Sich erheben und ihnen die ersten Roten Stirnbänder geben
Einen Stapel Großer Maisfladen
Gäbe es Unserem Herrn

Die Mutter des Ellenbogens spricht zu Unserem Herrn
So ist es, er heilt, so ist es
Nein, er heilt nicht, es ist wahr
Nein, es verschlimmert sich, bist du machtlos gegen die Krankheit?
Es verschlimmert sich, unverändert bleibt es
Nicht erhebt er sich, nein
Das nicht, erfrage den Befehl Unserer Mütter, ob wir Pozole trinken sollen?
Frage den Befehl der Äx K'ale'ox, Unserer Mütter
Frage den Befehl der Schlange
Er wird sich erheben
So ist es, es ist wahr
Das Ende muß ich erbitten, den Befehl
Frage den Befehl Unserer Mutter, Unseres Herrn
Wie verheimlichen sie es mir, nicht so?
Wieso?
Zusammensetze ich die Fingernägel meiner Hand, nicht ist es so
Nicht erhebt sich der Kranke, es ist wahr
Er wird sich erheben
Sage ihnen, ich sitze und erfrage den Befehl
Ich werde aufstehen, so ist es
Morgen erhebt er sich
Nach einer Handvoll Tagen ist er noch lebendig, aber nur sitzend
Auch morgen ist er noch, aber nur sitzend
Er wird sich auch erheben, etwas aufstehen
So ist es, es ist wahr, er wird sich erheben
Unverändert – aber er wird es beenden
Aber es wird nicht aufhören, es ist unverändert
Es ist unverändert, unverändert liegt der Kranke dar
Es ist wahr, er wird sich erheben
Er ist es, der sich erheben wird, es ist wahr
Sitzend erfrage ich seinen Befehl
Es ist wahr, es gibt keine Lüge, nicht davon

Wo ist er, der da sprach?
War es wohl Mensäbäk, der Pulvermacher, der da sprach?
Er ist es, der es nicht verheimlicht
War es der Herr, der am See sitzt, der da sprach?
Er suche die Schale der Schlange, die da sprach
Nicht die Schlange war es
Es ist wahr, er ist es
Es ist wahr, wieder fragte er den Befehl
Verheimliche mir es nicht, liebe K'ale'ox, Mutter
Verheimliche es mir nicht, liebe Schlange
Sage den Befehl unserer Mutter des Ellenbogens
Sie setze sich zu mir
Was ich frage, sitzend erfrage ich es
Nicht das, nein, es ist wahr, er ist es
Es ist wahr, er ist es,
Wohl war es der Mensäbäk, der Pulvermacher, der da sprach
Er kam und setzte sich
Was er wohl sieht?
Er ist es, dessen Befehl ich erfrage
Ist er wohl der, der unten am See sitzt, den ich ausleihe?
Er heilt, er wird sich erheben, er wird es befehlen, so ist es
Es wird aufhören, so ist es
Es ist wahr, er erhebt sich
Er erhebt sich, er erhebt sich nicht, es ist wahr
Aber *nabilil* erbittet er sich als Bezahlung
Wenn nicht *nabilil,* dann erbittet er *yak'in*
Yak'in, so ist es, er wird sich erheben
Immer noch sitzt er, dann sitzt er, *yak'in*
Rot nimmt er, die Roten Stirnbänder
Das ist es, Rote Stirnbänder erbittet er
Das ist es, er erhebt sich damit, so ist es
Das ist es, rot soll das köstliche Papier der Stirnbänder sein
Drei Stapel Maisfladen, zwei Stapel Maisfladen erbittet er
In *xiw*-Blättern eingewickelt, so ist es
Wenn nicht, dann sind es die Bohnen-Maisfladen-des-Kapok-
baumes, die er erbittet

Die Äste hineingestochen erbittet er
Er erhebt sich und heilt, so ist es
Es ist wahr, die gespickten Bohnen-Maisfladen-des-Kapokbaumes erbittet er
Er erhebt sich und heilt, so ist es
Es ist wahr, ihn, die liebe Schlange, frage ich
Wie erheben sich K'ale'ox, Unsere Mütter?
Verheimliche mir es nicht, meine Mutter des Ellenbogens, die du da sitzt
Verheimliche es nicht, Chob
Verheimliche es nicht
Einen anderen Befehl des Chob sagte sie mir
Verheimliche es mir nicht
Da saß ich und habe den Befehl erfragt
Ich werde aufstehen
So ist es.

Nachdem das Divinationslied langsam, getragen und mit leicht melancholischer Stimme gesungen ist, weiß der Divinierende, welche Opferzeremonie er durchzuführen hat, damit der Kranke wieder gesund wird. Die *nabilil*, *yak'in* und *wits'bil* genannten Zeremonien sind sehr aufwendig, dauern acht bis zehn Tage und erfordern die Arbeitskraft aller Dorfbewohner. Das Götterhaus muß hergerichtet und gesäubert, Stirnbänder aus Baumrinde müssen rot gefärbt werden; einige Männer müssen auf die Affenjagd gehen, und die Frauen kümmern sich um die Maisspeisen. Außerdem wird ein *balche'*-Trank angesetzt, Kakaobohnen gemahlen und Weihrauch verbrannt. Während dieser Zeremonien, die sich nur wenig voneinander unterscheiden, sind alle sexuellen Handlungen verboten, und das Götterhaus muß ständig bewacht werden. Es wird zum Zentrum des sozialen Geschehens, und jede Aktivität dient der Heilung des Erkrankten. Die vielen verschiedenen Opferspeisen werden immer zuerst den Göttern dargebracht, damit die Seelen der Speisen aufsteigen und in das Bewußtsein des Himmels ziehen können. Die entseelten Opfergaben werden anschließend gleichmäßig an alle Dorfbewohner verteilt. Wenn Götter und Menschen so gemeinsam gegessen haben, kann der göttliche Zauber der Heilung beginnen.

Sieh diese Zeit, wo bebend am Gezweig
sich dehnen
Die Blumen; sie verdampfen wie ein
Weihrauchbecken.

CHARLES BAUDELAIRE
Die Blumen des Bösen

Am Morgen steigen schwarze Rauchschwaden aus dem Götterhaus auf und vermischen sich mit den schweren Nebelbänken, die wie Baumwollflausche zwischen den Armen der Bäume hängen. Die Götter des Himmels bekommen ihr Abendessen, wenn für die Menschen der Tag beginnt, denn die Nacht im Wald ist der Tag im Himmel und umgekehrt. Die den Nebel durchdringenden und in den Himmel aufsteigenden schwarzen Rauchwolken werden dort zur Nahrung der Götter. Der Rauch trägt die Seele des im Götterhaus in den Götterschalen verbrannten Weihrauchs in den Himmel und in dessen Bewußtsein. Dort angekommen, manifestiert sich die dem Menschen unsichtbare Seele des Weihrauches im köstlichsten süßen Getränk jener Welt. Es ist der Trunk, den die Götter am meisten lieben und begehren. Der Nektar labt ihr Bewußtsein und hält so den Kosmos in Ordnung. Obwohl die Götter durch ihr Denken die Schöpfer der Welten waren und sie erhalten können, sind sie doch nicht allmächtig. Ihre Lieblingsnahrung können sie nur von den Menschen, die an die Götter denken und ihnen opfern, bekommen. So sind die Menschen für die Erhaltung der kosmischen Ordnung mitverantwortlich.

Nicht nur die Lakandonen nennen den Weihrauch im zeremonialen Sprachgebrauch Nahrung der Götter. Bei vielen Kulturen der Erde haben Räucherwerk und Weihrauch dieselbe Bedeutung, so bei den Tibetern und in den alten Hochkulturen (vgl. *Groom*, 1981: S. 1–21). Das Verbrennen von Weihrauch ist einer der ältesten Ausdrücke religiöser Verehrung und ritueller Reinigung; der Rauch weiht und nährt die Götter und reinigt den Menschen. Manche Räuchereien wirken auf den Menschen bewußtseinsverändernd und öffnen ihm dadurch die Tore zu ihm sonst verschlossenen Welten. Die alten Maya haben, genau wie die Azteken, dem Verbrennen von Weihrauch großen Wert beigemessen. Vor und in ihren Tempeln und Pyramiden standen riesige tönerne Weihrauchgefäße, in denen ständig *copal* oder *pom* brannte. Der Weihrauch der Maya bestand aus Baumharzen, dem wahrscheinlich die halluzinogenen Samen der einheimischen Stechapfelgewächse *(Datura inoxia, D. stramonium)*, die noch heute in Yucatán den Namen *xtohk'uh*, »in Richtung der Götter«, tragen, beigemischt waren. Die alten Maya haben aber nicht nur für die Götter Weihrauch verbrannt, sie haben ihn auch ihren verstorbenen Ahnen geopfert, um deren Seelen in der neunstöckigen Unterwelt zu nähren (vgl. *Hammond* 1981). Bereits in vorspanischer Zeit waren im südlichen Maya-Tiefland tönerne Weihrauchbrenngefäße, die den Götterschalen der Lakandonen gleichen, weit verbreitet (vgl. *Thompson* 1977).

Die Lakandonen stellen ihre Götterschalen in einer vierzig Tage dauernden Zeremonie her, die sich alle acht Jahre wiederholt. In dieser Zeit werden die alten Götterschalen unter Felsenklippen, den Häusern der Götter, tief im Wald *begraben*, das heißt, in Richtung Osten aufgereiht. Gleichzeitig werden die neuen Götterschalen aus Ton geformt, getrocknet, gebrannt, weiß getüncht und mit roter und schwarzer Farbe bemalt. Wie die Götter die Menschen am Anfang der Geschichte aus Ton geformt, bemalt und schließlich durch ihr *Denken* zum Leben erweckt haben, stellen die Menschen im Laufe ihrer Geschichte Götter in der Gestalt von Tonschalen her und erwekken diese Schalen mit einem Ritual zum Leben. In die neuen männlichen und weiblichen heiligen Gefäße werden Kürbiskerne, Baumwollflocken, Kakaobohnen und Weihrauch gelegt. Wird dann der Weihrauch verbrannt und der Kopf an der Schale mit *balche'* gefüttert, ruft man die Seele des Gottes herbei, daß sie in seine Schale fährt und sie zum Leben erweckt. Die Kürbiskerne verwandeln sich in das Herz, die Baumwollflokken in das Gedärm und die Kakaobohnen in die Leber der Seele der Götterschale. Da es jeweils nur eine Gottheit gibt, aber viele Menschen, *die Götter haben,* das heißt, die in ihrem Götterhaus die Götterschalen verehren, spaltet sich die Seele eines Gottes in so viele Duplikate, wie es Götterschalen gibt. Und je mehr Menschen es gibt, die in ihren zum Leben erweckten Götterschalen Weihrauch verbrennen, um so wohler genährt ist der Gott. Seine vielfältige Seele verbindet alle Menschen mit ihm und dem Kosmos.

Die Lakandonen verbrennen jeden Tag etwas Weihrauch, vor allem in der heiligen Schale des Äkinchob, des Götterboten. Er verteilt dann den süßen Trunk an die anderen Götter des Himmels und an dessen Bewußtsein.

Abgesehen von diesen täglichen Opferhandlungen, führen die Lakandonenmänner auch in Fällen ernster Erkrankung ein besonderes Weihrauchritual im Götterhaus durch, bei dem auch kleine Opferfiguren aus Kautschuk verbrannt werden.

Das volle Blut; *eine wenige Zentimeter große Figur aus Kautschuk.*

Das Ritual beginnt mit dem Pflücken von Schattenpalmenblättern. Diese Palmenblätter, die im zeremoniellen Kontext *der Hocker der Götter* heißen, werden unter die rechteckigen und mit einem Haltegriff versehenen Opferbretter aus heiligem Mahagoniholz gebunden. Auf die Opferbretter werden in geraden Reihen Weihrauchkügelchen gedrückt. Diese Kügelchen bekommen noch ein *Stirnband* aus kleineren Weihrauchstückchen aufgesetzt. Zwei davon verwandeln eine Weihrauchkugel in den weiblichen *Regenbogenweihrauch (äh chel pom),* und fünf Stückchen machen eine Kugel zum männlichen *Erzeugerweihrauch (k'ohol pom).* Zwischen die Reihen des weiblichen und männlichen Weihrauches werden einige aus Kautschuk geformte anthropomorphe, wenige Zentimeter große Figuren gelegt, die *Volles Blut (tulis k'ik')* heißen. Nachts werden dann im Götterhaus der Weihrauch und das *Volle Blut* laut, von einer Rassel begleitet, in tragender Melodie besungen:

Hier ist die Sonne
Da sitzen sie am Fuße des Opferbrettes
Der Herr des Himmels sitzt da am Fuße des Opferbrettes
Da sitzt er, Äkyantho', der Gott der Weißen
Er sitzt am Fuße des Opferbrettes
Das ist das Denken im Bewußtsein des Himmels
Die Sonne tritt in die Unterwelt
Das ist das Denken des Chob, Dinge denkt er
Das ist das Denken des T'uup, des Beschützers der Sonne
Das des ewigen Mensäbäk, des Pulvermachers
Der ewige Große Gott der Itzá
Dinge denken sie
Da sitzen sie am Fuße des Opferbrettes
Vor dem Antlitze des Grünen Pfeilbaumes
Vor dem Antlitze des Hockers*
Die Geschenke, die Weihrauchkugeln
Da sitzt das Denken
Da habe ich es vor das Antlitz des Fußes des Opferbrettes gehoben
Die Sonne tritt in die Unterwelt
Das Opfer für das Bewußtsein des Himmels
Das ist das Denken des Bewußtseins des Himmels
Das ist das Denken des T'uup, des Beschützers der Sonne

* Mit diesen beiden Zeilen ist das an das Opferbrett gebundene Schattenpalmenblatt gemeint.

Das Geschenk der Weihrauchkugeln
Das dem Chob geweihte Opfer
Das dem Känank'ax, dem Hüter des Waldes, geweihte Opfer
Das dem Itsanal geweihte Opfer. Es sitzt am Fuße des Opferbrettes
Des *k'ähanche'*-Baumes Duft kommt von weit her
Der Wind des Weißen Südhimmels trägt seinen Duft
Durch die Lichtung kommt der Duft
Über den Berg her zieht der Duft, kommt sein Duft
Durch das Tal
Im zweiten Tal verströmt dann der Duft
Durch den Weißen Süden
Dann kommt der Duft
Der Wind des weißen Südhimmels trägt den Duft herbei
Zum Fuße des Opferbrettes, dort sitzt er
Das Geschenk der Weihrauchkugeln
Dann verströmt sein Duft
Das ewige Volle Blut
Die ewigen gebundenen Häupter des Vollen Blutes
Gezählt sind die Häupter
Schwarz erhebt sich dort vom Fuße des Opferbrettes das Volle Blut
Drei Reihen der Dinge sind aufgereiht
Wie viele es wohl sind, die da aufgereiht sitzen
Dort am Fuße des Opferbrettes
Sie spielen, während sie dort lauern
Der Duft des Sternenbaumes kommt
Getragen vom Wind des weißen Südhimmels
Der Duft des *k'ähanche'*-Baumes kommt
Der *k'ähanche'*-Baum verströmt seinen Duft
Getragen vom Wind des weißen Südhimmels
Im Tal sitzt er und auf dem Berge
Dann sitzt er auf dem Berge
Dann kommt der Geruch mit dem Wind des weißen Südhimmels
Sie spielen dort am Fuße des Opferbrettes

Die Sonne ist in die Unterwelt getreten
Der Morgen dämmert, und es duftet
Sie liegen auf dem Fuße des Opferbrettes
Von dort verströmt der Duft, der da sitzt am Fuße des Opferbrettes
Der des *k'ähanche'*-Baumes
Der Duft der Schwarzen Vanille kommt
Der Duft der Vanille kommt über den Berg
Die Düfte des *k'ähanche'*-Baumes, der Roten *nikte'* kommen
Der Duft des Roten *sik'in*-Baumes kommt
Getragen vom Wind des weißen Südhimmels kommt sein Duft
Er kommt mit dem weißen Nordwind
Zum zweiten Male kommt der Duft von dort, wo wir die Sonne sehen
Der Duft kommt mit dem Wind des weißen Südhimmels
Darauf sitzend getragen duftet es vom Berge
Er erhebt sich dort beim Copalbaum
Der Duft kommt
Er steigt auf vom Fuße des Opferbrettes
Gerade steigt er herab vom Berge
Das Geschenk der Weihrauchkugeln
Ich habe ihn wieder auf den Berg getragen
Das Geschenk der Weihrauchkugeln
Da verströmt sein Duft, er kommt vom Berge her
Der Duft der Roten *nikte'* kommt vom Berge her
Im Winde des weißen Südhimmels
Er liegt und erhebt sich dort vom Fuße des Opferbrettes
Das dem Herrn des Himmels geweihte Opfer
Der Duft des *k'ähanche'*-Baumes kommt
Das dem Chob geweihte Opfer
Das dem Itsanal geweihte Opfer
Ewig ist der neue Zauber Unseres Herrn
Er ist es, der dort am Fuße des Opferbrettes ist
Die Sonne tritt in die Unterwelt
Wenn der Morgen dämmert, liegt er dort am Fuße des Opferbrettes

Von dort, vom Antlitz des Opferbrettes kommt der Duft
Das Unserem Herrn geweihte Opfer
Liegend auf dem Wind des weißen Südhimmels kommt der Duft
Der Nordwind des weißen Nordhimmels trägt seinen Duft
Er kommt und verbreitet den Duft
Im Winde des weißen Südhimmels
Der Duft des *k'ähanche'*-Baumes kommt
Der Duft der Vanille kommt
Der Duft der Roten *nikte'* kommt
Der Duft des Roten *sik'in* kommt
Vor dem Antlitz sitzend kommt der Duft
Er liegt auf dem Opferbrett
Die Sonne tritt in die Unterwelt
Das ist der Duft für das Bewußtsein des Himmels
Das ist der Duft für Chob
Das ist der Duft, den der Große Gott der Itzá wahrnimmt
Das ist der Duft, den Mensäbäk, der Pulvermacher, wahrnimmt
Das ist der Duft für Äkyantho', den Gott der Weißen
Das verströmen die Düfte vom Fuße des Opferbrettes
Da kommt der Duft vom Antlitz des Opferbrettes
Drei Reihen der Dinge sind für euch
Zwei Reihen der Dinge sind für euch
Das Geschenk der Weihrauchkugeln
Das ewige Volle Blut
Drei Reihen der Dinge des Vollen Blutes
Zwei Reihen der vielen Reihen der Dinge
Das ist das Denken des Chob
Das ist das Denken des Bewußtseins des Himmels
Der Ewige Yahawnah, Gott des Großen Hauses
Der Ewige Große Gott der Itzá
Das ist ihr Denken
Das ist ihr Duft
Er sitzt am Fuße des Opferbrettes
Damit sie denken
Wenn der Morgen dämmert, habe ich sie erweckt

Vor das Antlitz der Schattenpalme
Dann ist Chob herabgestiegen und sitzt auf seinem Hocker
Auf dem Hocker sitzt das Bewußtsein des Äkyantho', des Gottes der Weißen
Auf dem Grünen Pfeilbaum, der Schattenpalme sitzen sie
Sie sind herabgestiegen vor das Antlitz der Bohnenmaisfladen
Da liegen sie, denn ich habe sie erweckt
Vor dem Antlitz des Opferbrettes
Vor dem Antlitz der Bohnenmaisfladen
Vor dem Antlitz der Maisfladenschale
Sie liegen auf dem Opferbrett
Sie sind herabgestiegen, und ich habe sie erweckt
Durch das Duften ist Chob herabgestiegen
Das Bewußtsein des Himmels ist herabgestiegen und sitzt da
Der Große Gott der Itzá
Der ewige Herr des Himmels ist herabgestiegen und sitzt da
Da sitzt der Duft
Mit dem Wind des weißen Südhimmels verströmt der *k'ähanche'*-Baum seinen Duft
Da sitzt sein Duft
Der Träger seines Duftes
Der Wind des weißen Südhimmels trägt seinen Duft
Durch das erste Tal, durch das zweite Tal
Dann kommt der Duft am Fuße des Opferbrettes an
Da sitzt der Duft des *k'ähanche'*-Baumes
Er sitzt vor dem Antlitz der Maisfladenschale
Vor dem Antlitz der Bohnenmaisfladenschale
Liegend auf dem Antlitz des Opferbrettes habe ich sie erweckt
Daß es köstlich mache das Bewußtsein des Himmels
Daß köstlich bedeckt sei das Bewußtsein des Chob
Die Sonne ist in die Unterwelt eingetreten
Der Morgen dämmert, und es kommt der Duft
Er liegt vor dem Antlitz des Opferbrettes
Er liegt vor dem Antlitz deiner Schale
Er liegt vor dem Antlitz der Götterschalen
Er liegt vor dem Antlitz der Schattenpalme

Sie sitzen auf ihren Hockern, Chob und das Bewußtsein des Himmels
Der Große Gott der Itzá
Von dort verströmt der Duft
Der des *k'ähanche'*-Baumes
Der der Roten *nikte'*
Der des Sternenbaumes, der der Weißen *nikte'*
Ihre Düfte sitzen vor dem Antlitz des Opferbrettes
Die gezählten Häupter, die gebundenen Häupter
An sie gebunden ist der verströmende Duft
Ich habe ihn erweckt, der da kommt
Er ist es, der da sitzt, der sich erhebt und kommt
Das ist das Denken des Herrn des Himmels
Köstlich bedeckt ist sein Bewußtsein
Sie spielen vor dem Antlitz des Opferbrettes
Da spielen die Geschenke, die Weihrauchkugeln
Vor dem Antlitz des Opferbrettes für Chob
Da spielen sie
Das Volle Blut spielt vor dem Antlitz des Opferbrettes
Köstlich bedeckt ist da das Bewußtsein im Bewußtsein des Himmels
Köstlich bedeckt ist da das Bewußtsein des Chob
Für das Denken des Chob, für das Denken des Großen Gottes der Itzá
Das ihnen geweihte Opfer
Da duftet es
Der *k'ähanche'*-Baum duftet da
Damit ich ihn erhebe über den Fuß des Opferbrettes
Da sitzen sie
Äkyantho', der Gott der Weißen, er sitzt am Fuße des Opferbrettes
Da sitzen sie
Da sitzt das Bewußtsein des Himmels
Da sitzt er, der Ältere Bruder Unseres Herrn
Da sitzt er
Da erhebt sich das Volle Blut

Damit Kisin, der Herr des Todes, die Sonne trägt
Die Regenmonde trägt
Dann steigt herab, daß ich es euch erhebe
Damit er die Sonne trägt
Damit er die Regenmonde trägt
Kisin, der Herr des Todes, soll die Sonne tragen
Kisin, der Herr des Todes, soll die Regenmonde tragen
Da sitzen sie am Fuße des Opferbrettes
Die ewigen Götter
Alle Götter, die da Eins sind, die Wandernden Götter
Damit Kisin, der Herr des Todes, die Sonne trägt
Das ist das Denken des Bewußtseins des Himmels
Das ist das Bewußtsein des Herrn des Himmels
Das ist das Denken des Chob
Die Sonne ist in die Unterwelt eingetreten
Der Morgen dämmert, das ist das Denken der Sonne
Der Duft des *k'ähanche'*-Baumes verströmt
Getragen vom Wind des weißen Südhimmels
Hier ist die Sonne.

Mit diesem Lied hat der Sänger die Essenzen der betörenden Düfte der Blüten des Regenwaldes herbeigerufen und im Weihrauch und im *Vollen Blut* zusammengebraut. Jetzt werden Weihrauchkugeln und *Volles Blut* zum Leben erweckt. Ein kleiner *nikte'*-Ast wird an einem Ende mit etwas Weihrauch bestrichen und angezündet. Das glimmende Hölzchen wird kreisend über die Weihrauchkugeln und Kautschukfiguren auf den Opferbrettern bewegt, und dazu wird ein Zauberspruch geflüstert:

Zerplatzende Blüten
Erwachet
Die Streben deines Hauses sind die des Herrn
Sie sind aus dem Holz des Roten Anona-Baumes
Das sind die Streben des Daches deines Hauses

Das sind die Streben des Daches deines Hauses, sie gehören dem Herrn
Aus Fächerpalmenwedeln ist dein Haus, sie gehören dem Herrn
Stachelpalmenwedel bedecken dein Haus, sie gehören dem Herrn
Ich setze die Knochen ein
Ich setze das Herz ein
Ich setze die Lunge ein
Ich erwecke die dort am Fuße des Opferbrettes Sitzenden
Sie gehören Unserem Herrn
Sie gehören Unserem Herrn
Sie sind dein Opfer
Erwachet
Schlaft nicht, macht es
Zerplatzende Blüten.

Mit diesem Spruch sind die Seelen des männlichen und weiblichen Weihrauches und des *Vollen Blutes* lebendig geworden. Sie sind aus den Duftstoffen des Waldes komponiert und haben die Gestalt kleiner Menschenkinder angenommen. Mit einem Gesang wird den erweckten Seelen die Richtung gewiesen, die sie bald einschlagen sollen, es ist die Richtung zu den Göttern:

te'epaah
Neige dich herab, Bewußtsein des Himmels
Neige dich herab, T'uup, Beschützer der Sonne
Neige dich herab, Chob
Alle Götter sind versammelt, Chob
Alle Götter sind Eins, angehäuft und gestapelt
Hier ist das Geschenk, das Geschenk des Vollen Blutes
Neigt euch herab
Zu dem Vollen Blut
Daß es gebe neuen Zauber
Daß es gebe neuen Wind
So sei es

Daß es gebe neues Leben
Da sitzt er, Chob, auf dem Saft der Wolken
Das sitzt es, das Bewußtsein des Himmels, auf dem Saft der Wolken
Über dem Himmel seid ihr aufgespannt
Über den Wolken hängt ihr
Da sitzt du, Weg der Erde
Über die Erde seid ihr gespannt
Neigt euch herab
Da sitzt er, Chob, im Bewußtsein der Wolken
Neigt euch herab
Neigt euch zu euren Schalen, denn darin ist das Volle Blut
Es sitzt am Fuße des Opferbrettes
Schwarz lauert es dort am Fuße des Opferbrettes
In drei Reihen sind die Dinge des Vollen Blutes aufgereiht
Das Volle Blut, das Volle Blut
Dort lauert das Volle Blut auf dem Opferbrett
Schwarz lauert es am Fuße des Opferbrettes für Chob
Das ewige Opfer für Chob
Das Opfer für T'uup, den Beschützer der Sonne
Das Opfer
Das ewige Opfer für Unsere Mutter, die Frau des Bewußtseins des Himmels
Das ewige Opfer für Unsere Mutter, die Frau des Chob
Das ewige Opfer für T'uup, den Beschützer der Sonne
Alle Götter sind Eins
Neigt euch herab zu euren Schalen, euren roten Köpfen
Neige dich herab, Bewußtsein des Himmels
Neigt euch herab, Chob, Känank'ax, Hüter des Waldes
Neigt euch herab, alle Götter, die ihr Eins seid
Der Duft des *k'ähanche'*-Baumes
Der Duft des Bewußtseins des Himmels ist der der Roten *nikte'*
Der Roten Vanille, der Schwarzen Vanille, der Weißen Vanille
Der Duft des Chob, der Duft des Bewußtseins des Himmels
Das Volle Blut, das Volle Blut
Dem Vollen Blut neigt euch herab

Ihr, alle Götter, die Eins sind, dem Vollen Blut
Alle einmal zum Kopf der Wandernden Götter
Neigt euch herab zum Opfer, zum Geschenk des Vollen Blutes
Das Volle Blut lauert dort am Fuße des Opferbrettes
Es ziehe an dir vorbei
Die unberührte Nacht, der unberührte Tag
Es dämmert der Tag, es dämmert die Nacht
Neigt euch herab, steigt herunter und herauf
Zu eurem Geschenk, dem Vollen Blut
ha'alim.

Die stark duftende Blüte der roten nikte'.

Jetzt werden die Weihrauchkugeln von den Opferbrettern gepflückt und in die Schalen von Äkinchob, Hachäkyum, T'uup, Känank'ax, des Großen Gottes der Itzá und die der Göttinnen gelegt und mit einem Pinienspan entzündet. In den Flammen, die das Harz in wohlriechenden Rauch verwandeln, werden auch die Kautschukfiguren verbrannt. Knisternd löst sich das *Volle Blut*, verliert seine Gestalt und entfesselt seine Seelen, die auf den Rauchschwaden in den Himmel getragen werden und fortan dem Bewußtsein des Himmels dienen, die Götter baden und salben und die himmlischen Maispflanzungen bestellen. Während Weihrauch und *Volles Blut* verbrennen, richtet man ein Gebet an die Götter. Darin wird der Zustand des Kranken beschrieben und der Gott gebeten, seinen heilenden Zauber wirken zu lassen. Um dem angesprochenen Gott ein Zeichen zu geben, wird ein Schattenpalmenblatt in den gen Himmel ziehenden Rauch gehalten. Das Blatt, eingehüllt mit dem köstlichen Duft der Seele des Weihrauches, wird zum Kranken gebracht und über seine Lagerstatt gehängt. Der angesprochene Gott sieht die Weihrauchseele, die sich über dem Kranken ausbreitet, und läßt seinen Heilzauber *durch sie* in dem Kranken wirksam werden.

Die eulengestaltige Seele einer Zauberin (Zeichnung eines Jungen aus Naha').

Zauberei und Transformation

Die Pforten zur magischen Welt öffnen
sich und dann schließen sie sich wieder,
und nie findet man den Weg zurück zu
dem Ort, wo sie waren.

ROBERT ANTON WILSON
Die Masken der Illuminaten

Sprache ist Zauber.
Wer ihn kennt,
kann verwandeln –
oder sich verwandeln lassen.

HANS KRUPPA
Zaubersprüche: Aphorismen

Von der Materie befreit, kann sein Geist
sich nun zum Reich des Wissens und des
Sehens emporschwingen, zu dem den
Uneingeweihten der Zutritt verwehrt
ist.

DOUGLAS SHARON
Magier der vier Winde

Die Medizin der Lakandonen bewacht das Entstehen neuen Lebens, seine Entwicklung, und sie beschützt es so gut wie eben möglich. Jeden Lakandonen begleiten die Zaubersprüche zur Krankenheilung ein Leben lang. Er erfährt sie am eigenen Leibe, lernt sie selbst und heilt wieder andere damit. Der Kreislauf des Lebens wird vom Kreislauf der Zauberei getragen.
Die Lakandonen kennen keinen Heiler, Medizinmann oder Schamanen. Spezialistentum ist ihrer Kultur fremd. Entweder man *weiß von den Dingen* oder nicht. Hat man ein *sehr festes* Bewußtsein, kann man sich an das *Wissen von den Dingen* heranwagen und mit ihm erlernen, durch die unsichtbare Welt hindurch in das innere Wesen der Dinge zu schauen.
Das Wissen um die Zaubersprüche wird nur in vertrauten Situationen von einem Wissenden an eine nahestehende Person vermittelt*. Die Zaubersprüche werden dem Lernenden, ob Mann oder Frau, an einem verborgenen Ort tief abseits jeden Weges, auf einer Insel im See oder im Götterhaus, am Nachmittag laut und rhythmisch vorgesprochen. Nach dreimaligem Hören muß der Lernende den Text auswendig und selbständig rezitieren können. Dabei hilft ihm sein schier unerschöpfliches Wissen vom Leben im Regenwald, von den Pflanzen, Tieren und Himmelserscheinungen. Denn die Texte der Zaubersprüche bilden zwar eine transformierte Welt der Seelen ab, die jedoch die Natur des Waldes beschreibt. Die im Bewußtsein gespeicherten vielfältigen Bilder der *Dinge des Waldes* fügen sich durch den Text des Zauberspruches zu einer lebendigen Sequenz zusammen. Wenn der Zauberspruch gedacht wird, werden seine Inhalte visualisiert, mit dem inneren Auge geschaut, beschrieben und verdichten sich zu einer Struktur, die die Welterkenntnis der Lakandonen ausdrückt. Wie die Lakandonen bei Begrüßungen und Gesprächen die äußeren Erscheinungsbilder des Waldes beschreiben – die Wetterlage, das Pflanzenwachstum, die Mondphasen und Sternenbilder –, so

* Zur Wissensoziologie, Struktur der Lehre und Erlernbarkeit der lakandonischen Zaubersprüche siehe *Rätsch* 1985c.

beschreiben sie in den Zaubersprüchen die inneren Bilder des Waldes, ihrer Welt. Und diese inneren Bilder des Waldes sind Ausdruck der unsichtbaren Welt. Der Zauberspruch ist ein Medium der Transformation. Äußere Bilder werden durch die Wahrnehmung zu inneren Bildern, die sich in verwandelter Gestalt im Bewußtsein manifestieren.
Die Zaubersprüche stellen den Kontakt zwischen den inneren und den äußeren Bildern her, verbinden die unsichtbare mit der sichtbaren Welt, zeigen das innere Wesen der Dinge, bilden das *Wissen von den Dingen* und den Regenwald in all seinem Reichtum ab. Und sie verbinden den Menschen mit dem Kosmos, denn sie sind die Nabelschnur zwischen seinem Innersten und seiner Welt, dem Wald. Es ist der Regenwald, der das System Mensch heilt, wenn es durch eine Krankheit aus seiner Struktur herauskatapultiert wurde.

Von der Kraft der Worte und der Schwäche der Medizin

> Wenn der Ethnograph seinen Informanten fragt; »Warum wirkt dieses Ritual?«, ist die Antwort die formal ausgedrückte Überzeugung, daß die Kraft im Wort liegt, sie aber nur wirksam wird, wenn die Worte in einem speziellen Kontext einer anderen Handlung ausgesprochen werden.
>
> S. J. TAMBIAH
> *The Magical Power of Words*

Es gibt kein Land auf der Erde, in dem so viele Heil- und Drogenpflanzen wachsen wie in Mexiko. In den Wüsten, Gebirgen, Küstenregionen, Pinienhainen und Regenwäldern gedeihen Hunderte verschiedener Pflanzen, von denen viele in die internationale Pharmakopöe aufgenommen worden sind (vgl. *Schendel* 1968). Schon in vorspanischer Zeit kannten die Azteken und Maya hochwirksame Heilpflanzen, die sie in den Wüsten und Wäldern sammelten oder in den Palast- und Hausgärten anbauten. Papaya, Sarsaparille, Wermut, Damiana, Avocado, Peyote, Toloache, Traubenkraut, Vanille, Lobelienkraut, Lebens- und Campecheholz, Tabak, Nopal, Kakao und Agave sind nur einige der vielen Pflanzen, die gezielt zur Krankenheilung benutzt wurden und werden. Sogar die schwarze Süßkartoffelart, aus deren Pflanzenhormonen die Anti-Baby-Pille entwickelt wurde, wächst in den mexikanischen Regenwäldern. Auch die Selva Lacandona ist ein natürliches Heilpflanzenparadies. Aber die Lakandonen, die jeden Baum, jeden Strauch und jede Blume kennen und benennen, suchen bei den Pflanzen des Waldes praktisch keine medizinische Hilfe. Sie benutzen auch fast keine tierischen oder mineralischen Medizinen. Zu ihrer materia medica gehören einige Lianen- und Bohnensorten, Ta-

bak, Schachtelhalm, Magnolienblüten, Traubenkraut, Baumwolle und Salz. Alle ihre Medizinen nennen die Lakandonen *ts'ak*, wörtlich: »etwas Verabreichtes«. Damit bezeichnen sie Substanzen, ganz gleich welcher Herkunft, die die Fähigkeit haben, einen Zustand zu verändern. So werden nicht nur Medikamente und Heilpflanzen als *ts'ak* klassifiziert, sondern auch Gewürze, die den Zustand einer Speise verändern, und psychoaktive Drogen, die den Bewußtseinszustand verwandeln können. Nach Auffassung der Lakandonen wirken die Medizinen nur auf den physischen Körper und gelegentlich sekundär auch auf das Bewußtsein, doch können sie das System Mensch *nicht* heilen. »Die Medizinen helfen nur beim Gesundwerden, heilen können aber nur die Götter oder die Zaubersprüche.«
Die Lakandonen unterscheiden zwischen den Echten Krankheiten des Waldes, die Hachäkyum, Unser Wahrer Herr, erschaffen hat, und den Krankheiten der Weißen, die ihr Gott Äkyantho' in der Urzeit aus Ton in Menschengestalt geschaffen hat. Die Echten Krankheiten des Waldes können nur mit den Zaubersprüchen geheilt werden, die Krankheiten der Weißen nur durch die Götter selbst. Und immer sind es die Worte, die die Kräfte der Heilung in sich bergen. »Die Worte der Zaubersprüche sind sehr kräftig«, sagen die Lakandonen, auch die Worte im Gebet, mit denen man um den heilenden Zauber der Götter bittet. Wie die Zaubersprüche in die Welt gekommen sind, berichtet ein Mythos:

Ah, Hachäkyum, Unser Wahrer Herr, er war es, der sie, die Zaubersprüche, gemacht hat. Er war es, der sie erdachte, er, Hachäkyum, Unser Wahrer Herr:
»Oh, die armen Geschöpfe der Erde, nichts bleibt da von ihnen, wenn sie krank sind, sterben sie.«
Darum war er es, der sie erdachte. Und sie sollten für die Echten Menschen dableiben. Früher heilte man alles, was da war, mit den Zaubersprüchen. Denn wenn jemand von einer Schlange gebissen wurde, gab es einen Zauber, einen Zauberspruch.

»Oh, die Armen, das soll der Zauberspruch dafür sein. Damit sollen sie besprechen und heilen, sollen zaubern. Dann steht der Kranke auf, ist gesundet. So ist es gut.«
Denn, was es auch war, ob ein Stechen im Bauch, man bespricht es, es ist gesundet. Ein Zauberspruch ist gegen die Kopfschmerzen. Dafür gibt es einen Zauberspruch. »Sehr schmerzt mein Kopf« – gut, man bespricht ihn, er ist gesundet. Ein anderer Zauberspruch ist dafür, wenn die Knochen schmerzen oder wenn es beim Wandern schmerzt. Früher bekam es den Namen *hune'*. Da war ein Zauberspruch dafür da. Er, Hachäkyum, Unser Wahrer Herr, erdachte ihn. Er war es, der ihn erdachte, der ihn herunterbrachte. Er sagte:
»Die sollen für die Geschöpfe der Erde sein. Sie sollen dafür dasein, daß sie sich gegenseitig damit besprechen und heilen, denn es gibt Schmerzen und Krankheiten. Womit auch immer sie zusammenstoßen, ob mit der Krankheit des *hune'*-Geistes, der Krankheit *Stechen im Bauch* oder mit der Eidechse, die *xumpets'k'in* heißt und die eine Krankheit hat, die schmerzt.«
Auch die Nasenbären und Waschbären haben eine Krankheit, es gibt es, daß kleine Kinder vom Weinen dabei sterben. Dafür gibt es Zaubersprüche, das Besprechen und Heilen. Damit sollen sie die kleinen Kinder besprechen und heilen. Damit besprechen sie sie, denn es gibt keine Medizin dafür.
Wenn es im Bauch sticht – keine Medizin. Kopfschmerzen – nichts. Alles, was es früher gab, waren die Zaubersprüche. Die Urahnen haben sich immer gegenseitig besprochen, damit sie gesund werden. Denn wer den *hune'*-Zauberspruch weiß, kann es dort, wo es schmerzt, schnell besprechen und heilen. Wenn es die *hune'*-Krankheit war, ist sie gesundet. Sogleich ist sie gesundet, es dauert nicht lange, das Gesunden. So sagte man, es dauert nicht lange. Er war es, Hachäkyum, Unser Wahrer Herr, der sie alle gemacht hat. Er war es, der sie erdacht hat, damit man sich gegenseitig damit besprechen und heilen konnte. Selbst für die Kopfschmerzen, selbst für das Erbrechen gab es Zaubersprüche.
Zuerst mußte er sie für die Geschöpfe der Erde erdenken.

Hachäkyum, Unser Wahrer Herr, sagte zu den Echten Menschen:
»So hört, ob ihr sie lernt.«
Er lehrte sie ihnen und hat es zu den Echten Menschen gesagt: »Lernt, meine lieben Kinder, dann besprecht und heilt.« Noch hatte er diese Dinge, aber er, Hachäkyum, Unser Wahrer Herr, – so sagt man – hat sie uns hier hinterlassen. Hachäkyum, Unser Wahrer Herr, hat jetzt keine Zaubersprüche mehr, er hat sie alle hinterlassen.
»Hier für mich gibt es keine Zaubersprüche«, sagte er. »Nichts, meine Kinder, alle sind für euch. Jetzt gibt es eure Zaubersprüche. Ich habe sie euch jetzt gelehrt. Ich, ich setze mich nicht hier hin, um zu zaubern. Jetzt habt ihr sie, damit ihr euch gegenseitig besprecht und heilt.« – »Gut, mein Herr, gut.«
So hatte er es zu den Urahnen gesagt. Denn die Götter haben keine Zaubersprüche gegen Krankheiten, nichts davon. Nur wir haben sie, so hatte er es zu den Urahnen gesagt:
»Damit ihr euch gegenseitig besprecht und heilt.«
So hat man es erzählt.

Wie durch das Erzählen des Mythos das vom schaffenden Gott Erdachte vom Zuhörer verstehend erlebt wird, kann auch durch das Rezitieren eines Zauberspruches das vom schaffenden Gott Erdachte wirksam werden.

Baumwollfaden und Lederpeitsche

> Das sind die Nichtgeborenen,
> nun stürzen sie ins Leben
> mit morgenroten Flügeln
> zu uns den fast Verlorenen.
>
> HUGO VON HOFMANNSTHAL
> *Die Frau ohne Schatten*

Nicht nur Zaubersprüche, auch Frauen sind ein Tor zur magischen Welt. Besonders, wenn sie *mit Unserer Mutter, dem Mond, sind* (wenn sie menstruieren) oder wenn in ihnen neues Leben entsteht. Frauen sind Seelenquellen. In ihnen entstehen und leben die Seelen ungeborener Kinder. Sie sind ein Ort, in dem die Schöpfung ständig weiterwirkt. Ihr Unterleib ist eine Brücke zwischen der unsichtbaren Welt der Seelen und der sichtbaren Waldwelt. In ihrem Unterleib, der auf lakandon *Basis* heißt, entstehen zuerst die Seelen noch ungeborener Kinder, die schrankenlos durch die unsichtbare Welt reisen. Wird die Frau befruchtet, beginnt ein Körper, der Fötus, die Seele einzuhüllen. Aber erst bei der Geburt des Kindes wachsen dessen Körper und Seele zum System Mensch zusammen. Während der Schwangerschaft hingegen ist die Seele des ungeborenen Kindes noch frei vom eigenen Körper, frei vom Körper der Mutter, frei von der Kultur der Gemeinschaft.

Wenn jemand erkrankt, an einer Echten Krankheit des Waldes leidet, kommt zu ihm nicht nur ein Wissender, *einer, der von den Dingen weiß* und ihn mit einem Zauberspruch behandelt; es besuchen ihn auch die Seelen der ungeborenen Kinder, um den Krankheitsherd zu erforschen und darin herumzustöbern. Daß das Verhalten der noch nicht kulturell geformten Seelen der ungeborenen Kinder für die Kranken gefährlich ist, die Seelen sogar gegen die Kraft der Zaubersprüche ankämpfen, hat in der Urzeit Hachäkyum, Unser Wahrer Herr, erkannt. Ein Mythos erzählt, wie er die Gefahr gebannt hat:

Er, Hachäkyum, Unser Wahrer Herr, er war es, der alles Unserer Mutter, seiner Gemahlin, sagte. So erzählte man es, so erzählte es mein Vater, so erzählten es die Urahnen. Einer der Götter war krank geworden, obwohl er göttlich war, ist er krank geworden. Auch die Göttlichen können krank werden. Er, der Gott, war krank, sehr krank, denn er hatte kein Bewußtsein mehr.
»Oh, er ist krank geworden«, sagte Hachäkyum zu seiner Frau.
»Was werden wir denn für ihn machen?«
Hachäkyum und Unsere Mutter, seine Frau, kamen bei dem Kranken an. Ich weiß nicht, wie sie ihn behandelten, aber sie banden ihm, dem, der da krank war, einen Baumwollfaden um den Hals. Darum starb er nicht, darum starb er nicht richtig.

»Er stirbt nicht, denn wird er *dunkel beäugt*, verspürt er mehr Schmerzen.«
»Ah, gut, mein lieber Herr«, sagte da Unsere Mutter. »Gut, es ist wahr. Wenn es sehr stark schmerzt, wird es nicht noch mehr schmerzen, denn wenn jemand krank ist, ist es nicht gut.«
»Ah, gut. Denn das ist auch für die Geschöpfe der Erde. Sie sollen den Kranken Baumwollfäden umbinden. Denn so soll es für immer für die Geschöpfe der Erde sein. Wenn sie krank sind, eine Krankheit haben oder sich ins Bein geschlagen haben oder von einer Schlange gebissen wurden, dann sollen sie sich Baumwollfäden umbinden. Die Baumwollfäden sind sehr gut. So soll es für immer sein. Die Frauen, deren Tage kommen oder die schwanger sind, sie sollen den Kranken die Baumwollfäden umbinden. Denn dann müssen sie nicht sterben, dann verschlimmert sich ihre Krankheit nicht. So soll es für immer für die Geschöpfe der Erde sein!«

So sprach da Hachäkyum, Unser Wahrer Herr, zu den Urahnen, den Geschöpfen der Erde:

»Dieses, meine Söhne, ist für euch, betrachtet es sorgfältig.«
»Wir haben es vernommen, o Herr.«

»Wenn es keine Baumwollfäden gibt, dann könnt ihr auch etwas eures Speichels nehmen und den Kranken damit betupfen, aber das ist nicht so wirksam. Oder ihr könnt etwas Muttermilch eurer Frauen, die kleine Kinder haben, die noch nicht ihre Speise zerkauen können, nehmen.«
»Ah, gut, mein lieber Herr, wir haben es vernommen.«
»Ihr habt es gehört.«

Er, Hachäkyum, Unser Wahrer Herr, er war es, der es ausprobierte. Er hat es ausprobiert, damit es hier für die Echten Menschen so sei. Er, Hachäkyum, hat es mit Unserer Mutter, seiner Gemahlin, ausprobiert. Sie haben uns hier im Wald das Umbinden von Baumwollfäden gelehrt. Wenn jemand krank ist oder von einer Schlange gebissen wurde, kommen alle Frauen, auch von weit her, und binden ihm einen Baumwollfaden um den Hals. Bei einem Schlangenbiß müssen die Baumwollfäden sehr, sehr schnell umgebunden werden. Wenn eine Frau nicht kommen kann, gibt sie ihrem Mann den Baumwollfaden. Der bringt ihn zum Kranken und bindet ihm den um. Die Frauen spinnen die Baumwollfäden. Sie machen sie mit einer Spindel* und aus der Frucht des Baumwollstrauches. Wenn die Frucht aufplatzt, kommt die Wolle heraus. Zur Zeit der Ersten Großen Sonne platzen die Früchte des Baumwollstrauches auf. Dann werden sie gesammelt, und alles wird herausgezupft. Die Samen werden abgestreift und wieder eingepflanzt.
Wenn eine Frau schwanger ist, wenn sie ein Kind in sich trägt, ist das nicht richtig gut. Wenn sich jemand ins Bein geschlagen hat oder von einer Schlange gebissen wurde und eine Frau schwanger ist und sie es nicht sieht, stirbt er sehr schnell, weil er *dunkel beäugt* wurde. Dann muß ihm schnell ein Baumwollfaden umgebunden werden. Man sagt *Dunkles Auge*, weil sie schwanger ist, ein Kind in sich trägt. Wenn du dir ins Bein

* Bei der Initiation bekommen die jungen Frauen von einer alten Frau eine besondere Spindel, die aus Lebensbaumholz und Schildpatt hergestellt ist, verliehen, um damit für die Kranken der Gemeinschaft Baumwollfäden zu spinnen. Von dieser Spindel heißt es, solange einige Fäden fest um sie geschnürt bleiben, wird die Besitzerin Kleidung haben.

geschlagen hast, muß sie dir schnell einen Baumwollfaden umbinden. Wenn sie dich *dunkel beäugt*, wird es nicht gesunden, sehr viel Blut wird aus dir heraustreten, alles wird bleich, all dein Blut strömt heraus, du stirbst. Das nennt man *dunkel beäugt**.

Wenn eine Frau schwanger ist, wird die Seele des kleinen Kindes in ihr verrückt. Wenn du dir ins Bein geschlagen hast, kommt die Seele an und sticht in die Wunde. Sie nimmt sich einen Stock und sticht tief hinein, denn es gefällt ihr sehr, wenn das Blut herausfließt. Sehr gefällt es ihr, wenn dir das Blut aus dem Bein fließt. Gut, wenn dir dann ein Baumwollfaden umgebunden wurde, sieht die Seele, daß er umgebunden wurde. Denn dann, wenn sie bei der Wunde ankommt, sieht sie, daß es sich nicht mehr ändern läßt. Dann wird sie verprügelt, denn da ist eine Lederpeitsche. Das ist wahr! Denn dann wird sie damit geschlagen. Wäre da kein Baumwollfaden, wäre es gar nicht gut. Wäre dir keiner umgebunden, gefiele es der Seele sehr gut, denn sie wäre durch nichts zurechtgewiesen.

Nicht sehr groß ist die Seele, die umherzieht, so groß wie ein kleines Kind. Sie verläßt den Körper der Mutter. Weil sie noch so jung ist, ist sie verrückt, kommt heraus und ist verrückt. Wenn sie eine Wunde an deinen Beinen oder an deinem Kopf sieht, kommt sie und sticht mit einem Stock hinein, weil da kein Baumwollfaden ist. Wenn sie sieht, daß da ein Baumwollfaden umgebunden ist, macht sie nichts, denn sie sieht den Baumwollfaden als Lederpeitsche. Davor hat sie Angst.

Wenn jemand von einer Schlange gebissen wurde, muß der Baumwollfaden mit Indigo oder mit *k'uxu'*-Farbe oder mit Holzkohle eingerieben werden. Wenn dann die Seele ankommt, wird sie davon sehr zurechtgewiesen. Das gefällt ihr nicht, und sie läßt ab vom Gebissenen. Denn sie würde verprügelt werden, weil die Seele des Gebissenen eine Peitsche in der Hand hält. Kommt die Seele des Kindes an, um verrückt zu

* Ob oder inwieweit dieses Konzept mit der alten Vorstellung vom Bösen Blick (vgl. dazu *Hauschild* 1982) zusammenhängt, ist nicht eindeutig zu beantworten.

spielen, wird sie von der Seele des Gebissenen geschlagen. Denn, siehst du, die Seele des Kindes kommt, wenn sie keinen Baumwollfaden sieht, und reißt an deiner Seele, zerrt daran, schlägt sie, nimmt einen Stock und schlägt krachend drauflos. Dann gehst du dahin, nichts bleibt da mehr von dir, schnell ist dir der Atem abgeschnitten. Sehr schnell tritt er aus deiner Nase heraus. Aber wenn dir ein Baumwollfaden umgebunden wurde, läßt die Seele des Kindes wieder von dir ab. Sie ist zurechtgewiesen. Genauso ist es mit dem Speichel, denn er weist die Seele des Kindes zurecht. Sieht sie ihn, kommt sie nicht näher. So ist es.

Siehst du, wenn du krank bist, kommen auch Frauen, die nicht schwanger sind, und binden dir einen Baumwollfaden um. Das ist sehr gut, denn es ist die Zeit, in der sie *baden* (menstruieren). Denn auch sie haben Seelen in sich, die genau wie Menschen sind, und die kommen, um sich Wunden anzusehen. Darum, wenn sich die Frauen *baden,* macht man es so. Wenn sie nicht *baden,* dann nicht. Dann binden sie nicht um. Genauso die Frauen, die noch nie mit einem Mann zusammen waren, binden niemandem einen Baumwollfaden um, denn sie haben noch keinen Mann. Nur die Frauen, die einen Mann haben, kommen. Denn das ist ihre Arbeit, das ist wahr. Die Frauen, die *baden,* tragen Seelen in sich, die wie Menschen aussehen, die aber kleiner als die kleinen Kinder sind. Sie sind noch kleiner. Wenn sie *baden,* hat ihr Menstruationsblut eine Seele. Das hat eine Seele. Die ist sehr klein, kann aber schnell laufen und kann dich töten. Nur wenn eine Frau schwanger ist oder *badet,* muß sie einen Baumwollfaden umbinden. Ist sie nicht schwanger oder sehr alt, bindet sie keinen um. Auch die jungen binden nichts um.

Aus der Mutter erblühen

> Als sich eine Blüte der Nachthyazinthe öffnete, kam Sukunkyum, der Ältere Bruder Unseres Herrn, heraus. Er erblühte aus der Nachthyazinthe. Dort kam er heraus und streckte seine Beine aus …
>
> *Aus der Schöpfungsgeschichte der Lakandonen*

Kinder, deren Seelen und Körper im Mutterleib während der Schwangerschaft zusammengewachsen sind, betreten diese Welt durch einen Zauberspruch. Im Augenblick der Geburt erlebt der neue Mensch die erste zauberische Verwandlung seines Lebens. Die Lakandonen fürchten die Geburt und bemühen sich sehr sorgfältig um eine sanfte Niederkunft, denn schon viele Mütter sind während der Schwangerschaft gestorben. Eine schwangere Frau wird als *krank* betrachtet und entsprechend vorsichtig, umsichtig und liebevoll behandelt. Der Geburtsvorgang ist das Gesundwerden der Mutter und das Erblühen des Kindes. Die Lakandonen betrachten jeden Entstehungsprozeß eines Lebewesens als ein Hervortreten aus einer sich entfaltenden Blüte oder einer sich öffnenden Frucht. Wie die ersten Götter aus den Blüten der Nachthyazinthe geboren wurden, aus ihnen erblühten, wurden auch die Menschen der Urzeit nicht von ihren Müttern ausgetragen und geboren – sie entwuchsen dem Pflanzenreich:

Früher wußte niemand, daß Kinder in den Gedärmen der Frauen wachsen. Sie erblühten an der Papaya. Dort am Stamm der Papaya, dort aus ihren Früchten. Da stand die Papaya mit ihren ovalen Früchten. Ihre Gedärme waren sehr prall. Die Papaya ist ihre Nabelschnur, denn sie hat Früchte, die die Kinder werden. Wenn sie reif werden, wenn ihr Tag kommt, hört man es *wayih*

wayih weinen. Dann geht man zur Papaya. Da, am Fuße ihres Stammes liegt das Kind. Dort ist es erblüht. Die Frau nimmt es in die Arme, stillt es und nimmt es mit sich mit. Die Frau hat keine Schmerzen, nichts. Sehr gut war es früher. Es war sehr gut, daß die kleinen Kinder aus der Papaya erblühten. Früher war es so, heute nicht mehr. Hachäkyum, Unser Wahrer Herr, hat es geändert. Früher, am Anfang war es sehr gut, nichts spürten die Frauen, nicht starben sie bei der Geburt. Aber Hachäkyum, Unser Wahrer Herr, wollte es so nicht mehr. Danach entstanden die kleinen Kinder im Bauch der Frauen, und so sollte es für immer bleiben, denn eine Frau wurde wegen ihrer Schwägerin wütend. Die Schwägerin ging in ihre Milpa und pflückte eine Wassermelone.
»Was gehst du durch die Milpa?«
»Ich pflücke eine Wassermelone«, sagte die Schwägerin und aß sie.
»Ah, nein, nein, nicht das!« rief die Frau (denn die Seele der Wassermelone hätte zuerst den Göttern geopfert werden müssen), »jetzt werde ich es von dir hören, Schwägerin. Du bist schwanger geworden. Wir werden sehen, wenn der Tag für dich kommt.«
»Ah, was werde ich dabei spüren? Ich möchte es jetzt sehr gerne fühlen.«
»Gut, du wirst es sehen, Schwägerin!«
Die Frau aber war nicht echt, sie war eine Göttin, aber ihre Schwägerin wußte es nicht. Sie hatte eine Göttin beleidigt (weil sie die Wassermelone zuerst gegessen hatte). Dann, als es soweit war, fühlte sie einen gewaltigen Schmerz, als sie ihr Kind geboren hatte. So sollte es nun für immer sein. Und weil sie Wassermelonenstücke heruntergeschluckt hatte, wuchsen ihr zwei Brüste und ihrem Mann ein Kehlkopf. Denn die Wassermelone ist hart geblieben. So war es früher.

Wenn heute eine Frau schwanger ist, darf sie keine Wassermelonen essen, denn das würde ihre Geburtsschmerzen ins Extreme vergrößern. Ebenso darf sie nichts Süßes, keinen Honig,

keine Schokolade, kein Zuckerrohr, essen, denn der klebrige Zucker würde das Kind in der Gebärmutter festhalten*.
Auch der Mann der Schwangeren muß bestimmte Verhaltensregeln beachten, damit das Leben des im Mutterleib wachsenden Kindes und dessen Geburt nicht gefährdet werden. Er darf kein zweites Gewand überziehen, wenn es kalt wird, denn die Seele des Gewandes würde sich um den Fötus legen und ihn zusammenschnüren. Wenn der Mann während der Schwangerschaft seiner Frau beobachtet, wie eine Deckelspinne den Deckel ihres Erdbaues öffnet, oder wenn er lange eine Süßwasserauster, die ein Symbol für die Vulva ist, betrachtet, werden sich die Seelen der Tiere im Muttermund festsetzen und dafür sorgen, daß er sich nach der Geburt nicht wieder zusammenzieht. Die Frau muß dann nach der Niederkunft verbluten.
Wenn die Schwangere spürt, daß *ihr Tag gekommen ist*, richtet ihr Mann im Wohnhaus zwei Pfähle auf, an denen er eine hölzerne Querstrebe befestigt. Dieses *Geburtsholz*, das in der ethnologischen Literatur den schrecklichen Namen »Wurfbalken« erhalten hat, erleichtert der aufrecht knieenden Frau den Geburtsvorgang. Der Gebärenden wird dabei von einer alten Frau der Bauch von oben nach unten massiert. Der Mann der Gebärenden sitzt im Götterhaus, verbrennt Weihrauch und spricht in langen Gebeten zu Unseren Müttern, der Frau des Hachäkyum und der Frau des Äkinchob.
In vorspanischer Zeit haben die Azteken und die alten Maya ihren niederkommenden Frauen geburtseinleitende und -beschleunigende Tränke aus verschiedenen Pflanzen verabreicht (z.B. *Montanoa tomentosa, Didelphis californica* usw.; siehe *Patten* 1932). Die Lakandonen verwenden keine Pflanzen, wohl aber einen Zauberspruch zur Beschleunigung der Geburt. Diesen Zauberspruch dürfen nur alte Männer, die schon sehr viel von den Dingen wissen, erlernen. Würde eine Frau den Zauberspruch lernen und dabei auch nur ein einziges Wort vergessen, müßte sie nach der nächsten Geburt an Unterleibs-

* Derartige Diätvorschriften während der Schwangerschaft waren bereits in vorspanischer Zeit bei den Azteken sehr ausgefeilt (vgl. *Quezada*, 1977: S. 312).

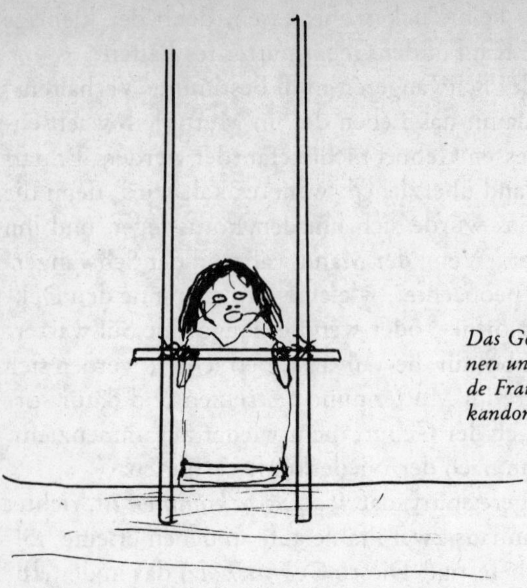

Das Gebärholz der Lakandonen und eine niederkommende Frau (Zeichnung eines Lakandonen).

blutungen sterben. Wenn die Wehen einsetzen, wird ein Wissender gerufen, um am *Geburtsholz* den Zauberspruch zur schnellen Geburt vorzutragen. Dazu setzt er sich neben die Gebärende, bepustet und bespuckt dreimal ihren prallen Bauch und rezitiert flüsternd den Spruch so oft und so lange, bis das Neugeborene in den Armen der helfenden Frau liegt. Mit dem Pusten und Spucken wird die Grenze zwischen der sichtbaren und der unsichtbaren Welt geöffnet, so daß die Worte des Zauberspruchs in die unsichtbare Welt der Seelen eindringen und sie verändern können.

kanahan
Der Guanopalmen-Baum, der Rotgebundene
Dort erhebt er sich
Er schält sich selbst
Ich habe ihn, den Zauber
Dann kehrte ich zurück
Dort erhebt es sich

Es verjünge sich
Sein Kopf
Es verschmälere sich
Sein Kopf
Es verjünge sich
Es verschmälere sich
Sein Kopf
Er verschmälere sich
Er verjünge sich
Es wird herausgeworfen
Auf seinen Weg
Dem Bächlein
Es wird neu geboren
Geboren
Neu ist es
Geboren
Es verjünge sich
Es verschmälere sich
Dort sein Kopf
Es kommt dort herausgeworfen
Das Bächlein
Dort erhebt es sich
Ich habe es herausgeworfen
Die Glitschigkeit
Der *Ta'ak'*-Pflanze
Des *taw*-Baumes
Ihre Glitschigkeit
Da wird es herausgeworfen
Die Papaya
Ich habe sie herausgeworfen
Es verschmälere sich
Es verjünge sich
Sein Kopf
Es verschmälere sich
Sein Kopf
Es wird herausgeworfen

Dort in der Erde ist der Bach
Es verjünge sich
Es ist geboren
Der Spalt öffnet sich
Das Loch ihres Halses
Der Rote Itsanal, Herr der Unterwelt
Der Große Gott der Itzá
Der Spalt öffnet sich
Das Loch ihres Halses
Es wird herausgeworfen
Auf seinem Weg
Dem Bach
Auf diesem Weg wird es geboren
Ich habe ihn, den Zauber
Es verschmälere sich
Sein Kopf
Es wird herausgeworfen
Es wird geboren
Ich habe ihn, den Zauber
Ich lief und saß
Es wird herausgeworfen
Die Glitschigkeit
Des *taw*-Baumes
Der *ta'ak'*-Pflanze
Des Echten *taw*-Baumes
Des Balsaholzbaumes
Ihre Glitschigkeit
Dort erhebt es sich
Die *ta'ak'*-Pflanze
Ihre Glitschigkeit
Der *taw*-Baum
Die Papaya
Die Bananen
Ihre Glitschigkeit
Es wird herausgeworfen
Es verjünge sich

Es verschmälere sich
Sein Kopf
Es verschmälere sich
Es verjünge sich
Sein Kopf
Es ist geboren
Es verjüngt sich
Es ist herausgeworfen
Auf seinem Weg, dem Bach
Ich habe ihn, den Zauber
kanahan.

Mit diesem Zauberspruch wird der oft sehr große Kopf des Kindes während des Heraustretens so verformt, daß er leicht und ohne Schwierigkeiten durch den schmalen Spalt gleitet. Die Seelen der genannten Pflanzen, die sehr glitschige Eigenschaften und Säfte haben, machen den Geburtskanal geschmeidig und gleitend. Die angerufenen Götter sollen die Geburt bewachen. Der Herr der Unterwelt, der hier mit seinem gewöhnlich nicht auszusprechenden rituellen Namen genannt ist, soll sicherstellen, daß sich nicht die Heerscharen des Todes die Seele des Neugeborenen holen. Der Große Gott der Itzá, der über die Wasserflächen des Waldes und die Tiere des Wassers wacht, verhindert, daß die Seelen der Süßwasseraustern in die Frau eindringen – so kann sich der Muttermund nach der Geburt wieder schließen.

Schreie im Wald

> Das Tier wird für den Menschen zum Spiegel, der selbst – wie jeder Spiegel, der blank ist – als Gegenstand gar nicht gesehen wird, sondern dem in ihn Hineinblickenden die Begegnung mit sich selbst ermöglicht.
>
> JOACHIM ILLIES
> *Anthropologie des Tieres*

Wenn ein Kind aus der Mutter erblüht ist, wenn es die Gefahren der Geburt überstanden hat und an der Brust der Mutter genährt wird, beginnt das Abenteuer des Lebens im Regenwald. Die Ruhe des Waldes, die Symphonie der Vogelstimmen und das Schaben, Knarren und Zirpen der Grillen und Zikaden, die klare und reine Luft, das warme Grün, leuchtende Gelb und behagliche Rot des Blätter- und Blütenteppichs umschmeicheln den neuen Menschen. Die Nähe der Mutter, die ihr Neugeborenes nun für zwei Jahre an ihrem Körper trägt, hüllt das Kind in Geborgenheit und Frieden. Aus der Gebärmutter entlassen, gewöhnt es sich langsam an den Wald und die Welt der Menschen. Mit staunenden Augen schaut es in die Schönheit der sich um es ordnenden Welt. Der Ausdruck der Offenheit im Blick des Kindes verrät, daß es noch nichts von den Gefahren des Waldes und den Verbrechen der Menschen weiß. Die Seele des Kindes schweift noch oft und lange durch die unsichtbare Welt – es scheint, als suche sie den Weg zurück in die Höhle, in der sie wuchs.

»Weil kleine Kinder nicht sprechen, haben sie noch kein Denken«, sagen die Lakandonen, denn Denken und Sprechen sind eine Einheit, die den späteren Menschen sicher durch seine Welt führen kann. Die kleinen Kinder können nichts sagen, aber sie können weinen und schreien. Die Lakandonen sagen liebevoll, »wenn ein Kind schreit, ist es krank«. Deswegen hört man selbst in der kinderreichsten Lakandonensiedlung kaum einmal das nörgelige Geschrei unglücklicher Babys.

Schreit ein Kind, ist es entweder hungrig und wird *sofort* gestillt, oder es ist krank, weil seine Seele in der unsichtbaren Welt verlorengegangen ist. Die Lakandonen wissen, daß Säuglinge am Schreien sterben können, deshalb haben sie in der Urzeit von Hachäkyum, Unserem Wahren Herrn, das Wissen um die Zaubersprüche zur Heilung des Schreiens kleiner Kinder bekommen.

In der Selva Lacandona gibt es einen Greifvogel *(Micrastur semitorquatus)*, dessen echter Name *äh wak'el* nicht ausgesprochen werden darf und der umschrieben *Das Schreien der Kleinen* genannt wird. Wenn die Seele eines Säuglings in der unsichtbaren Welt mit dem *äh wak'el*, der sich dort in den Gestalten anderer Greifvögel zeigt, zusammenstößt, *lernt* es von ihm das Schreien. Der Säugling wird so lange schreien, bis ihm die Luft wegbleibt, er seinen Atem verhaucht hat und schließlich stirbt. Aber seine Mutter oder sein Vater kann das Leben des Kleinen, der *Opossum* genannt wird, mit einem Zauberspruch retten. Das schreiende Kind wird sanft bepustet und zweimal flüsternd mit dem Spruch besprochen.

Behütet sei der Schmerz, *kanahan*
Er schreit
Es kommt von der Spitze seines Baumes
Er schreit
Der *koos*-Falke
Der kleine Greifvogel
Er schreit
Er schreit
All sein Schreien erhebt sich
Es kommt von der Spitze seines Baumes
Er schreit
Der Verwandler-Falke ist es
Er schreit
Der Verwandler-Falke

Er schreit
Von der Spitze seines Baumes
Von dort kommt es
Er schreit
Alles Weinen
Er schreit
Dort hinter der großen Wiese
Er schreit
Die Spitze des trockenen Baumes
Er schreit
Er sitzt auf der Verwachsung
Dort auf dem Ast
Er schreit
Dort erhebt es sich
Er schreit
Das Opossum
Es schreit
Vertauscht ist das Schreien
Es schreit
Der Verwandler
Er schreit
Dort sitzt er auf der Spitze des trockenen Baumes
Dort verharrt er
Er schreit
Dort verharrt er
Auf der Spitze des trockenen Baumes
Dort auf dem Ast
Der Verwachsung
Dort verharrt er
Er schreit
Durch den Wald zieht es
Versteckt
Schreit er
Der Jaguar-Adler
Der kleine *koos*-Falke
Der Adler des Berges

Das ist sein Gefieder
Er schreit
Dort verharrend
Der Adler des Berges
Er ist es, der dort verharrt
Er schreit
Dort vom Rande des Waldes
Dort vom Rande der trockenen Bäume
Dort vom Ast des großen, trockenen Baumes
Dort sitzt er immer
Er schreit
Er schreit
Er zieht umher
Versteckt schreit er
Der *koos*-Falke
Der kleine Greifvogel
Der *echen*-Falke
Der Weißockerfarbene *koos*-Falke
Er ist es, der schreit
Er ist es, der all das Schreien zusammensammelt
Er weint
Er zieht umher
Er weint
Das ist sein Schreien
Auf der Spitze des trockenen Baumes
Verharrend
Dann kehrte ich zurück
Ich habe es beendet
Das Schreien
Der kleine Verwandler-*koos*-Falke
Er ist es, der schreit
Ich habe es beendet
Dort in der Richtung des Weges
Er schreit
Auf der großen Wiese, wo ich hingehe
Auf der Wiese des Dorfes

Schreit er immer
Es ist eine riesige Wiese
Sehr weit entfernt sitzt und schreit er
Ich, ich war es, der es beendet hat
Das Schreien
Der Verwandler-*koos*-Falke
Der kleine Greifvogel
kanahan.

Mit dem Zauberspruch wird die Seele des *äh wak'el,* der sich in den Gestalten anderer Falken und Adler zeigt, dazu bewegt, von dem Säugling abzulassen. Das Schreien des Adlers verstummt mit dem des Kindes. War der Zauberspruch nicht wirksam, besteht die Möglichkeit, daß das Schreien nicht von dem Greifvogel, sondern von dem kleinen tropischen Fuchs *(Urocyon cinereiargenteus)* ausgelöst wurde. Die Seele des Fuchses schreit und wütet in der unsichtbaren Welt und zieht die Seele des Säuglings mit sich. Während der Reise durch die unsichtbare Welt nimmt die Seele des Kindes selbst die Gestalt des Fuchses an. Das Bewußtsein des Kindes erhitzt sich, und es schreit aus vollem Halse, gleich dem langgezogenen Schrei des Fuchses, der markerschütternd durch den Wald klingt. In dem Text des Zauberspruches zur Heilung der Krankheit des Fuchses wird die Seele des Kindes in Fuchsgestalt beschrieben und so für den Wissenden in der unsichtbaren Welt lokalisierbar. Er kühlt Seele und Bewußtsein des Kindes mit dem Handeln seiner eigenen Seele. Das Schreien löst sich auf.

Dort steht er
Der Fuchs
Dort auf dem Rücken seines Schwanzes
Dort sind die Streifen seiner Ohren
Dort an seiner Nase
Der Fuchs
Dort erhebt er sich
Da zieht das Schreien vorbei

Es krähen die Hähne
Da zieht er am Tage vorbei
Dort seine Hand
Dort sind die Ringe seiner Hand
Dort sind die Ringe seines Schwanzes
Dort sind die Streifen auf der Fläche seiner Hand
Dort erhebt er sich
Da schreit er
Der Fuchs
Dort erhebt er sich
Heiß ist der Rand seiner Hand
Da sind seine Ohren
Da sind die Löcher seiner Ohren
Das sind die Knochen seines Rückens
Das sind die Wirbel seines Rückens
Dort erhebt er sich
Da sind die Knochen seiner Brust
Dort erhebt er sich
Er schreit
Dort im Walde
Dort am Wegesrande
Dort in der alten Milpa
Da zieht er umher
Dort erhebt er sich
Das sind die Wirbel seines Rückens
Der Fuchs
Er schreit
Dort, dort zieht er umher
Am Rande des Waldes
Zieht er vorüber
Dort erhebt er sich
Am Wegesrand
Dann kehrte ich zurück und zauberte
Ich habe ihn kalt abgerieben
Ich habe ihn abkühlen lassen
Die Flächen seiner Hände

Dort erhebt er sich
Dort steht er
Der Rücken seiner Ohren
Dort steht er
Die Knochen seines Schwanzes
Dort steht er
Der Fuchs
Dort erhebt er sich
Das ist sein Schrei
Sehr heiß ist sein Bewußtsein
Ich habe es kalt abgerieben, sein schreiendes Bewußtsein
Dort erhebt er sich
Ich habe sein heißes Bewußtsein kalt abgerieben
Dort erhebt er sich
Dann kehrte ich zurück
Dann setzte ich mich und zauberte
Dort erhebt er sich
Ich habe es kalt abgerieben
Ich habe es zusammengerollt und weggeworfen
Dort erhebt er sich
Auf dem hohen Berg
Das ist sein Schrei
Da steht er
Im offenen Tal
Dort erhebt er sich
kanahan.

Auch die Symptome der Krankheiten des Nasenbären und des Waschbären äußern sich im nicht endenden Schreien des Kleinkindes. Dazu bekommt es aber noch einen klebrigen Hautausschlag. Wenn der Vater des Kindes durch den Wald streicht oder in seiner Milpa arbeitet und dabei einen Nasen- oder Waschbären sieht, setzt sich deren Krankheit unsichtbar in seinem Gewand fest. Kehrt er zurück zu seinem Haus und zu seiner Familie, verläßt die Krankheit sein Gewand, kriecht in den Säugling und breitet sich in ihm aus. Die Seele des Säuglings nimmt die Gestalt des Bären an und irrt schreiend durch die unsichtbare Welt. Da die Schnauze und die Sohlen des Bären durch seine Nahrung klebrig sind, manifestiert sich diese Eigenschaft im Körper des Kleinkindes und bricht als klebriger Ausschlag auf der zarten Haut der Hände und Ärmchen hervor. Auch diese Kinderkrankheit kann mit einem Zauberspruch behandelt und geheilt werden. Mit dem Rezitieren des Spruches schickt der Wissende seine eigene Seele in die unsichtbare Welt, um die waschbärengestaltige Seele des Säuglings zu finden, zu ergreifen und von ihrer Klebrigkeit zu befreien.

kanahan
Schwänzelnd zieht er vorbei
Der Waschbär, das Nachttier
Dort erhebt er sich
Dann zog er vorbei
In der Richtung zum Wasser
Da zieht er vorbei
In der Richtung zum Wasser
Dort erhebt er sich
Dort zog er vorbei
Dort am Ufer des Sees
Krabben frißt er
Flußschnecken frißt er
Dort erhebt er sich
Da zieht er vorbei
Dann dort am Wasser
Am Ufer dort des Wassers
Da frißt er sie
Die Krebse
Da frißt er sie
Dort erhebt er sich
Die Krebse
Dort zieht er vorbei
Dort erhebt er sich
Ich habe ihn mit meinen Händen abgerieben

Dort die Ringe um seinen Schwanz
Dort die Fläche seiner Hände
Dort seine Nase
Das ist die Sohle seiner Füße
Dort am Ufer des Flusses
In der Richtung des Flusses
In der Richtung zum Wasser zieht er vorbei
Er frißt die Flußschnecken
Krabben frißt er
Er frißt Krabben
Da kehrte ich zurück und setzte mich
Dann sitze ich und reibe meine Hände mit Hagel ein
Es, das Kind, ist gesundet
Ich habe es kalt abgerieben
Es schreit
Es ist gesund
Das ist sein Herr
Das ist seine Mutter
Das ist sein Vater
Dort erhebt er sich
In der Richtung des Wassers
Dort am Anfang des Wassers
Dort am Anfang des Sees
In der Nacht
Der Waschbär, das Nachttier, geht
Dort erhebt er sich
Die Klebrigkeit seiner Füße
An der Sohle seiner Füße
Seiner Nase
Das sind die Ringe um seinen Schwanz
Das sind die Knochen seines Rückens
Das sind die Knochen seiner Hände
Die Knochen, die Klebrigkeit seiner Hände
Dort erhebt er sich
Dann kehrte ich zurück und setzte mich
Es ist der Beginn der Nacht

Da zieht er vorbei
Es ist Mitternacht
Da zieht er vorbei
Dort erhebt er sich
Dann kehrte ich zurück und setzte mich und zauberte
Es, das Kind, ist gesundet
Ich habe Hagel mit meinen Händen zerrieben
Die Glühwürmchen
Sie ziehen vorbei
Schwänzelnd zieht er vorbei
Es ist ein Männchen
Der Waschbär, das Nachttier
Dort zieht er vorbei
Krebse, er frißt sie
Krabben
Seeschnecken, er frißt sie
Flußschnecken
In der Richtung zum Wasser
Am Ufer dort des Wassers
Am Ufer dort des Flusses zieht er vorbei
In der Nacht
Mitten in der Nacht zieht er dort vorbei
Dort erhebt er sich
Dann kehrte ich zurück, sitze und zaubere
Es, das Kind, ist gesund, ich habe es abgekühlt
Ich habe Hagel in meinen Händen zerrieben
Ich habe sie, die Klebrigkeit, vernichtet
Ich habe mit meinen Händen Hagel auf seine Hände gerieben
Das sind die Knochen seiner Füße
Die Sohlen seiner Füße
Die Klebrigkeit seiner Füße
Dort erhebt er sich.

In der Selva Lacandona gibt es die schnellwüchsigen Kehlkopfbäume *(Cecrophia obtusa)*, die an Waldrändern, auf Lichtungen und alten Milpas der Sonne entgegenwachsen. Ihre Blätter gleichen denen der Kastanien und denen des Rizinusstrauches. Der dünne Stamm aber ist hohl wie ein Röhrenknochen und gekämmert wie eine Nautilusschale. Im Inneren der Kehlkopfbäume leben Ameisen. Die Ameisen krabbeln in gehetztem Treiben durch die Hohlräume des Stammes, deponieren ihre Nahrung, fressen Löcher in die Kammerwände, legen ihre Eier und brüten sie, geschützt vom Holz, aus. »Der Kehlkopfbaum hat seine Bewohner. Sie sind gut für ihn, aber ihre Seelen zerfressen die Beinknochen unserer Kinder«, sagen die Lakandonen. Bei ihren abenteuerlichen Reisen durch die unsichtbare Welt kommt es vor, daß die Beinknochen der Seele des Kindes in den Kehlkopfbaum geraten und von seinen Bewohnern, den Ameisen, angefressen werden. Dann schreit das Kind vor Schmerzen laut auf, und es muß mit einem Zauberspruch von den beißenden Seelen der Ameisen befreit werden.

Dort erheben sie sich
Dort erheben sie sich
Dann setzte ich mich
Ich habe sie geschnitten und geröstet
Die Blätter des Kehlkopfbaumes
Ich habe sie geschnitten und geröstet
Dann kehrte ich zurück und setzte mich
Ich habe die Knochen seiner Knie damit umwickelt
Die Knochen seiner Beine
Ich habe sie damit eingewickelt
Der Tabak
Das Mutterherz meines Tabaks
Ich habe es damit eingewickelt
Dort erheben sie sich
Der Rizinusstrauch
Dort erhebt er sich
Seine Ameisen kommen heraus
Ich habe sie geschnitten und geröstet
Ich habe sie aufgeröstet
Dann kehrte ich zurück und setzte mich

Ich habe es kalt abgerieben
Das Beißen
Ich habe ihren Saft, ihr Gift, gekocht
Ich habe ihn aufgeröstet
Ich habe das Blut seiner Knie geröstet
Dort erhebt es sich
Dann setzte ich mich
Die Nestameisen
Sie sind es, die beißen
Das Beißen der Stirnhornakazie
Da kamen sie heraus
Ich habe sie aufgeröstet
Ich habe das Beißen kalt abgerieben
Dann kehrte ich zurück und setzte mich
Die Grasbaumpalmen
Da kommen ihre Stacheln hervor
Da kommen ihre Bewohner, die Ameisen, hervor
Dort erheben sie sich
Da kehrte ich zurück und setzte mich
Ich habe das Beißen kalt abgerieben
Ich habe sie zwischen den Händen zerrollt
Ich habe sie aufgeröstet
Ich nahm gelöschten Kalk dazu
Ich habe sie zerschnitten, die da aus der Grasbaumpalme hervorkamen
Dann habe ich sie in der Lauge gekocht
Ich habe sie zwischen den Händen zerrieben
Ich habe ihr Beißen beendet
Ich habe es kalt abgerieben
Dorthin kehrte ich zurück und setzte mich
Sie sind es, die da beißen
Dort liegt flach das Bein
Dort liegt flach das Knie
Das essen sie
Ich habe ihr Beißen kalt abgerieben
Dann kehrte ich zurück und setzte mich

Das ist ihre Mutter
Das ist ihr Vater
Ich habe das Brennen abgekühlt
Dann mußte ich zurückkehren und mich setzen
Sehr wissen sie das Beißen
Dort erheben sie sich
Die Stierhornakazie
Der Kehlkopfbaum
Sie sind ihre Bewohner
Sie kommen aus der Spitze ihres Inneren hervor
Der Kehlkopfbaum
Das ist sein zarter Trieb
Dort erheben sie sich
Ich habe sie dort abgepflückt, dort, wo sie an der Spitze vorbeiziehen
Ich habe das Knie eingewickelt
Ich habe die Knochen des Beines eingewickelt
Ich habe sie kalt abgerieben
Die Knochen seines Rückens
Ich habe alles bedeckt
Mit dem Herzen meines Tabaks
Das ist sein Herz
Damit habe ich es eingewickelt
Ich habe es kalt abgerieben
Da trat die Sonne ein in die Unterwelt
Ich habe ihr Beißen beendet
Zu Ende ist ihr Fressen
Ich habe es kalt abgerieben
Da kehrte ich zurück und setzte mich
Der Kehlkopfbaum
Das sind seine Bewohner
Die Nestameisen
Sie sind es, die beißen
Dort erheben sie sich
Kalt habe ich sie abgerieben
Das ist ihr Herr

Dort erheben sie sich
Die *pahok*-Palme
Das sind ihre Bewohner
Da ist ihr Nest
Da sind ihre Blätter
Da ist das Blatt, das sich entfaltet
Ich habe es kalt abgerieben
Ich habe die zarten Blätter geschnitten
Mit den Blättern
Habe ich das Knie eingewickelt
Der Tabak
Die Nestameisen
Sie sind es
Kalt habe ich sie abgerieben
Ich habe sie aufgeröstet
Ich habe sie kalt abgerieben
Ich habe es eingewickelt
Dann kehrte ich zurück und setzte mich
kanahan
Das ist ihr Herr
Das ist ihre Herrin.

Der Zauberspruchrezitator legt in der unsichtbaren Welt dem Bein des Kindes bzw. dem Stamm des Kehlkopfbaumes ein Tabakblatt um. Der Tabak tötet die Ameisen, und das Kind wird wieder gesund. Wenn ein Kind am *Beißen im Bein* leidet und niemand den Zauberspruch zur Heilung dieser Krankheit kennt, kann man dem Kind auch ein frisches, aber aufgeröstetes Tabakblatt um das Bein wickeln. Die Essenzen des Tabaks vertreiben dann die sich durch die Knochen fressenden Seelen der Ameisen.
Die wohl gefährlichste Kinderkrankheit ist *das auf der Zunge Weißgepflanzte.* Diese oft tödlich verlaufende Krankheit entsteht an den Wurzeln der Zungen verschiedener Vögel, Fische und Reptilien. Wenn die Seele des Kindes in der unsichtbaren Welt mit diesen Tieren, das heißt mit ihren Seelen zusammen-

prallt, pflanzt sich die Krankheit, gegen die die Tiere selbst immun sind, in die Zungenwurzel des Kindes. Dort blüht sie als *Großes Feuer* auf und verleiht der empfindlichen Haut die kratzenden und stechenden Eigenschaften verschiedener Pflanzen. Von der Zungenwurzel aus breitet sich das *Weißgepflanzte* im gesamten Rachenraum und über die Lippen hin aus. Die Schleimhäute werden wund, die Haut bleich, Fieber lodert auf. Das Kind verweigert jegliche Nahrung und verfällt in einen halbbewußten Dämmerzustand. Wird es nicht mit einem Zauberspruch besprochen und mit den heilenden Säften der *kantsi*-Liane behandelt, stirbt es schon nach einigen Tagen. Das kranke Kind muß jeden Morgen und jeden Abend mit dem Spruch und immer von derselben Person besprochen werden – so lange, bis es wieder gesund ist. Der Wissende, der das Kind bespricht, darf in dieser Zeit keine Chilischoten, keine Zitrusfrüchte und kein Zuckerrohr essen, denn sonst würde er mit dem Spruch deren Seelen dem kranken Kind in den Hals zaubern und es so sicher töten.
Der Zauberspruch zur Heilung des *Weißgepflanzten auf der Zunge* ist der längste Zauberspruch der Lakandonen. Sein Text umfaßt 386 Zeilen und zählt 58 Tierarten und 16 Pflanzenarten der lakandonischen Lebenswelt auf. An diesem Text, den die meisten Lakandonen kennen, äußert sich ein Teil des profunden Wissens von der Tierwelt, das jeder Lakandone besitzt.

kanahan
Das Große Feuer
Im Loch der Hälse der Vögel
Dort hineingeworfen
An der Wurzel
Der Zunge der Vögel
Dort erhebt es sich
Weiß ist es gepflanzt
Es klettert den Baum hinauf
Den *hote'*-Baum
Es klettert den Baum hinauf

Den *hote'*-Baum
Der Rote rundblättrige Baum
Seine Röte
Den Kapokbaum
Klettert sie hinauf
Der Rote rundblättrige Baum
Seine Röte
Die Roten Epiphyten
Die wilden Agaven
Dort erhebt es sich
Das Große Feuer
Das Weißgepflanzte
Weiß ist es gepflanzt
An ihren Blättern
Dort erhebt es sich
Das Weißgepflanzte
Dort erhebt es sich
Die Vögel
Die Kleine Taube
Weiß ist es im Loch ihres Halses gepflanzt
Sie wirft es hinaus
Zur Wurzel der Zunge
Sie wirft es
Es ist dort an der Wurzel
Der Zunge
Sie wirft es hinaus
Weißgepflanztes
Es ist im Loch des Halses
Des jungen Papageien
Der alten Papageien
Des kleinen Papageien
Des Weißkopfpapageien
Das Weißgepflanzte
Dort ist es an der Wurzel ihrer Zungen
Sie werfen es
Kalt sei das Brennen

Sie werfen es
Die kleinen Papageien
Der Tukan
Der Aracari-Tukan
Sie sind in das Loch ihrer Hälse
Da hineingeworfen
Die Hagelkörner
Dort an der Wurzel
Dort an der Zunge
Dort erhebt es sich
Weißgepflanztes der Zunge
Das kleine Weißgepflanzte
Dort erhebt es sich
Dort an der Wurzel
Dort an der Zunge
Des Tukans
Des Grünen Tukans
Der kleinen Vögel
Dort erhebt es sich
Der Herr des Gesanges
Der Gelbschnabel-Hocko
Weißgepflanzt ist es in den Löchern ihrer Hälse
Da herausgeworfen
Die Weißbauchsardine
Die Weiße Forelle
Weißgepflanztes
Dort am Grunde des Wassers
Dort zieht es vorbei
Dort erhebt es sich
Die Weiße Forelle
Weißgepflanztes
Dort am Grunde des Wassers
Dorthin ist es geworfen
In das Loch ihrer Hälse
Ist es geworfen
Der Hagel kam dort herein

Die Hagelkörner
Der maiskorngroße Hagel
Dort hineingeworfen
Es ist im Loch des Halses
Der Weißbauchsardine
Des Weißen Lachses
Des *bayok*-Fisches
Des Krokodils
Weißgepflanztes
Dort an seinen Zähnen
Dort erhebt es sich
Dort an seinen Reißzähnen
Weißgepflanztes
Dort an den Zähnen des Krokodiles
Weißgepflanztes
Dort an der Wurzel der Zunge
Dort ist er hingeworfen
Der Hagel
Die Weißbauchsardine
Es ist im Loch ihres Halses
Die Weiße Forelle
Dort ist es hineingeworfen
Dort an die Wurzel der Zunge
Ist es geworfen
Die Echte Schildkröte
Die Gelbe Schildkröte
Die *let'*-Schildkröte
Die Rotaugenschildkröte
Die Schwanzschildkröte
Dort an der Wurzel
Ihrer Zungen
Der Tukan
Der Aracari-Tukan
Weißgepflanztes
Der Hauben-Hocko
Der *ch'el*-Vogel

Das Steißhuhn
Weißgepflanztes
Ist im Loch ihrer Hälse
Dort ist es hinausgeworfen
Ich habe ihn, den Zauber
Dann kehrte ich laufend zurück
Das Rote Zuckerrohr
Das sind seine Härchen
Das Kleine Zuckerrohr
Das Rote Zuckerrohr
Dort sind seine Härchen
Das Kleine Rote Zuckerrohr
Das Echte Zuckerrohr
Dort auf ihre Härchen
Habe ich ihn aufgelegt
Den Hagel
Darauf ist er geworfen
Dann ist das Brennen abgekühlt
Der Hagel
Die Hagelkörner
Das Rote Zuckerrohr
Das Kleine Zuckerrohr
Dort sind ihre Härchen
Dort auf ihre Härchen
Das Große Zuckerrohr
Das Rote Zuckerrohr
Dort auf ihre Härchen
Ich habe ihn, den Zauber
Dann kehrte ich laufend zurück
Darauf ist er geworfen
Dann ist das Brennen abgekühlt
Ihrer Härchen
Die des Roten Zuckerrohres
Die des Schilfrohres
Ihre Härchen
Dort erhebt es sich

Weißgepflanztes
Weiß ist es gepflanzt
Dort an der Wurzel der Zunge
Des Gelben Trogons
Des Gelbschnabel-Hockos
Der Taube
Des Weißknochentäubchens
Der Weißknochentaube
Weiß ist es gepflanzt
Der *pupuch'*-Vogel
Weiß ist es gepflanzt
Im Loch seines Halses
Der Quetzalvogel
Weiß ist es gepflanzt
Im Loch seines Halses
Lang ist der Schwanz
Des Quetzalvogels
Des Roten Trogons
Weiß gepflanzt ist es
Im Loch seines Halses
Dahin ist es geworfen
Dort an die Wurzel seiner Zunge
Der junge Tukan
Der alte Tukan
Der Gelbschnabel-Hocko
Der Ältere Bruder der Götter
Weiß ist es gepflanzt
Der Vogel der Ansiedlungen
Weiß ist es gepflanzt
Im Loch ihrer Hälse
Der *sensi'*-Vogel
Weiß ist es gepflanzt
Dort an der Wurzel seiner Zunge
Dahin ist es geworfen
Die Taube
Die Weißknochentaube

Das Weißknochentäubchen
Die Taube unsres Gelben Wassers
Weiß ist es gepflanzt
Dort im Loch ihrer Hälse
Dahin ist es geworfen
Dort an die Wurzel ihrer Zunge
Dort ist es hingeworfen
Dort an die Wurzel ihrer Zungen
Ist es geworfen
Der junge Gelbschnabel-Hocko
Der Tauben-Hocko
Der *ch'el*-Vogel
Das Steißhuhn
Der *ch'enäk*-Vogel
Weiß ist es gepflanzt
Dort an der Wurzel der Zunge
Weiß ist es gepflanzt
In das Loch ihrer Hälse
Ist er geworfen
Der Hagel
Er ist da hineingeworfen
Dort an die Wurzel
Dort an die Zunge
Er ist da hingeworfen
Dort an die Wurzel ihrer Zungen
Der *ch'enäk*-Vogel
Die Große Schwalbe
Die Greifvögel
Der Harpienadler
Weiß gepflanzt ist es im Loch ihrer Hälse
Weiß gepflanzt ist es an der Wurzel ihrer Zungen
Der Harpienadler
Die Kleine Taube
Die Taube unseres Gelben Wassers
Das Große Rebhuhn
Das Steißhuhn

Der *nokol*-Vogel
Weiß gepflanzt ist es
Im Loch ihrer Hälse
Dahin ist es geworfen
Dort an die Wurzel der Zunge
Da hineingeworfen
Ist der Hagel
Weiß ist es gepflanzt
Dort klettert es auf den Baum
Dort in die Blätter
Dort ist es Rot
Dort erhebt es sich
Die Große Taube
Der *pupuch'*-Vogel
Die Taube unseres Gelben Wassers
Weiß ist es gepflanzt
Dort im Loch ihrer Hälse
Dahinein ist es geworfen
Dort an die Wurzel ihrer Zungen
Der Gelbschnabel-Hocko
Der wilde Truthahn
Die Hühner
Weiß gepflanzt ist es im Loch ihrer Hälse
Das Rebhuhn
Der *nokol*-Vogel
Weiß gepflanzt ist es im Loch ihrer Hälse
Der Gelbschnabel-Hocko
Weiß gepflanzt ist es im Loch seines Halses
Der wilde Truthahn
Der Habicht der Nacht
Weiß gepflanzt ist es im Loch ihrer Hälse
Da hineingeworfen ist
Der Hagel
Abgekühlt ist es
Das Brennen
Das Fieber erhebt sich

Dann habe ich es gelöscht
Ich kehrte laufend zurück
Dahin habe ich ihn geworfen
Den Hagel
Weißgepflanztes
Wieder erhebt es sich
Dort an der Wurzel
Dort an der Zunge
Des Papageien
Des Tukans
Des Gelbschnabel-Hockos
Weiß ist es gepflanzt
Dort an der Wurzel ihrer Hälse
Die Geier
Die jungen Geier
Die alten Geier
Weiß gepflanzt ist es in den Löchern ihrer Hälse
Der Truthahn
Die Hühner
Weiß gepflanzt ist es in den Löchern ihrer Hälse
Dort erhebt es sich
Die Enten
Weiß gepflanzt ist es in den Löchern ihrer Hälse
Dahin geworfen ist er
Der Hagel
Der *hoho'*-Reiher
Weiß gepflanzt ist es in dem Loch seines Halses
Der *hoho'*-Reiher
Weiß ist es gepflanzt
Dort an der Wurzel seiner Zunge
Der Tukan
Dort an der Wurzel seiner Zunge
Der Große Pelikan
Weiß gepflanzt ist es in dem Loch seines Halses
Dahin geworfen ist er
Der Hagel

Dahin geworfen ist er
Dort an die Wurzel
Dort an die Zunge
Die Große Ente
Die Kleine Ente, der Pelikan
Der gestreifte Reiher
Weiß gepflanzt ist es in den Löchern ihrer Hälse
Die Eulen
Weiß gepflanzt ist es in den Löchern ihrer Hälse
Das Käuzchen
Weiß ist es gepflanzt
Dort an der Wurzel seiner Zunge
Dahin geworfen ist er
Der Hagel
Das kleine Weißgepflanzte
Dort an der Wurzel der Zunge
Des Gelbschnabel-Hockos
Des Pelikans
Des gestreiften Reihers
Weiß ist es gepflanzt
Dort an der Wurzel
Dort an der Zunge
Dahin geworfen ist er
Der Hagel
Dahin geworfen ist er
Dort an die Wurzel
Dort an die Zunge
Die Große Taube unseres Gelben Wassers
Die Weißknochentaube
Die *chuhkibil*-Taube
Weiß ist es gepflanzt
Dort an der Wurzel ihrer Zungen
Dahin ist es geworfen
Die Tauben
Weiß gepflanzt ist es in den Löchern ihrer Hälse
Dahin ist es geworfen

Dort an die Wurzel
Dort an die Zunge
Ich habe ihn, den Zauber
Dann kehrte ich laufend zurück
Dahin ist es geworfen
Die Kleine Ente
Der Vogel des Hohen Berges
Weiß gepflanzt ist es in den Löchern ihrer Hälse
Der kleine Jaguarvogel
Das Täubchen
Die Schwalbe
Die Große Schwalbe
Das Steißhuhn
Weiß gepflanzt ist es in den Löchern ihrer Hälse
Da ist er hineingeworfen
Der Hagel
Da ist er angekommen
Dort beim Brennen
Dann ist abgekühlt das Brennen
Des Weißgepflanzten
Des Großen Feuers
Weiß gepflanzt ist es in den Löchern ihrer Hälse
Der Rote rundblättrige Baum
Dort ist seine Röte
Die Roten Nabelbohnen
Die Roten Bohnen
Dort an ihrem Nabel
Die Schwarzen Bohnen
Dort an ihrer Färbung
Weißgepflanztes
Dort an der Wurzel
Dort an der Zunge
Die Papaya
Die Ananas
Die wilde Ananas
Weiß ist es gepflanzt

Einige der im Zauberspruch an das Weißgepflanzte angerufenen Vögel (Zeichnung eines Lakandonen).

Dort an der Wurzel der Zunge
Ist es hingeworfen
Der junge Papagei
Der Weißkopfpapagei
Weiß ist es gepflanzt
An der Wurzel der Zunge
Ich habe ihn, den Zauber
Weiß gepflanzt ist es im Loch des Halses
Da hineingeworfen
Abgekühlt ist es
Das Brennen
Der Hagel
Die Härchen an den Blättern des Zuckerrohres
kanahan
Weiß gepflanzt ist es
Dort an der Wurzel der Zunge
Ich habe ihn, den Zauber
kanahan.

In diesem Zauberspruch ist der Hagel, der zu Ende der Regenmonde gelegentlich auch in der Selva Lacandona fällt, der wichtigste Agent des Wissenden. Mit ihm kühlt und zerstört er die Krankheit im Hals des Kindes. Sie läßt von ihm ab und kehrt in die Hälse der Vögel zurück.

Blut, Stacheln, Gifte

Woher weiß die Biene im Bienenstock, wer die Königin ist? Der Indianer weiß es einfach.

DOUG BOYD
Rolling Thunder

Als Hachäkyum, unser Wahrer Herr, die Menschen aus Ton geformt hatte, erschuf er aus Versehen all die Tiere, die stechen, beißen und Blut saugen. Die giftigen Tiere des Waldes sind ein Nebenprodukt der Menschwerdung, ja, sie sind geradezu Teil des Menschen. Als sich Hachäkyum bei der Schöpfung die Tonrückstände auf seinen Händen abrieb, verwandelten sich die kleinen Röllchen und Klümpchen in Schlangen, Skorpione, Spinnen, Nesselraupen, Wespen, Zecken, Moskitos, Bremsen und Stechfliegen. Hachäkyum, der da sah, daß diese Geschöpfe für den Menschen nicht gut sind, akzeptierte mit aller göttlichen Toleranz sein Werk und sagte nur: »Gut, so ist es, aber es läßt sich nicht mehr ändern.« Die Schlangen, Skorpione, Spinnen und Nesselraupen flohen in den Wald, aber die Moskitos, Stechfliegen, Bremsen und Wespen fing Hachäkyum ein und sperrte sie in Kürbisflaschen ein. Dann rief er einen der ersten Echten Menschen, der *äh bab* hieß, zu sich. Der sollte die verschlossenen Kürbisflaschen in den hohen Norden tragen und im Land hinter dem Meer abstellen. Hachäkyum, Unser Wahrer Herr, sagte zu *äh bab,* er solle nicht die Deckel öffnen, was auch immer geschähe. Da zog *äh bab,* beladen mit den Kürbisflaschen, gen Norden durch den Wald. Bei jedem Schritt und Tritt summte und brummte, surrte und scharrte es in den dickbäuchigen Gefäßen. Zuerst wunderte sich *äh bab,* aber noch ehe er am Großen Meer angekommen war, war er so neugierig geworden, daß er die Deckel anhob, um das Geheimnis zu lüften. Wie ein Wirbelsturm kamen da all die stechenden Insekten aus den Flaschen gefegt und stürzten sich auf *äh bab.*

In eine schwirrende Wolke aus Flügeln, Stacheln und Saugrüsseln gehüllt, sprang er in ein Moor. Aber seine Haut war schon ganz zerstochen und zerzaust. Als er da im Schlamm saß, sah ihn Hachäkyum, Unser Wahrer Herr. Der sagte:
»So soll es nun für immer sein. Denn du hast nicht auf meine Worte gehört. Deine Haut bleibt schrumpelig, und du sollst für immer im Schlamm leben, denn jetzt gibt es Moskitos, Stechfliegen und Wespen für die Geschöpfe der Erde.«
Da verwandelte sich der Zerstochene in eine riesige Kröte *(Bufo marinus)*, die noch heute den Namen *äh bab* trägt. Weil jetzt der Wald, die Welt der Echten Menschen, voll mit stechenden, beißenden und blutsaugenden Wesen war, erschuf Hachäkyum, Unser Wahrer Herr, den Tabak für die Geschöpfe der Erde, damit sie sich mit seinem Rauch schützen können, und gab ihnen einige Zaubersprüche zur Heilung der Wunden dieser Tiere.
Die Urahnen der Lakandonen kannten Zaubersprüche zur Heilung von Schlangenbissen, Stechameisenstichen, Skorpionsstichen, Zeckenbissen, Wespen- und Hornissenstichen und Nesselsucht. Das Wissen um die ersten drei Zaubersprüche ist verlorengegangen, denn sie waren sehr gefährlich. Konnte man die Texte der Zaubersprüche nicht behalten, wurde man von den Tieren, deren Gift sie neutralisieren sollten, getötet*.
In der Selva Lacandona gibt es viele Zeckenarten, große dicke, kleine flache und winzig kleine rote, gelbe und schwarze. Sie alle leben vom Blut der Tiere, mögen aber am liebsten Menschenblut. Die kleinen Zecken der Gattung *Acarina* beißen nicht nur sehr schmerzhaft, das Gift ihrer Zähne läßt in den Gebissenen auch ein Fieber ausbrechen. Um diese Krankheit der kleinen Zecke zu heilen, rezitieren die Lakandonen einen Zauberspruch, bzw. sie *denken* ihn, wenn sie selbst gebissen worden sind. Wenn man durch den Wald geht und dabei diesen Spruch *denkt*, wird man von diesen giftigen Zecken in Ruhe gelassen.

* Siehe dazu *Rätsch*, 1985c: S. 96–98; die Tzotzil-Maya aus dem Hochland haben ein ähnliches Konzept (vgl. *Köhler* 1975). Siehe auch Anhang.

In dem Spruch wird die Zecke als *Münze* beschrieben, da ihre Schale (der Hinterleib) die Härte von Metall hat:

kanahan
Die Kleine Zecke
Dort erhebt sie sich
Das ist das Fleisch
Des Rehs
Dort auf seinem Fleisch
Dort erhebt sie sich
Die flache Münze
Die Kupfermünze
Die Kleine Zecke
Die flache Münze
Dort sind ihre Flecken
Dort auf ihrer Schale
Dort zieht sie vorbei
Dort spannt sie ihre Hängematte auf
Dort ist sie in ihrer Hängematte
Die Kupfermünze
Dort erhebt sie sich
Die Zecke
Dort zieht sie umher
Sie ist dort im trockenen Laub
Dort erhebt sie sich
Dort im Unterholz
Dort im Gestrüpp
Dort erhebt sie sich
Die Kleine Zecke
Dort erhebt sie sich
Das ist ihr Weg
Das ist das Fleisch
Des Fuchses
Des kleinen Fuchses
Des Rehes
Dort erhebt sie sich

Dort am Nacken
Des Rehes
Dort am Nacken
Das ist sein Fleisch
Dort am Fleisch des Tapirs
Dort ist sein Fleisch
Der Tapir
Dort ist das Fleisch
Des Jaguars
Des Opossums
Das ist ihr Fleisch
Darin bleibt sie
Am Wegesrand
Das ist das Fleisch
Dort erhebt sie sich
Die flache Münze
Die Kupfermünze
Die Schwarze Münze
Das ist ihre Schale
Dort bleibt sie
Am Wegesrand
Das ist der Otter
Das ist sein Fleisch
Das Reh
Das Pekari
Dort ist ihr Fleisch
Dort ist ihr Rücken
Dort erhebt sie sich
Dort auf ihren hohen Rücken
Dort an ihren Nacken
Dort an ihren Ohren
Der Hund
Das ist sein Fleisch
Der Hund
Der Jaguar
Der Fuchs

Das ist ihr Fleisch
Der Ozelot
Der Große Ozelot
Das Jaguarundi
Das ist ihr Fleisch
Dort an ihren Ohren erhebt sie sich
Das ist die Münze
Die flache Münze
Die Schwarze Münze
Die Kupfermünze
Dort erhebt sie sich
Dort ist der Saft des Tabaks
Des Weißen Tabaks
Ich habe ihn darauf gepustet
Dort erhebt sie sich
Dort ist der Saft der Zähne
Der Zecke
Die kleine flache Münze
Ich habe darauf gepustet
Der Weiße Tabak
Dann ist es gesundet
Dann kehrte ich zurück
Dann setzte ich mich hin
Dann ist gesundet der Biß der Zecke
Dann ist gesundet ihr Jucken
Dort erhebt sich ihr Biß
Das ist das Fleisch
Des Tapirs
Der Weißköpfige Tapir
Das ist sein Fleisch
Dort erhebt sie sich
Der junge Jaguar
Das ist sein Fleisch
Das Reh
Das Pekari
Das ist ihr Fleisch

Dort auf ihrem Rücken erhebt sie sich
Der kleine Fuchs
Der Waschbär, das Nachttier
Das ist sein Rücken
Dort erhebt sie sich
Dort auf seinem Rücken
Dann erhebt sie sich
Der Weißköpfige Tapir
Der kleine Hund
Sie erheben sich
Auf ihren Rücken
Die Zecken
Die flache Münze
Das Kleine, das fast ist wie eine Münze
Die Schwarze Münze
Dann erhebt sie sich
Schnell kehrte ich zurück und habe es abgekühlt
Der Saft des Tabaks
Mit Hagel zerrieben
Dann ist es gesundet
Das ist das Gift der Zähne der Zecke
Ich habe ihn, den Zauber
Dann setzte ich mich hin
Ich habe es beendet
Das Gift ihrer Zähne
Die flache Münze
Die Silbermünze
Ich habe ihn, den Zauber
kanahan.

Die in diesen *Worten an die Zecke* genannten Tiere sind immun gegen die Krankheit. Durch den Zauberspruch wird die Seele des Kranken in die Gestalten der genannten Tiere verwandelt und bekommt dadurch deren Eigenschaften. So wird sie immun gegen die Krankheit der Zecke und damit auch der Körper des Kranken.

Wenn ein Stück Wald für eine neue Milpa gerodet, Palmenwedel zum Dachdecken geschnitten oder ein neuer Pfad durchs Unterholz geschlagen wird, kommt es immer wieder zu sehr unangenehmen Begegnungen mit den stechenden Tieren des Waldes. Versteckt unter den breiten Heliconiablättern, zwischen Astgabeln und in den Palmenwedeln hängen die Papiernester der Wespen und Hornissen. Werden sie vom schnellen Schlag eines Buschmessers getroffen, brechen die wütenden Wespen daraus hervor und stürzen sich mit steilen Stacheln auf den Arbeiter. Der kann sich freuen, wenn er mit einigen Schwellungen davonkommt, denn mehrere Stiche der *hupchaak'*-Hornissen können einen Menschen töten. Der Arbeiter kann sich allerdings vor den Wespen und Hornissen schützen, wenn er die *Worte an die Wespen*, ein Zauberlied, *denkt*. Mit dem Lied ruft er Hilfsgeister, die Seelen wespenfressender Vögel und Ameisen, aus der unsichtbaren Welt herbei, schickt sie zu den versteckten Wespennestern, damit sie die Nester zerstören. Außerdem sendet er die unsichtbaren Essenzen seiner Zigarre mit einem magischen Wind in den Bau, um den Wespenschwarm daraus zu vertreiben.

Denn die *ts'elem*-Wespen
Da hängt ihr, *ts'elem*-Wespen, euer Nest
Dort an den Blättern der Stachelpalme hängt ihr
Dann hebt er an
Der Wind des Südhimmels
ts'elem-Wespen
Hier setze ich mich hin
Dann habe ich den Rauch meiner Zigarre ausgeblasen
Dann kam der Rauch meiner Zigarre an
Es verströmt der Rauch meiner Zigarre
ts'eh ts'elem-Wespen
Hier sind die *hupchaak'*-Hornissen
Dann habe ich mich wieder hingesetzt
Ich habe die Augen des *pits'k'al'ooxil*-Vogels
Die des Gelben Trogons

Das ist mein kleiner Kopf
Das ist die Fläche meiner Hand
Gelber Trogon
Kleiner Trogon
pits'k'al'ooxil-Vogel
Sie bewegen sich
So rufe ich sie herbei, daß sie zerstören euer Haus
ts'elem-Wespen
Sie zerstören euer Haus
Dort an den Blättern der Heliconiapflanze
Dort unter den Blättern der kleinen Sträucher
Da an der *oochil*-Liane hängt ihr, *ts'elem*-Wespen
Die Großen *ts'elem*-Wespen
Dann habe ich den Saft, das Gift eurer Stacheln vernichtet
Dann spürt ihr, wie der Saft meines Tabaks verströmt
Ich habe alles herausgeworfen
Der Wind des Südhimmels
Die Kleinen Roten Ameisen
Alle herbeigerufen, zerstören sie euer Haus
Sie zerschlagen euren Bau
Sie haben euer Haus ganz zerschlagen
Alle herbeigerufen, zerstören sie euer Haus, ihr *ts'elem*-Wespen
Sie zerschlagen alles, sie werfen alles hoch
Kommt heraus und seht es
Rot ergießt sich der Himmel
Über dem Berg, *ts'elem*-Wespen
Ihr sagt: »Uns ruft unser Herr zusammen
Sie haben uns ganz zerrissen
Wir gehen, hier bleiben wir nicht, es ist nicht gut!«
Die großen Wanderameisen klettern auf euer Haus
Wieviel Honig habt ihr in eurem Bau?
Alles haben sie zerschlagen
Ganz zerstört euer Haus
Die Großen Wanderameisen
Die Kleinen Roten Wanderameisen klettern hoch
Sie kommen zu eurem Haus, *ts'elem*-Wespen

Die langen *hupchaak'*-Hornissen
Sie sind es, die gerufen wurden
Sie schlagen euch die Köpfe ab
Gelbe, gelbe Wespen
Da liegt euer Bett
Am Blatt der Weißen Heliconia
Am Blatt der *xiw*-Pflanze
Dort unter den Bäumen hängt ihr
Den Honig in eurem Haus an den Armen der Bäume
Da habt ihr euren Bau zusammengetragen
Da habt ihr ihn hingebracht
Da hängt ihr, der Honig eures Hauses
Ganz zerstört ist euer Haus, ihr *ts'elem*-Wespen
hupchaak'-Hornissen
Da hängt ihr
Dann setzte ich mich dahin und sehe euch
Ihr wißt nicht, daß ich eure Mutter bin
Daß ich euer Vater bin
Ich rufe euch zusammen
Dort beim Blatt der Stachelpalme
Dort unter dem Unterholz
Dort hängt ihr
Unter dem niedrigen Unterholz
Da hängt ihr, *ts'elem*-Wespen
Dann riecht ihr den Duft, der von meinem Tabak verströmt
Kalt sei das Brennen eurer Stacheln
Nicht richtet ihr eure Messer auf
Nicht richtet ihr eure Pfeile auf
Nichts, ganz ausgelöscht habt ihr euer Bewußtsein
Ganz ist es verlöscht
Nicht denkt ihr, daß ihr mich stecht, *ts'elem*-Wespen
Nicht, nicht stecht ihr
hupchaak'-Hornissen
Kleiner Gelber Trogon
Großer Trogon
Großer *takay*-Vogel

Sie haben euer Haus zerschlagen
hupchaak'-Hornissen
Der Gelbe Trogon
Der *pits'k'al'ooxil*-Vogel
Die Großen Wanderameisen klettern hoch
Das Rote Papageienvögelchen
Der *pits'k'al'ooxil*-Vogel
Sie haben euren Bau ganz zerschlagen
Das ist mein Gewand
Das habe ich angezogen
Hier sitze ich, euer Herr
Hier habe ich mich hingesetzt
Dann seht ihr die Hohen Berge
So ziehet weit fort, damit ich nicht zurückkommen muß
Dort hinter euren Rücken, *ts'elem*-Wespen
Es verschwinden eure Stacheln, *ts'elem*-Wespen
Nicht erheben sie sich
Der Wind des Südhimmels
Hat sie abgekühlt
Er trat herein, um euer Haus zu zerstören
Ich habe sie alle zusammengerufen, dort unter eurem Haus
Dort unter eurem Bau
Alle Kleinen Wanderameisen kamen herbei
Sie haben euch alle zerrissen, *ts'elem*-Wespen
hupchaak'-Hornissen, *ts'elem*-Wespen
Dann setzte ich mich und habe euer Haus abgekühlt
ts'elem-Wespen.

Dieses Zauberlied wird auch rezitiert, wenn jemand an den Folgen eines Stiches der *ts'elem*-Wespen oder *hupchaak'*-Hornissen leidet. Dann wird das Gift im Körper der Gestochenen von den Essenzen des Tabaks neutralisiert.

Zu Beginn der Regenmonde schlüpfen viele Raupen aus den kurz zuvor an den Blättern des Dschungeldaches und Unterholzes abgelegten Schmetterlingseiern. Überall winden und kriechen die buntgesprenkelten oder einfarbigen, langen schlanken oder kurzen gedrungenen, behaarten oder glatten Raupen durchs Gebüsch, fressen sich an den Blättern satt und warten auf ihre Metamorphose. Vor manchen Raupen fürchten sich die Lakandonen; so vor den krankheitsbringenden Süßkartoffelraupen und den *äh chub* genannten langbehaarten Raupen der *Megalopyge*-Nachtfalter. Die Lakandonen unterscheiden zwischen der Roten *chub*-Raupe *(Megalopyge lanata)*, die auch Hirsch-*chub*-Raupe genannt wird, und der Weißen-Pekari-Raupe. Beide Raupen sind in weiße oder rötliche Haare, *wie in Baumwolle*, gehüllt. Darin versteckt, lauern giftschwere schwarze Stacheln, die sich bei der geringsten Berührung sofort tief in die Haut bohren*. Dringt das Gift des Stachels in die Haut, *wandert* ein stechender Schmerz in das Herz des Menschen, so daß ihm die Luft wegbleibt und er gepeinigt aufschreit. Es ist, als fräße sich ein glühendes Feuer in das Fleisch und flösse ein Brennen durch das Blut. Der manchmal bis zu einem Monat andauernde Schmerz kann mit einem Zauberspruch gelindert und geheilt werden:

kanahan
Die *chub*-Baumwolle
Die Weiße Baumwolle
Dort erhebt sie sich
Die weiße Baumwolle
Dort bei ihrer Speise
Dort hängt sie
An der Weißen Heliconia
Dort an ihrem Blatt
Dort erhebt sie sich
Die weiße Heliconia
Die Stachelpalme
Die sind ihre Speise

* »Berührungen mit diesen Raupen führen zu Taubheitsgefühlen, Krämpfen, Kopfschmerzen und Fieber. Das betroffene Körperglied, meist die Hand, schwillt bis zur doppelten Größe an. ... Die Symptome dauern 7–15 Tage, während die brennenden Schmerzen meist schon nach 24–48 Stunden verschwinden.« (*von der Dunk*, 1983: S. 58)

Die Weiße Baumwolle
Die *chub*-Baumwolle
Die Rote Baumwolle
Ihre Röte
Ihre Stacheln
Der Saft des Tabaks
Ich habe ihn aufgetragen
Die Hagelkörner
Auf meine Hand
Das ist die Dicke
Der Haut meiner Hand
Dann setzte ich mich und zerpflücke sie
Die Nesseln
Sie werden zerpflückt
Dort an ihrem Kopf
Ich habe sie ganz zerpflückt
Die *chub*-Baumwolle
Die Weiße Baumwolle
Die Rote Baumwolle
Es kühlt sich ihr Brennen
Das Gift ihrer Stacheln
Dort erhebt sie sich
Dann ist die Kraft gefallen
Denn ich habe ihn, den Zauber
Laufend kehrte ich zurück
Dorthin, wo sie hängen
Dort an ihre Speise
Dem *puhan*-Baum
Der Echte kleine *puhan*-Baum
Der Große *puhan*-Baum
Dort bei ihrer Speise
Dem Brotnußbaum
Dort bei ihrer Speise
Der Weißen Heliconia
Dort am Blatt des Zuckerrohres
Das Rote Zuckerrohr

Das Echte kleine Zuckerrohr
Das Streifen-Zuckerrohr
Dort bei ihrer Speise
Dort hängt sie
Dort erhebt sie sich
Die Weiße Baumwolle
Die *chub*-Baumwolle
Dort erhebt sie sich
Abgekühlt sei dort
Das Brennen
Dann setzte ich mich und habe es abgekühlt
Die Hagelkörner
Dann habe ich sie aufgelegt
Auf den Rücken
Dann habe ich ihn darauf zerrieben
Der Saft des Tabaks
Aufgerieben
Der Weiße Tabak
Dann ist es gesundet
Die Weiße Baumwolle
Die Hagelkörner
Das ist das Leder meiner Hand
Das Leder des Pacas
Dort auf der Sohle des Fußes
Das Paca
Das Kleine Paca
Das Rote Paca
Das kleine Echte Paca
Das Eichhörnchen
Das ist die Fläche meiner Hand
Der große *takay*-Vogel
Das ist meine Hand
Da sind meine Hände
Ich habe sie vernichtet
Ich habe sie ganz zerrupft
Dann habe ich sie angefaßt

Die *chub*-Baumwolle
Die Weiße Baumwolle
Abgekühlt sei es
Dort am *xiw*-Blatt
Ist sie im Unterholz
Dort im Wald
Dort zieht sie vorbei
Dort ist sie im Gestrüpp
An den Armen der großen Bäume
Dort hängt sie
Die *chub*-Baumwolle
Ich habe es abgekühlt
Das Brennen, dann kehrte ich laufend zurück
Die *chub*-Baumwolle
Die weiße Baumwolle
Die erhebt sich
Dort sind ihre Nesseln
Das sind ihre Stacheln
Ich habe sie mit Hagel zerrieben
Die Hagelkörner
Mit Hagel seien sie zerrieben
Dann ist es gewaschen
Denn ich, ich habe ihn, den Zauber
Dann erheben sie sich
Die *chub*-Baumwolle
Die Hirsch-*chub*-Raupe
Abgekühlt sei es
Die Härte ihrer Stacheln
Ich habe sie vernichtet
Die Stacheln der Grasbaumpalme
Dort an der Grasbaumpalme
Dort am Blatt der *pahok*-Palme
Das ist ihre Lieblingsspeise
Dort erhebt sie sich, dort bei ihrer Lieblingsspeise
Die kleine Rote *pahok*-Palme
Die gefächerte *pahok*-Palme

Dort bei ihrer Lieblingsspeise ist sie
Die *chub*-Baumwolle
Die kleine Rote Baumwolle
Das ist ihre Röte
Die Rote Baumwolle
Dort bei ihrer Speise
Dort erhebt sie sich
Die Rote *pahok*-Palme
Die Kletterpalme
Die *t'om*-Schattenpalme
Dort an ihren Blättern erhebt sie sich
kanahan.

Die Stiche der *chub*-Raupe verheilen nur sehr langsam und hinterlassen Narben auf der Haut. Zur Unterstützung und Beschleunigung des Heilungsprozesses kann man aus dem Darminhalt der *Weißen-Pekari-Raupe*, der *Weißen Baumwolle*, eine Medizin gewinnen und auf die Wunde auflegen. Dazu muß man eine Raupe finden, ihr die Haare auszupfen und die Stacheln herausziehen. Um die Raupe unbeschadet berühren zu können, muß man die Worte an sie, den Zauberspruch, *denken.* Dadurch wird man immun gegen ihr Gift.

Der alte Chan K'in Ma'ax und sein Sohn blicken traurig über die Viehweiden und abgeholzten Flächen. Das Ende der Welt kündigt sich an.

Das bunte Gefieder eines Tukanvogelbalges flechten sich die Frauen als Schmuck in ihre Zöpfe.
Mit ihren kleinkalibrigen Gewehren können die Lakandonen auch Vögel in den höchsten Baumkronen treffen. Der erfolgreiche Jäger hält stolz seine Beute – einen Tukan.

Linke Seite: Nur noch wenige Männer können – so wie dieser – mit dem traditionellen Jagdbogen umgehen.

Rechte Seite: Blick auf den Rand des Regenwaldes. In der Bildmitte der schon den alten Maya heilige Kapokbaum. Den Stamm dieses Baumes betrachten die Lakandonen als eine Art ›Fahrstuhl‹, der die Seelen bestimmter Opferspeisen in den Himmel befördert.

Rechts: Der mit der wohlriechenden Liane yuyul holop bewachsene Stamm eines Urwaldriesen.

Oben: Den dichten Bewuchs in den Ästen der Bäume nennen die Lakandonen u tsuk che', Schnurrbart des Baumes.

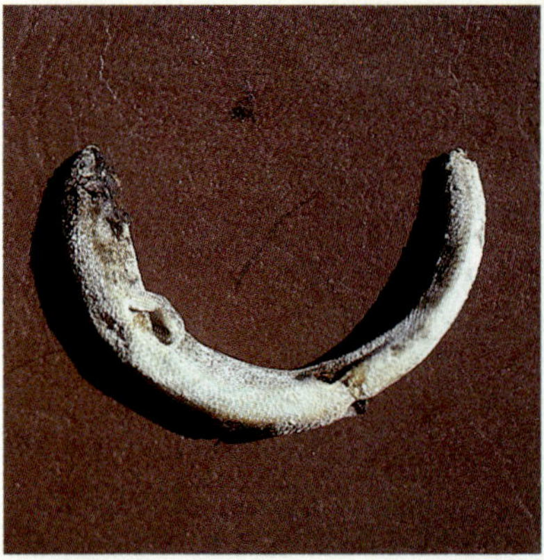

Links: Äh yuyulkisin, der ›glatte Geist‹. Dem Menschen, der diese Eidechsenart betrachtet, schlüpft die Seele des Tieres in den Magen, wo sie sich festbeißt und einen blutigen Durchfall verursacht. Um sich davor zu schützen, muß man das Tier mit gelöschtem Kalk im Feuer verbrennen.
Rechts: Fassadenausschnitt des Templo del Muerte in Palenque. Dieser Tempel ist das alte Haus des Herrn des Todes.

Links: Mit der Spindel, die jedes Mädchen bei der Initiation erhält, wird der Baumwollfaden, der einen Kranken vor den ungestümen Seelen der ungeborenen Kinder schützen soll, hergestellt.
Oben: Frauen bei der Ernte des ersten Tabaks, der, zu Zigarren gerollt, den Göttern dargeboten wird.

Oben: Holzfäller, Viehzüchter und Siedler haben bereits große Flächen des Regenwaldes in verbrannte Erde verwandelt.
Rechts: Ein Holzfäller zerlegt das frische Holz eines Mahagonibaumes.

Das Fleisch zum Fleische
Das Bein zum Beine
Das Blut zum Blute
Das Wasser zum Wasser
Heilig, Heilig, Heilig . . .

Aus einem estnischen Zauberspruch

Wenn die Götter des Himmels eines Sternes überdrüssig geworden sind, lassen sie ihn fallen. Der Stern hinterläßt am Nachthimmel eine Leuchtspur, die wir Menschen sehen können. Dort, wo der fallende Stern einschlägt, flammt die Erde auf und zerschmilzt zu Edelsteinperlen, die durch die Luft spritzen. Wenn die Erde im Einschlagloch verbrannt ist und sich die züngelnden Flammen gelegt haben, füllt sich der Krater mit Wasser. Ein kleiner Teich ist entstanden. Der gefallene Stern verwandelt sich in dem Wasser in ein Krokodil. Dieses Krokodil, durch den Prozeß der Wandlung entstanden, ist die Verwirklichung einer Abkühlung. Es hat die Qualität *kalt*. In einem Zauberspruch angerufen, leitet es eine Kühlung ein. Wenn sich ein Mensch am Feuer verbrannt hat, kann seine Verbrennung mit dem Zauberspruch geheilt werden. Mit den *Worten an das Feuer* wird die abkühlende Eigenschaft des aus dem fallenden Stern entstandenen Krokodils auf die Seele des Verbrannten übertragen. Die Verbrennung kühlt ab wie die verloschene Asche eines Feuers. Die in dem Zauberspruch beschriebenen Exkremente werden als kalte Produkte mit kühlenden Eigenschaften betrachtet. In diesem Spruch ist die Wahl der Worte sehr ausgefeilt. Es kommen drei fast homophone Worte mit verschiedenen Bedeutungen, aber derselben Qualität vor:

ta' – »Scheiße«
ta'an – »Asche/gelöschter Kalk«
taan – »Bauch«

Alle drei Objekte haben die Qualität *kalt*, die Eigenschaft *weiß* (als Gegenteil von dem Rot der durch die Verbrennung geröteten Haut) und die im Spruch angerufene kühlende Wirkung auf die Verbrennungen:

Dort steht es
Dort erhebt es sich
Das Krokodil
Seine Scheiße
Das Krokodil
Sein Weißer Bauch
Dort steht es
Das Krokodil
Dort erhebt es sich
Der weiße Bauch des Krokodils
Die harte Scheiße des Krokodils
Sie hat gekühlt das Brennen
Die Asche
Dort steht sie
Dort erhebt sie sich
Die Asche
Das Krokodil
Dort erhebt es sich
Dann setzte ich mich und zauberte
Ich habe das Brennen abgekühlt
Dort erhebt es sich
Dann kehrte ich zurück und setzte mich
Der weiße Bauch des Krokodils
Dort erhebt es sich
Dann habe ich ihm meine Härte gegeben
Ich habe das Brennen abgekühlt
Das Feuer
Dort erhebt es sich
Ich habe es abgekühlt
Die weiße Hundescheiße
Dort erhebt es sich

Das Krokodil
Dort erhebt es sich
Die Asche
Das Feuer
Habe ich ausgelöscht
Die weiße Asche des Feuers
Dort erhebt sie sich
Dann steht es auf
Ich habe es kalt abgerieben
Gekühlt sei sein Brennen
Die Zähne des Krokodils
Der Speichel des Krokodils
Dort erhebt es sich
Abgekühlt ist es
Seine weiße Scheiße
Seine harte Scheiße
Dort die Asche des Feuers
Seine weiße Asche
Die des Weißen Kaugummibaumes
Dort erhebt sie sich
Die Asche
Die Asche des *bämbäx*-Baumes
Ich habe das Brennen gekühlt
Ich habe es mit Hagel zerrieben
Dort erhebt es sich
Ich habe Wasser gegeben
Dann setzte ich mich hin und löschte es
Damit sei sein Ende gekommen
Damit sei das Brennen beendet
Nicht soll es sich erheben
Ich habe es kalt abgerieben
Das Krokodil
Dort erhebt es sich
Das ist der Anfang seines Schwanzes
Das Krokodil
Das sind die Wirbel seines Rückens

Die Asche des Feuers
Dort erhebt es sich.

Dieser Zauberspruch dient nicht nur der Heilung von leichten und schweren Verbrennungen, er kann auch vor solchen schützen, wenn man ihn *denkt*, während man mit Feuer hantiert. Blutstropfen im Haus sind ein sehr schlechtes Vorzeichen. Verwundung oder sogar Tod kündigt sich durch sie an, besonders dann, wenn ihr Ursprung dunkel bleibt. Blut ist die Nahrung der Seele. Verliert man Blut, muß die Seele hungern. Da sie ihr Körper nicht mehr nährt, verläßt sie ihn, schweift nach Nahrung suchend durch die unsichtbare Welt und bringt dadurch das System Mensch in einen chaotischen Zustand. »Das Blut lebt«, sagen die Lakandonen, denn es trägt die Lebenskraft des Menschen durch seine Adern. Verläßt das Blut seinen Körper, verliert er seine Lebenskraft, wird fahl und bleich, vertrocknet und stirbt ab. Die Lakandonen benutzen einen Zauberspruch, um bei einer Verwundung den Blutfluß zu stillen und die Wunde wieder zu schließen. Der Zauberspruch wirkt auf die unsichtbare Welt ein, verwandelt die Seele des Verwundeten in Pflanzen, deren Säfte – ihr Blut – bei einer Verletzung der Haut bzw. Rinde zwar hervorquillen, sich aber sofort verdicken und so die Wunde verstopfen. Der Blutfluß ist gestillt. Nun werden die Hilfsgeister, die Seelen verschiedener Bienenarten, herbeigerufen, um mit ihrem Wachs die Wunde zu verschmieren. Wenn man verwundet ist, sich etwa bei der Feldarbeit mit dem Buschmesser ins Bein geschlagen hat, muß man sich, so schnell es geht, von einem Wissenden dreimal bepusten und bespucken und zweimal mit dem Zauberspruch besprechen lassen. Ist niemand, der von den Dingen weiß, in der Nähe, kann man seine eigne Wunde dreimal bepusten und den Spruch so lange *denken,* bis das Blut gestillt ist. Der Spruch ist aber am wirkungsvollsten, wenn er von einem gesunden Menschen, dessen Lebenskraft nicht mit dem verströmenden Blut dahinschwindet, rezitiert wird.

kanahan
Dann setze ich mich hin
Sie ist zerschnitten
Die Weiße Liane
Sie ist zerschnitten
Die Weiße Liane
Sie ist zerschnitten
Dann setzte ich mich hin
Er quillt heraus und erstarrt
Der Saft
Dort erhebt er sich
Der Weiße Kaugummibaum
Der *ot'*-Kaugummibaum
Ihre Säfte
Sie quillen heraus und erstarren
Der Saft des Brotnußbaumes
Die Mörderfeige
Die Kleine Mörderfeige
Die Echte Mörderfeige
Das ist ihr Saft
Schnell erhebt er sich
Quillt heraus und erstarrt
Es kommt der Saft
Des Brotnußbaumes
Der Echten Mörderfeige
Der Großen Mörderfeige
Ihre Säfte
Dort erheben sie sich
Dann kehrte ich zurück und setzte mich
Dann ist es vorbei
Dann habe ich es zugeschmiert
Alles erhebt sich
Die Kleine Mörderfeige
Die Große Mörderfeige
Der Brotnußbaum
Der Kautschuk

Er ist es, der da herausquillt und erstarrt
Der dicke Kautschuksaft
Dort sein Saft ist es
Der dicke Kautschuksaft
Dort ist er herausgepreßt
Aus dem Loch
Dort ist er herausgepreßt
Aus dem Loch
Dann setzte ich mich
Die *ta'ak'*-Pflanze
Sie kommt
Ihr zarter Trieb
Die weiße Heliconia
Die weiße Heliconia
Das Herz der *ch'ib*-Palme
Die *pakyon*-Palme
Die kleine *ch'ib*-Palme
Die *holop*-Liane
Die Pfefferpflanze
Ihr zarter Trieb
Er ist es, der da kommt
Die Pfefferpflanze
Die Rote *pahok*-Palme
Die Gefächerte *pahok*-Palme
Die Echte *pahok*-Palme
Die Grasbaumpalme
Sie sind es, die da kommen
Es ist zerschnitten
Sie sind es, die da kommen
Ihre zarten Triebe
Die Rote *pahok*-Palme
Die Gefächerte *pahok*-Palme
Sie sind es, die da kommen
Die Spitze der *hach'om*-Pflanze
Die Kleine *hach'om*-Pflanze
Sie sind es, die da kommen

Die Weiße Heliconia
Sie sind es, die da kommen
Das sind ihre zarten Triebe
Dann setzte ich mich hin
Die Agave
Die *ta'ak'*-Pflanze
Die *ta'ak'*-Pflanzen
Sie sind es, die da kommen
Die *ts'oy*-Liane
Sie ist es, die da kommt
Das ist ihr Seil
Die *ts'oy*-Liane
Da erhebt sich ihr Saft
Dann kehrte ich zurück
Dann setzte ich mich
Ich habe es zugeschmiert
Die Kleinen Bienen
Die *k'änit*-Bienen
Die *chi'*-Bienen
Sie sind es, die es zuschmieren
Vorbei sei es!
Ganz zugeschmiert
Vorbei sei es!
Sie sind es, die es zuschmieren
Alles sei zugeschmiert
Dort die Verschmierung
Die Großen ockerfarbenen *boboh*-Bienen
Sie sind es, die es zuschmieren
Sie sind es, die *ts'elem*-Bienen, die *k'änit*-Bienen
Die es da zuschmieren
Die *k'oho'*-Bienen
Die *yus*-Bienen
Sie sind es, die es zuschmieren
Die *chi'*-Bienen
Die Baumhöhlenbienen
Sie sind es, die es zuschmieren

Sie sind es, die es dort zugeschmiert haben
Es ist vorbeigezogen, vorbei sei es!
Sie ist zerschnitten
Die Weiße Liane
Ey, *kanahan*.

Wie über das Medium der unsichtbaren Welt selbst eine tiefe Wunde geheilt werden kann, so drohen der Verletzung doch auch Gefahren aus der Welt der Seelen. Wenn man sich schwer verwundet hat und mit dem Zauberspruch zum Blutstillen besprochen wurde, darf man bis zur völligen Verheilung der Wunde kein Fleisch von Wildschweinen, Pekaris, Gürteltieren, Riesennagetieren oder Fischen essen. Tut man es dennoch, so kommen die Seelen der Tiere aus der unsichtbaren Welt, um ihren Körper, das heißt die Reste ihrer Körper, zu suchen. Treffen sie dabei auf eine Wunde, rammen sie dort ihre langen Zähne oder scharfen Krallen hinein, damit das Blut wieder zu sprudeln beginnt. An der Lebenskraft des Menschenblutes laben sich dann die Seelen der verspeisten Tiere.
Der Zauberspruch zum Blutstillen hat einen *Bruder*, der *pak'-bak*, »das Knochenzusammenkleben«, heißt. Bei einem Knochenbruch kann mit ihm der gebrochene oder gespaltene Knochen über das Medium der unsichtbaren Welt wieder geleimt werden. Der gebrochene Knochen wird in schnell wachsende Pflanzen, deren Herzen Träger ihrer Lebenskraft sind, verwandelt. So, wie im Palmenherzen schnell neues Gewebe entsteht, wächst auch der Knochen wieder zusammen. Das Knochenmark ist der zarte Trieb der Pflanzen. Das harte Knochenbein ist die feste, aber elastische äußere Verholzung der Palmen. Das rasche und heilende Pflanzenwachstum überträgt sich auf den an einem Knochenbruch leidenden Menschen. Wieder ist es der Regenwald, der die Funktion eines Heilers übernimmt.

Die Weiße Heliconia
Dort steht sie
Die Weiße Heliconia

Die Schattenpalme
Das sind ihre zarten Triebe
Die Hände der *ch'ib*-Palme
Die *ch'ib*-Palme
Die *pakyon*-Palme
Das sind ihre zarten Triebe
Die Schattenpalme
Die Weiße Rundblatt-Heliconia
Das sind ihre Herzen
Der Mais
Das sind seine Luftwurzeln
Sie erheben sich
Sie sind hergekommen
Sehr zart sind sie
Dann kehrte ich zurück und setzte mich
Ich habe sie zusammengeklebt
Ich habe das Brennen abgekühlt
Der Mais
Die *pakyon*-Palme
Die Corozopalme
Die Grasbaumpalme
Die *nakay ch'ib*-Palme
Sie stehen da
Die Corozopalme
Die gefächerte Guano-Palme
Die Rote *pahok*-Palme
Die Guano-Palme
Die Stachelpalme
Das sind ihre Blätter
Das sind ihre zarten Triebe
Das sind ihre Herzen
Dort erheben sie sich
Sie sind es, die da kommen
Ihre zarten Triebe
Sie sind es, die da kommen
Die Rote Banane

Das sind ihre zarten Triebe
Das sind ihre Herzen
Sie kommen da
Sie sind es, die da kommen
Ihre Herzen
Die dunkle Banane
Sie sind es, die da kommen
Das ist die Weiße Heliconia
Die Weiße Heliconia
Das zarte Holz
Sie sind es, die da kommen
Ihre Herzen
Der Saft der *ts'oy*-Liane
Das ist ihr Saft
Ich habe den Bruch verschmiert
Ich habe ihn zusammengeklebt
Dann kehrte ich zurück und setzte mich
Ich habe das Brennen abgekühlt
Ich habe das Brennen abgekühlt
Sie erheben sich
Die *ch'ib*-Palme
Die *pakyon*-Palme
Die Corozopalme
Die Guano-Palme
Das sind ihre zarten Knospen
Ihre Herzen
Das sind die Guano-Palmen
Das sind die *pakyon*-Palmen
Das sind die *pahok*-Palmen
Das sind die Hartholzpalmen
Das sind ihre Herzen
Sie sind es, die da kommen
Schnell kommen sie
Die *ch'ib*-Palmen
Die Weiße Heliconia
Die *pahok*-Palme

Die *nakay ch'ib*-Palme
Sie sind es, die da kommen
Da kommen ihre Herzen hervor
Dann kehrte ich zurück und setzte mich
Das ist es, das sie gekühlt hat
Ich habe es kalt abgerieben
Ich habe ihn zusammengeklebt
Das ist die Klebe des Knochens
Das ist es, das da kommt
Ich habe das Brennen abgekühlt
Wieder erheben sie sich
Die *ch'ib*-Palmen
Die *nakay ch'ib*-Palmen
Die *pakyon*-Palmen
Die Rote *pahok*-Palme
Die Hartholzpalme
Die Besenpalme
Die Gefächerte *pahok*-Palme
Sie sind es, die da kommen
Ihre Herzen
Sie stehen auf
Sie zogen vorbei
Dann kehrte ich zurück und setzte mich
Ich habe es kalt abgerieben
Da kommen ihre Väter, ihre Mütter
Der Mais
Das sind die Luftwurzeln des Maises
Sie sind es, die da kommen
Das ist der zarte Mais
Das ist das Herz des Maises
Das ist es, das da kommt
Es erhebt sich
Ich habe es kalt abgerieben
Das sind seine zarten Triebe
Die *ch'ib*-Palme
Die Weiße Schattenpalme

Die *t'om*-Schattenpalme
Die *ch'ib*-Palme
Die *pakyon*-Palme
Die Grasbaumpalme
Die Stachelpalme
Das *ch'ibix*-Pälmchen
Das sind ihre Herzen
Sie sind es, die da kommen
Sie erheben sich
Schnell habe ich gezaubert
Sie sind es, die da hervorkommen
Sie sind es, die den Knochen aus dem Gewebe entstehen lassen
Die *ch'ib*-Palme
Die *pakyon*-Palme
Die Hartholzpalme
Die Corozopalme
Das sind ihre Herzen
Sie sind es, die da kommen
Sie erheben sich
kanahan
Dann kehrte ich zurück und setzte mich
Ich habe es kalt abgerieben
Ich habe das Brennen abgekühlt
Dann kehrte ich zurück und setzte mich
kanahan.

Mit diesem Zauberspruch schließt sich wieder der von Merseburg geschlagene Kreis durch die Welten. Die Lakandonen heilen noch heute Knochenbrüche, Stauchungen und Verrenkungen mit diesem Zauberspruch, ähnlich, wie es die alten Germanen, unsere Urahnen, mit dem zweiten Merseburger Zauberspruch taten. Genau wie Hachäkyum war es Wotan/Odin, der germanische Gott der Ekstase, der die Zaubersprüche für die Menschen erschuf, als er verwundet am windigen Baum hing, die Runen entdeckte und erkannte: »Den Zauber weiß ich zu zaubern.« Wotan lernte auch, wie die Zaunreiterinnen, die schadenzaubernden Hexen, vertrieben werden, damit sie nicht mit ihren Geschossen, Donnerkeilen oder Pfeilen auf die Menschen schießen und diese dadurch am Hexenschuß leiden. Das Geschoß der Hexe wurde mit Zaubersprüchen gebannt und der Getroffene geheilt. Auch die Lakandonen kennen den Hexenschuß, nennen ihn aber *hune'*. Ebenso heißt ein Geist aus den Heerscharen des Todes *hune'*. Der *hune'*-Geist hat die Gestalt eines zwergwüchsigen Mannes und lebt in der unsichtbaren Welt. Von dort schleicht er sich an die Menschen, die er als Spinnenaffen wahrnimmt, heran und schießt seine Pfeile auf sie ab. Trifft er einen Spinnenaffen auf seiner Jagd, erleidet der Mensch, dessen affengestaltige Seele Ziel des unsichtbaren Pfeils wurde, einen plötzlichen, scheinbar grundlosen Schmerz in seinen Knochen. Dieser Schmerz läßt sich nur durch einen Zauberspruch heilen. Dazu kniet ein Wissender vor dem Getroffenen nieder, bepustet ihn, um die Grenze zwischen den Welten überschreiten zu können, und rezitiert den Spruch zweimal. Dabei verwandelt sich die Seele des Wissenden in einen Spinnenaffen, der die Pfeile des *hune'*-Geistes aus den Wunden des Getroffenen herauszieht und vernichtet.

kanahan
Der *hune'*-Geist
Mit gespanntem Bogen
Kommt er daher
Dort erhebt er sich
Der *hune'*-Geist
Sich anschleichend
Den Weg des Himmels
Hat er eingeschlagen
Mit gespanntem Bogen
Kommt er daher
Der *hune'*-Geist
Aus dem Holz des Roten *sihun*-Baumes
Ist sein Bogen
Gespanntes Holz

Dort sein Bogen
Echte Pfeile
Sind seine Pfeile
Die Federn seiner Pfeile
Die schwarzen Fasern
Die Verschnürung seiner Pfeile
Der *hune'*-Geist
Itzá! Das Holz seiner Pfeile
Itzá!
Der Spinnenaffe
An ihn schleicht er sich an
Er zieht umher
Dort vor dem Hause
Am Wegesrand
Mit gespanntem Bogen zieht er umher
Mit gespanntem Bogen zieht er vorbei
Mit seinen Pfeilen
Dort vor dem Haus
Dort bei der Quelle
In der Richtung zum Haus
An der Tür
Mit gespanntem Bogen zieht er umher
Und lauert uns auf
Den Spinnenaffen
Er lauert ihnen auf
Dann hat er seinen Pfeil abgeschossen auf ihn
Den Spinnenaffen
Ich habe ihn, den Zauber
Zwei Spinnenaffen
Dicht kommt er heran
Dicht hinter ihren Rücken
Er hat sie alle zerbrochen
Seine Pfeile
Er hat sie herausgezogen aus der Wunde
Itzá! Das Holz seiner Pfeile
Er hat den Itzá-Pfeil herausgezogen

Der *hune'*-Geist
Er weiß nicht von seinem Herrn
Dann hat ihn der Spinnenaffe herausgezogen
Schleichend zieht er umher
Das Webschiffchen
Ist sein Pfeilschaft
Ist der Schaft seiner Pfeile
Das ist sein Bogen
Da aus dem menschenhohen Gras
Sind seine Pfeile
Das ist sein Bogen
Aus dem Rotgrünen *maklan*-Baumholz
Der Grüne *maklan*-Baum
Das ist sein Bogen
Der Grüne Pfeil-Baum
Das ist sein Bogen
Der Grüne Pfeil-Baum
Das ist sein Bogen
Der *hune'*-Geist
Mit gespanntem Bogen zieht er umher
In der Richtung des Weges
Am Wegesrand in der Richtung des Hauses
Dort ist er bei dem Bett
Dort lauert er ihm auf
Mit gespanntem Pfeil und Bogen zieht er umher
Der *hune'*-Geist
Itzá! Das Holz seines Bogens
Dem Spinnenaffen
Lauert er auf
Ich habe ihn, den Zauber
Dann kehrte ich laufend zurück
Er zieht den Pfeil heraus
Dort sind seine schwarzen Fasern
Er weiß nichts von seinem Herrn
Dort sitzt er
An der Wurzel der *nikte'*

Dann erhebt er sich
Dort an der Wurzel der *nikte'*
Dort sitzt er zusammengekauert
Der *hune'*-Geist
Dann erhebt er sich
Der *hune'*-Geist
An der Wurzel der *nikte'*
Dort kauert er
Die Schlange des Weges
Die nahm er
Damit verschnürte er seine Pfeile
An der Wurzel der Roten Banane
Dort sitzt er
Der *hune'*-Geist
Dort sind die schwarzen Fasern seiner Pfeile
Sie sind die Verschnürung seiner Pfeile
Der *hune'*-Geist
Ich habe ihn, den Zauber
Dann habe ich ihn herausgezogen
Und ganz zerbrochen, den Pfeil
Fortgeworfen seien sie
Der *hune'*-Geist
Nichts weiß er von seinem Herrn
Denn ich habe ihn, den Zauber
Dann habe ich ihn vernichtet
Den *hune'*-Geist
Plötzlich kommt er
Heimlich kommt er
Der *hune'*-Geist
Itzá! Das ist das Holz
Itzá!
Der Grüne Pfeil-Baum
Ist sein Bogen
Der Grüne Pfeil-Baum
Der Rote *sihun*-Baum
Das sind seine Schäfte

Der Pfeile
Die Kleine Eule ist
Sein Harpienadler
Ihre Federn sind die seiner Pfeile
Sein Harpienadler ist
Die Kleine Eule
Das Große Käuzchen
Das sind seine Harpienadler
Die Große Eule
Ihre Federn sind sie seiner Pfeile
Ich habe ihn, den Zauber
kanahan
Der *hune'*-Geist
Itzá! Das ist sein Holz
Der Spinnenaffe.

Der *hune'*-Geist schleicht vor allem in den dunklen Nächten durch die Siedlungen der Menschen. Er hat eine *verdrehte* Wahrnehmung von der den Menschen sichtbaren Welt: Die Nacht des Waldes erlebt er als seinen Tag; er sieht die Seelen der Menschen als Affen und Hängematten als Büsche oder Bäume. Liegt oder schläft ein Mensch in seiner Hängematte, sieht der *hune'*-Geist einen Spinnenaffen in einer Baumkrone sitzen. Hängt die Hängematte hoch über dem Erdboden, sieht der *hune'*-Geist, daß ein Affe im Unterholz sitzt. Hängt die Hängematte aber nur eine Handbreit über dem Boden, sitzt der Affe auf dem allerhöchsten Baum des Waldes. Die Kraft des *hune'*-Geistes reicht dann nicht aus. Der auf den Menschen abgeschossene Pfeil findet nicht sein Ziel.

Der Wurm im Zahn

Wurm des Sonnengottes!
Wurm des Mondgottes!
Wurm des Passe Buddha!
Bleibe nicht im Zahn, du Zahn-Wurm!

Aus einem Zauberspruch der Veddas von Sri Lanka

Als Hachäkyum, Unser Wahrer Herr, die Menschen aus geknetetem Ton erschuf, setzte er ihnen Körner des göttlichen Maises in den Mund. Durch seinen Atem verwandelte sich der Ton in Fleisch, Blut und Knochen, die Maiskörner in steinharte Zähne und die Figuren in lebendige Menschen. Wie der reife Maiskolben seine Körner verliert, fallen auch dem Menschen die Zähne aus; zum Zahnwechsel und im hohen, »reifen« Alter. Und so wie die Maiskolben von hungrigen Käfern angebohrt und ausgehöhlt werden, fressen sich Würmer in die Zähne der Menschen. Das Lakandonwort für Maiskorn lautet *koh*, »Zahn«. In einer Geschichte aus der Urzeit wird die Transformation von Stein, der hart wie Zahn ist, in Mais beschrieben. Einem Urahnen wurde die ganze Maisernte von Schädlingen weggefressen. Entmutigt wandte er sich an die Götter. Äkinchob, der Schwiegersohn der Hachäkyum, erhörte ihn, stieg vom Himmel herab und hieß ihn, Kieselsteine von der Größe eines Zahnes aufzulesen und anstelle von Maiskörnern in die Erde zu legen. Schon nach drei Tagen schossen die herrlichsten, saftig-grünen Maispflanzen mit üppigen Kolben aus der Erde.

Die »Zähne des Maises« haben eine Seele, die von den Seelen der Maiskäfer angefressen wird. Die Seele des Maiskorns, von einem magischen Wind durch die Welten gewirbelt, kann sich im Zahn eines Menschen manifestieren. Mit ihr schlüpft die Seele des Maiskäfers in den Zahn, vertauscht ihre Gestalt mit der eines winzig kleinen unsichtbaren Wurmes und beißt sich gierig in den Zahnschmelz. Der Schmerz sticht in das Innere des Zahnes und ist dem Brennen auf der vom scharfen Chilipfeffer verätzten Zunge ähnlich. So kann man im Traum den Zahnschmerz in der Gestalt einer Chilipfefferschote sehen. Wenn jemand an Zahnschmerzen leidet, wird er mit einem Zauberspruch behandelt. Seine Worte haben die Kraft, die Seelen der Maiskäfer, die als Würmer in dem schmerzenden Zahn wüten, zu vernichten. Außerdem wird die Seele des Maiskorns, die sich im Zahn manifestiert, mit den gegen Schmerzen immunen Seelen der Zähne verschiedener Tiere des Waldes ausgetauscht. Dem Kranken wird dreimal auf die Wange gepustet, und der Spruch beginnt:

Dort erheben sie sich
Das Krokodil
Das sind seine Zähne
Das Reh
Dort erheben sie sich
Da sind sie, die da beißen
In den Mais
Da sind seine Würmer
Das ist das Feste in meinem Zahn
Der Mais
Das Krokodil
Da sind seine Zähne
Dort erheben sie sich
Das Reh
Da sind seine Zähne
Das Pekari
Da sind seine Zähne
Darauf habe ich ihn gepustet
Den Saft meines Tabaks, meiner Zigarre
Dort erheben sie sich
Dann kehrte ich zurück und setzte mich
Ich habe das Brennen abgekühlt
Das des kleinen *chawa'*-Chilipfeffers

Das des wilden Chilipfeffers
Dort erheben sie sich
Der weiße *yote'*-Chilipfeffer
Der *chawa'*-Chilipfeffer
Dort erheben sie sich
Das Krokodil
Das Reh
Da sind ihre Zähne
Das Pekari
Da sind ihre Zähne
Das Krokodil
Das Wildschwein
Da sind ihre Zähne
Dann kehrte ich zurück und setzte mich
Ich habe ihn aufgeröstet
Den Mais
Da sind seine Würmer
Der Mais
Der Zahn
Ich habe ihn gefestigt
Das Krokodil
Das Reh
Dort erheben sie sich
Dann kehrte ich zurück und setzte mich
Ich habe das Brennen abgekühlt
Das ist ihr Beißen
Ich habe sie aufgeröstet
Dann kehrte ich zurück und setzte mich
Das Reh
Die Riesenbrennessel
Da sind seine Zähne
Dort erheben sie sich
Das Krokodil
Das Reh
Da ist die Wurzel des Zahnes
Da ist die Mutter des Zahnes

Da ist die Wurzel des Zahnes
Da ist mein Zahn
Ihr habt ihn nicht gebissen
Ihr Würmer
Des Maises
Der Mais
Dort erheben sie sich
Der Mais
Der Mais
Dort erheben sie sich
Das Krokodil
Da sind seine Zähne
Das Reh
Das Pekari
Das Wildschwein
Da sind ihre Zähne
Der Brüllaffe
Sie beißen
Da in seinen Zahn
Der Spinnenaffe
Da sind seine Zähne
Das Krokodil
Da sind seine Zähne
Dort erheben sie sich
Das ist die große Wurzel des Zahnes
Sie ist sehr hart
Dort erheben sie sich
kanahan
Dort erheben sie sich
Das Krokodil
Das Reh
Das Pekari
Da sind ihre Zähne
Dort erheben sie sich
Der Mais
Seine Würmer

Habe ich da geröstet
Ich habe sie erhitzt und geröstet
Ich habe sie mit dem Saft meines Tabaks geröstet
Denn *kanahan.*

Der Wissende, der den Spruch dreimal vorträgt, hat mit dem gewirkten Zauber auch die Seelen seiner eigenen Zähne gefestigt und ihre Stärke auf die angebohrte Seele des schmerzenden Zahnes des Kranken übertragen. Es ist so, als zögen nacheinander die Seelen der kräftigen und gesunden Zähne des Wissenden, des Krokodils, des Rehs, des Pekaris, des Wildschweines, des Brüll- und des Spinnenaffen durch den schmerzenden Zahn hindurch und vertrieben die vom Käfer angefressene Seele des Maiskorns. Mit dem unsichtbaren Saft des Tabaks, der beim Rauchen einer Zigarre entsteht, wird noch zusätzlich auf die wurmförmige Seele des Maiskäfers eingewirkt. In der sichtbaren Welt hat der Tabaksaft ebenfalls die Kraft, bestimmte Insekten zu töten.

In dem assyrischen Gedicht »Wie das Zahnweh in die Welt kam«, das zu den ältesten bekannten Schriften der Menschheit gehört, wird genau beschrieben, wie während der Schöpfung der Wurm entstand und Gott bat, in den Zähnen der Menschen nisten zu dürfen. Gott gewährte ihm diese Gunst, verlieh aber dem Menschen die Zauberkraft, diesen Wurm zu besiegen und Herr über den Zahnschmerz zu werden (vgl. *Gaster*, 1983: S. 33–85). Auch in der Antike und im europäischen Mittelalter galten Würmer als die Ursache von Zahnschmerz. Wenn wir heute sagen: »Da sitzt der Wurm drin«, beziehen wir uns, wenn auch meist unbewußt, auf eine der ältesten Traditionen der Menschheit, die auch von den Lakandonen geteilt wird.

Feuer auf der Haut

Das Brennen des Feuers des Waldes
Die Steine des Feuers
Rot verbreitet sich das Feuer
Rot erblüht da das Feuer
Aus einem Zauberbuch der Maya

Wenn die Sonne aus der Unterwelt steigt und auf ihren Weg gen Himmel den Morgennebel erleuchtet, erklingt das Unterholz vom Gezwitscher der Singvögel. Die Farben der bunten Gefieder wetteifern dann mit den Tautropfen, die sonnendurchflutet in allen Regenbogentönen erstrahlen. Doch gehört der Morgen nicht nur den Singvögeln, er gehört auch den Jägern. Die Vögel, die im dichten Gebüsch übernachtet haben, sind noch von der Kälte der Nacht betäubt, eine leichte Beute für einen aufmerksamen Jäger.

Ein bestimmter Vogel flattert besonders tief durchs Gestrüpp. Nur ein Blinder sieht ihn nicht, denn der pechschwarze Vogel hat an Bauch und Rücken große, in Signalrot leuchtende Stellen. Wer den *äx änen*-Vogel *(Ramphocelus passerinii)* schießt und ißt, wird krank. Vielleicht, weil es unfair ist, einer allzu leichten Beute nachzustellen?

Der *äx änen*-Vogel hat eine Krankheit, die *äx änen*-Feuer heißt und als juckender, feuerroter Hautausschlag ausbricht*. Sie kann nur mit einem Zauberspruch behandelt und geheilt werden. In dem Spruch werden die Symptome der Krankheit als die Nahrung des *äx änen*-Vogels beschrieben. Der Hautausschlag hat eine Seele, die sich in den Gestalten von Schmetterlingen, Flechten und Früchten manifestiert, die auf dem *Rücken* des Ausschlages sitzen. Mit dem Zauberspruch werden diese Seelen dem *äx änen*-Vogel zurückgegeben, und der Kranke wird wieder gesund.

* Bereits die alten Maya kannten diese Krankheit *(x chac anal kak)* und auch einen Zauberspruch zu ihrer Heilung (siehe *Roys*, 1965: S. 37–39; *Rätsch* 1985d).

kanahan
Das *äx änen*-Feuer
Dort erhebt es sich
Das *äx änen*-Feuer
Äx änen, juckend zieht es hindurch
Das *äx änen*-Feuer
Juckend zieht es hindurch
Das *äx änen*-Feuer
Dort sein Brennen
Die Hagelkörner
Sie sind darauf aufgelegt
Auf den Rücken
Sind sie aufgelegt
Dann ist kühl das Brennen
Das des *äx änen*-Feuers
Der kleine Rote Falter
Der Rote Schmetterling
Der Rote *ts'ets'i*-Vogel
Dort, das ist sein Vogel
Das ist sein Vogel
Der des *äx änen*-Feuers
Dort erhebt es sich
Dort ist sein Vogel
Der des *äx änen*-Feuers
Da zieht es juckend hindurch
Das *äx änen*-Feuer
Juckend zieht es hindurch
Das *äx änen*-Feuer
Juckend zieht es hindurch
Das *äx änen*-Feuer
Dort bei den Flechten des Kapokbaumes
Dort bei den Flechten des *k'uxu'*-Strauches der Ersten Sonne
Dort bei den Flechten des Kapokbaumes der Ersten Sonne
Dort bei den Flechten des Manioks der Ersten Sonne
Dort erhebt es sich
Dort bei den Flechten des *chute'*-Baumes

Dort erhebt es sich
Das *äx änen*-Feuer
Dort ist die Röte des Rückens
Des *äx änen*-Feuers
Die Hagelkörner
Sie sind darauf aufgelegt
Der maiskorngroße Hagel
Ich habe ihn aufgelegt
Auf den Rücken
Dann ist kühl das Brennen
Das *äx änen*-Feuer
Juckend zieht es hindurch
Der kleine Rote Falter
Die Segmente seines Leibes
Das ist sein Hinterleib
Das *äx änen*-Feuer
Das sind die Segmente seines Hinterleibes
Der Rote Große Falter
Der Große Schmetterling
Der Rote *ts'ets'i*-Vogel
Dort ist der Vogel
Des *äx änen*-Feuers
Juckend zieht es hindurch
Das *äx änen*-Feuer
Dort erhebt sich sein Brennen
Dann erhebt es sich
Ich habe es abgekühlt
Die Hagelkörner
Sie seien darauf aufgelegt
Auf den Rücken
Des *äx änen*-Feuers
Ich habe ihn, den Zauber
Dann kehrte ich laufend zurück
Ich setzte mich und erinnerte mich
Dann ist das Brennen vorbei
Das *äx änen*-Feuer

Die Anona-Frucht
Dort ist ihr Rücken
Abgekühlt ist er
Sie seien aufgelegt
Sein Brennen
Dort auf dem Rücken
Der Anona-Frucht
Die Weiße Anona-Frucht
Die Echte Rote Anona-Frucht
Dort auf ihrem Rücken
Ey, *kanahan.*

Es gibt eine nahverwandte Krankheit, die *xux kots'*, wörtlich: »Wespen-Gerolltes«, heißt. Auch sie flammt als Feuer auf der Haut auf. Es entstehen rote Beulen, auf deren gespannter Oberfläche sich netzartige Muster abzeichnen. Die unsichtbaren Seelen dieser Hautbeulen werden in den Gestalten bauchiger, runder Kürbisgefäße und gewebter, geknüpfter oder geflochtener Gegenstände beschrieben. Die Gefäße und Gegenstände werden von der Seele des Wissenden durch einen Zauberspruch kalt abgerieben. Das Feuer auf der Haut verlöscht, der Kranke gesundet.

Dort erheben sie sich
Das Tragenetz
Das große, weite Tragenetz
Ihre Oberflächen
Ziehen da hindurch
Sie sind es, die es geflochten haben
Dort erheben sie sich
Die Kürbisflasche
Die Baumkürbistrinkschale
Da stehen sie
Dort ziehen sie hindurch
Die Baumkürbistrinkschale
Dort erhebt sie sich

Die geflochtene Hängematte
Die Stoffhängematte
Dort erheben sie sich
Die geflochtene Hängematte
Die geknüpfte Hängematte
Dort erheben sie sich
Dann kehrte ich zurück und setzte mich
Das ist *xux kots'*
Dort erhebt es sich
Da zieht es hindurch
Die Kürbisschale
Die Riesenkürbisschale
Die große Riesenkürbisschale
Die kleine Riesenkürbisschale
Die kleine Kürbisflasche
Dort erheben sie sich
Dann kehrte ich zurück, setzte mich und zaubere
Das ist *xux kots'*
Kalt habe ich es abgerieben
Der *k'uxu'*-Strauch
Das sind seine Blätter
Keine Schmerzen
Dort stehen sie
Der Rote Pilz
Dort erheben sie sich
Dann kehrte ich zurück, setzte mich und zaubere
Kalt habe ich es abgerieben
Dort erhebt er sich
Der Weiße Pilz
Dort steht er
Die große Kürbisflasche
Die kleine Kürbisflasche
Dort erheben sie sich
Die kleine Kürbisflasche
Die große Kürbisflasche
Die Kürbisschale

Dort ist das *xux kots'*, das hervorbricht
Das Tragenetz
Die Stoffhängematte
Dort erheben sie sich
Dort stehen sie
Die geknüpfte Hängematte
Die gewebte Hängematte
Dort erheben sie sich
Die Tasche
Geflochten ist sie
Glatt wie flaches Wasser
Dort erhebt es sich
Die Blätter der Stachelpalme
Habe ich zusammengeflochten
Dort erhebt sie sich
ka'hanahan beh.

Der Zauberspruch zur Heilung von *xux kots'* ist besonders wirksam, wenn er von zwei Medizinen unterstützt wird. Die gerösteten Blätter des *k'uxu'*-Strauches werden auf die Beulen gelegt und wirken tonisierend. Außerdem muß der Kranke eine magische Medizin einnehmen. Dazu werden die zarten Blätter der Stachelpalme *(Astrocaryum mexicanum)*, die aus ihrem Herzen wachsen, gepflückt und zu einem Türmchen geflochten (siehe Abbildung). Das geflochtene Blatt wird auf einem *comal* über dem Herdfeuer geröstet, bis er zu Pulver zerfällt. Dieses Pulver muß der Kranke, in Wasser aufgeschwemmt, trinken. Mit dem Vorgang des Flechtens, der ja schon im Zauberspruch beschrieben wurde, wird die unsichtbare Seele der Beule eingefangen. Wenn das Geflecht geröstet wird, stirbt die Seele der Krankheit. Zieht dann die tote Seele der Krankheit in den Kranken ein, *lernen* die noch in den Beulen lebenden Seelen das Sterben. Sind sie alle gestorben, ist der Kranke wieder gesund.

Tomatengroße Geschwüre auf der Haut heißen *Große Flammen* und entstehen *von selbst.* Dabei wachsen in der Haut die

Seelen der Großen Flammen, die die Gestalten runder, angebauter Früchte und Knollen annehmen. Wenn diese Früchte verfaulen, quillt aus dem Geschwür ein dicker Eiter hervor. Die eitrigen Geschwüre können mit einem Zauberspruch geheilt werden. In ihm werden die Gestalten der Seele des Geschwüres – Früchte und Knollen der von den Lakandonen kultivierten Pflanzen – beschrieben und dadurch für die Seele des Wissenden in der unsichtbaren Welt greifbar. Auf den *Rücken* der runden Früchte legt er den kühlenden Hagel, der schließlich das Brennen der Großen Flammen beendet.

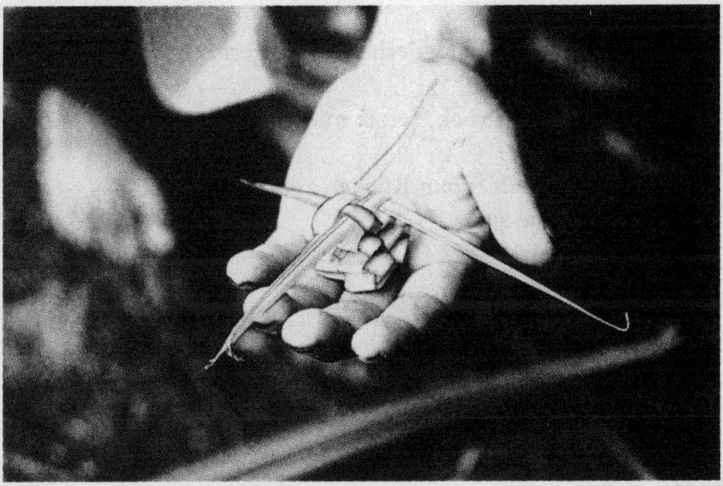

Dort erheben sie sich
Die Tomaten
Die bleichen Tomaten
Dort erheben sie sich
Das ist ihr Grünes
Ich setzte mich und zaubere
Dort erheben sie sich
Ihr Grünes

Die prallen Tomaten
Die bleichen Tomaten
Die Xanthosoma
Das ist ihr Faules
Die Xanthosoma
Das ist ihr Faules
Der süße Maniok
Das ist sein Faules
Das ist sein Kicht
Der Flaschenkürbis
Das ist sein Grünes
Der Schalenkürbis
Ich habe sie, die sich dort erheben, ausgerissen
Dort erheben sie sich
Dann kehrte ich zurück, setzte mich und zaubere
Dort ist ihr Loch
Ich habe Hagel auf ihrem Rücken zerrieben
Dort erheben sie sich
Die Flaschenkürbisse
Die Baumkürbisse
Dort erheben sie sich
Die Kleinen Baumkürbisse
Die Großen Baumkürbisse
Die Baumkürbisschalen
Alle erheben sich
Dort stehen sie
Dann kehrte ich zurück und setzte mich
Ich habe abgekühlt das Brennen
Dort erheben sie sich
Die bleichen Tomaten
Dort stehen sie
Die prallen Tomaten
Die *koyol*-Tomaten
Die Großen Tomaten
Da sind sie herausgetreten
Ich habe sie kalt abgerieben

Dann kehrte ich zurück und setzte mich
Ich habe ihr Brennen abgekühlt
Das Loch
Ich habe Hagel auf ihrem Rücken zerrieben
All die Flüssigkeit der Fäule
Dort erhebt sie sich
Das Verfaulte
Die prallen, faulenden Tomaten
Die bleichen Tomaten
Die Flaschenkürbisse
Dort erheben sie sich
Die ovalen Baumkürbisse
Die kleinen Baumkürbisse
Die Baumkürbisse der Affen
Dort erheben sie sich
Alles hat sich verzogen
Ich habe ihr Brennen abgekühlt
Das des Chilipfeffers
Des Weißen *chawa'*-Chilipfeffers
Das habe ich beseitigt
Dort habe ich ihr Brennen abgekühlt
Dann kehrte ich zurück und setzte mich
Die Xanthosoma
Das ist ihre Knolle
Dort erhebt sie sich
Die Xanthosoma
Dort erhebt sie sich
Die Kartoffeln
Sie erheben sich
Die Süßkartoffeln
Dort erheben sie sich
Das sind ihre Knollen
Das ist die Weiße Süßkartoffel
Die Weißgelbe Süßkartoffel
Dort erheben sie sich
Die Rote Hundescheiße-Süßkartoffel

Dort erheben sie sich
Dann setzte ich mich
Ich habe gekühlt ihr Brennen
Die prallen, faulenden Tomaten
Die bleichen Tomaten
Die *koyol*-Tomaten.

»*Ich, der Adler*«

Ich kann über Wolken, auf dem Meer und durch Berge gehen, ich kann mich in einen jungen Mann, in einen Greis, in einen Tiger oder eine Ameise verwandeln, kann dein Gesicht annehmen, dir meines geben, den Blitz lenken. Hörst du?

Der Magier Simon

Es gibt einige Tiere des Waldes und der Milpas, deren unsichtbare Seelen über die Wahrnehmung in das System Mensch eindringen und darin Schaden anrichten. *Sieht* man eines dieser Tiere, *erkennt* und *betrachtet* man sie länger als einen Augenblick, tritt ihre Seele aus ihrem Körper, schlüpft durch die Augen in den Menschen und kriecht in dessen Seele. Der Mensch wird von den Seelen anderer Wesen der Außenwelt im Inneren *besessen.* Diese Besessenheit drückt sich in einer Krankheit aus. Zur Zeit der Ersten Sonne bekommen die zwischen den Maisstauden wachsenden Süßkartoffeln Knospen. Wenn sie als zartrosa-lila schattierte Blüten aufgehen, erblühen an den knolligen Wurzeln die Süßkartoffelraupen (Prozessionsspinnerlarven). Sie fressen sich an den Ranken und Blättern satt, knäulen sich zusammen und ziehen in langen Ketten durch die Milpa, den Wald und gelegentlich in die Häuser der Menschen. Wer die weißbehaarten Raupen sieht, wird krank. Ihre Seelen nehmen die Gestalten von Zikadenlarven an, schlüpfen in den Magen des Menschen, den sie als Höhle wahrnehmen, und fressen das Fleisch. Dem Kranken kann nur ein Wissender helfen. Der wird gerufen, kommt und setzt sich vor den an krampfartigen Bauchschmerzen Leidenden und zaubert. Er rezitiert zweimal einen Zauberspruch, durch den sich seine eigene Seele in einen Adler und in andere Vögel verwandelt, die in die Höhle – den Bauch des Kranken – fliegen und die Seelen der Raupen – die Krankheitsursache – vernichten.

Dort erheben sie sich
Die großen Zikadenlarven
Dort erheben sie sich
Sie ziehen umher
Sie sind da zusammengeknäult
Dort erheben sie sich
Dort vor dem Hause
Ziehen sie vorbei
Ich habe sie totgebissen
Der Große *kekenbak*-Falke
Dort erheben sie sich
Die großen Zikadenlarven
Dort erheben sie sich
Der Große Schwarze Adler
Er kam und hat sie totgebissen
Der Große *echen*-Falke
Der hat sie gefressen
Er hat sie aufgeröstet
Dann erheben sie sich wieder
Dann kehrte er zurück und setzte sich
Unser Herr kommt, Unser Herr erhebt sich
Dort erhebt er sich
Dann sitze und zaubere ich
Sie beißen in die Höhle
Ich habe sie aufgeröstet
Dann nahm ich das *comal* und legte es über das Feuer
Ich habe sie erhitzt
Ich habe sie aufgeröstet
Dort erheben sie sich
Dann habe ich sie aufgeröstet
Die großen Zikadenlarven
Dort vor dem Hause
Ziehen sie vorbei
In der Richtung des Weges
An der Wurzel der Süßkartoffelranke
Dort verbleiben sie

Da ziehen sie vorbei
Sie wandern dort
In der Richtung des Weges
Ich habe sie totgebissen
Dort erheben sie sich
Das Rebhuhn
Es hat sie totgebissen
Dann hat es sie gefressen und setzte sich
Dort erheben sie sich
Dann hat es sie totgebissen
Dann kehrte ich zurück und setzte mich
Die Höhle
Hat sie totgebissen
Da sitzt er
Der *kekenbak*-Falke
Er hat sie totgebissen
Dort erheben sie sich
Er hat sie totgebissen
Dann kehrte ich zurück und setzte mich
Die Höhle
Sie sind es, die da durchziehen
Selbst durch die Kehle wandern sie
Dort erheben sie sich
Die großen Zikadenlarven
Dort erheben sie sich
Sie sind es, die da durchziehen
Er hat sie totgebissen
Er hat sie am Kopf totgebissen
Dort erheben sie sich
Es kam das Rebhuhn
Es war es, das alle gegessen hatte
Ich habe sie am Kopf totgebissen
Dann kehrte ich zurück und setzte mich
Die großen Zikadenlarven
Das Rebhuhn
Dort erheben sie sich

Das Große Steißhuhn
Hat sie totgebissen
Das Zimt-Steißhuhn
Das Große Steißhuhn
Totgebissen seien sie
Dort erheben sie sich
Dann kehrte ich zurück und setzte mich
Das ist mein Herr
Dort erheben sie sich
Ich habe sie aufgeröstet
Ich habe sie erhitzt und verbrannt
Ich habe sie aufgeröstet
Ich habe sie erhitzt
Ich habe die Höhle gekühlt
Ihr Beißen.

Wie die Süßkartoffelraupen werden auch die *xumpets'k'in*-Eidechsen durch die Wahrnehmung zu einer Krankheitsursache. Die *xumpets'k'in*-Eidechse, deren Name »Die des einen Sonnenmaßes« bedeutet, ist besonders gefürchtet, denn ein von ihrer Seele Besessener stirbt schon nach einem Tag – nach einem Sonnenmaß – an Darmblutungen. Es sei denn, er wird von einem Wissenden mit einem Zauberspruch von der Seele der Eidechse befreit. In der Selva Lacandona gibt es einen leuchtend gelb blühenden Baum aus der Familie der Baummimosen, der *pets'k'in,* »Sonnenmaß«, heißt. In dem Zauberspruch kommt immer wieder der Satz *yol pets'k'in* vor, der sich auf dreifache, unterschiedlich bedeutsame Weise übersetzen läßt:
»Im Bewußtsein des Sonnenmaßes«,
»Im Inneren des *pets'k'in*-Baumes«,
»Das Bewußtsein der *xumpets'k'in*-Eidechse«.
Wird der Satz einmal ausgesprochen, werden alle drei Bedeutungen zugleich ausgedrückt: Zum einen bedeutet er, daß die Krankheit innerhalb eines Tages tödlich verläuft, daß das Bewußtsein der Eidechse es genau darauf anlegt und daß der *pets'k'in*-Baum das äußere, sichtbare Gefäß der inneren, un-

sichtbaren Vorgänge ist. Der Wissende verwandelt mit dem Zauberspruch seine Seele in einen Adler, der der natürliche Feind der *xumpets'k'in*-Eidechse ist, fliegt in den Baum, der die transformierte Seele des Kranken ist, verhindert das tödliche Sonnenmaß, löscht das Bewußtsein der Eidechse aus und zerstört ihre Seele. Um die Seele der Eidechse in der unsichtbaren Welt greifen zu können, wird sie sehr genau beschrieben.

kanahan
Im Bewußtsein des Sonnenmaßes
Heran kriecht sie
Auf und nieder duckend
Im Inneren des *pets'k'-in*-Baumes
Dort erhebt sie sich
Weiß gesprenkelt ist ihre Brust
Dort kommt sie her
Zerrissen sei sie
Dort am Loch ihres Hinterns
Dort erhebt sie sich
Gesucht seien die Seile, ihre Adern
Unter den Achselhöhlen
Der *xumpets'k'in*-Eidechse
Auf und nieder duckend
Herankriechend
Züngelnd
Dort ihre Zunge
Züngelnd
Zieht sie umher
Dort beim Tische
Dort sind ihre Streifen
Wie Rote Mäuse
Wie Weiße Mäuse
Sind ihre Streifen
Das sind ihre Streifen
Sie trägt sie, die sich dort erheben
Dort erhebt sie sich

Dort im Inneren des *pets'k'in*-Baumes
Auf und nieder duckend
Herankriechend
Baumwollflocken
Die Baumwollflocken
Sind ihr Gedärm
Dort ist ihr Kopf
Dort ist ihr Schwanz
Dort ihr Schwanz ist eine Spindel
Dort bohrt sich ihre Spindel hinein
Das ist ihr Schwanz
Der Baumwollfaden
Einen Schmetterling hat sie auf ihrem Bauch
Er pocht
Dort in ihrem Bewußtsein
Er pumpt
Dort in ihrem Bewußtsein
Grünblau ist das Wasser
Dort in ihrer Galle
Grünblau ist das Wasser
Das ist ihre Gallenflüssigkeit
Dort erhebt es sich
Das grünblaue Wasser
Dort in ihrer Galle
Dort im Inneren des *pets'k'in*-Baumes
Auf und nieder duckend
Züngelnd
Zieht sie umher
Dort im Baum
Dort an der Rinde des Baumes
Dort klettert sie am Haus hoch
Auf und nieder duckend
Dort im Inneren des *pets'k'in*-Baumes
Mit aufgerissenem Maul
Beißt sie zu
Die *xumpets'k'in*-Eidechse

Sich auf und nieder duckend
Daß das Wasser sprudelt
Daß Blut fließt
Blut trinkt sie*
Dort erhebt sie sich
Dann steht sie auf
Daß das Wasser sprudelt
Daß Blut fließt
So beißt sie zu
Spitze Nadeln
Sind ihre Zähne
Sich anschleichend
Auf und nieder duckend
Zieht sie umher
Dort im trockenen Laub
Dort im Gestrüpp
Dort auf den Armen der Bäume
Dort klettert sie am Hause hoch
Auf und nieder duckend
Dort im Inneren des *pets'k'in*-Baumes
Ist die *xumpets'k'in*-Eidechse
Sie trägt es so in ihrem Bewußtsein
Gesucht seien die Seile, ihre Adern
Dort unter ihren Achselhöhlen
Gesucht seien die Seile
Dort an den Wirbeln ihres Rückens
Auf und nieder duckend
Die Seile, ihre Adern
Ich habe ihn, den Zauber
Dann ist beendet ihr Beißen
Spitze Nadeln
Spitze Haken
Das sind die Zähne der *xumpets'k'in*-Eidechse
Sich auf und nieder duckend

* D. h., daß die Eidechse durch ihren Biß einen blutigen Durchfall auslöst.

Dort im Inneren des *pets'k'in*-Baumes
Kriecht sie
Daß das Wasser sprudelt
Daß Blut fließt
Blut trinkt sie
Sich auf und nieder duckend
Züngelnd
Weiß sind die Streifen ihres Bauches
Zerrissen sei sie
Dort am Loch ihres Hinterns
Ich habe ihn, den Zauber
Dann setzte ich mich
Dort ins Innere des *pets'k'in*-Baumes
Heran kriecht sie
Die Baumwollflocken
Sind dort ihre Därme
Ey, *kanahan*
Im Bewußtsein des Sonnenmaße.

Die Lakandonen sagen, daß die *xumpets'k'in*-Eidechse der sichtbaren Welt gefährlich wie eine Schlange ist, denn sie hat spitze Giftzähne, mit denen sie einen Menschen töten kann. Ihr Gift ist wie das der Nauyaca oder *fer-de-lance (Bothrops atrox)* und das der schwer erkennbaren Astschlange *(Bothrops schlegelli)*. Von der heißt es:
»Die Astschlange kannst du kaum sehen. Nichts siehst du, sie ist genau wie die Baumschwämme, grau gesprenkelt. Aber, wenn du sie nicht siehst, beißt sie dich. Ihr Zahn ist äußerst giftig, denn sie ist wie die Nauyaca, wie die große Nauyaca. Du siehst sie einfach nicht, genau wie die Baumschwämme, genauso wie Bäume Pilze haben. Wenn du sie anfaßt, sie nicht gesehen hast, wird sie wütend und beißt dich. Sie ist äußerst giftig. Sie, die Astschlange, klettert in die Bäume. Siehst du, in die Bäume klettert sie. An dem Stamm schlängelt sie sich hoch; dort, wo sie die Bromelien sieht, dort klettert sie hin. An den Blättern der Stachelpalme klettert sie hoch. Dort liegt sie. Die

Astschlange frißt Frösche und kleine Tiere; alles frißt sie, Heuschrecken, meine ich ...«

Die Astschlange ist nicht nur gefährlich, wenn man sie *nicht* sieht. Denn sieht man sie, schleicht ihre Seele durch die Augen des Menschen in sein Inneres. Das Skelett des Menschen nimmt sie als Baum oder Palme wahr; sie kriecht an den Armen der Menschen entlang und schlängelt sich dabei wie um die Äste der Bäume; der eingeschnürte Knochen schmerzt. Auch der von der Krankheit der Astschlange Besessene wird mit einem Zauberspruch geheilt. Der Wissende verwandelt wieder seine eigene Seele in einen Vogel, der in das Geäst des Baumes – das Skelett des Kranken – fliegt, dort der Schlange nachstellt und sie schließlich zerbeißt.

Dort erhebt sie sich
Dann kam ich an und setzte mich
Dort liegt sie
Dort auf dem Ast
Kriecht sie heran
Dort steht sie
Ich kam da an
Dort steht sie
Die Bewohner des Kehlkopfbaumes
Dort erhebt sie sich
Ich habe es eingewickelt
Dort mein Knie
Dort steht sie
Die Astschlange
Dort steht sie
Der Schrei ertönt
Dort an der Mörderfeige
Dort erhebt sie sich
Da ist sie auf dem Baum
Sie, die Astschlange
Dort erhebt sie sich
Dann kehrte ich zurück und setzte mich

Ich habe das Brennen abgekühlt
Ich habe sie gekocht und geröstet
Dort erhebt sie sich
Das sind die Bewohner
Der *pahok*-Palme
Dort erhebt sie sich
Die Rote *pahok*-Palme
Ihre Bewohner
Dort erhebt sie sich
Die Stierhornakazie
Da ziehen ihre Bewohner hindurch
Dann kehrte ich zurück und setzte mich
Dort erhebt sie sich
Dann setzte ich mich, ihr Herr
Dort erhebt sie sich
Dann kehrte ich zurück und setzte mich
Dort erhebt sie sich
Ich kehrte zurück und setzte mich
Ich habe das Brennen abgekühlt
Dort erhebt sie sich
Da beißt sie
Dort erhebt sie sich
Da steht sie auf
Der *nokol*-Vogel
Er hat sie zerbissen
Dort erhebt sie sich
Dort die Taube
Sie nimmt sie in ihren Schnabel
Dort steht sie
kanahan
Ich kehrte zurück und setzte mich
Das ist ihr Herr
Dort erhebt er sich.

Wenn niemand den Zauberspruch zur Zerstörung der Astschlange weiß, man aber von ihrer Seele besessen ist, kann man sich noch durch eine besondere Handlung von ihr befreien. Auf die Stelle, die schmerzt, also dort, wo die Seele der Schlange um einen Ast geschnürt ist, muß man die stumpfe Seite eines Messers legen und so tun, als schneide man im Kreis herum das Körperteil ab. Die Seele der Schlange erfährt die stumpfe Seite der Klinge als schneidende Schärfe und wird durch sie getötet.

Wundenbringende Winde

> Der Vogel, der *uac-ppax* ruft und sich in die *uolpoch*-Schlange verwandelt, ist nichts als ein Wind . . .
>
> *Ein Maya aus Dzitas*

So, wie der Weiße Wind des Südhimmels die Düfte für die Götter verströmen läßt, bergen andere Winde die Seelen verschiedener Krankheiten. Winde sind in der sichtbaren Welt genauso unsichtbar wie die Krankheiten, die sie aus der unsichtbaren Welt bringen und in den Menschen hineinwerfen. Wind ist Bewegung, Veränderung und dadurch als Vermittler zwischen den Welten aktiv. Der Gelbe Wind bringt dem Menschen ein schmerzhaftes Leiden im Brustbein; er verfängt sich im Skelett des Menschen, das er als Baum wahrnimmt. Der Wind wütet und wirbelt dann so lange um die Äste, bis er mit einem Zauberspruch aus dem baumgestaltigen Skelett vertrieben wird.

Dort steht er, der Baum
Dort erhebt er sich
Dann setzte ich mich und zaubere
Gesundet sei es
Dort erhebt er sich
Da steht er
Der *pox*-Baum
Er, der Wind, zieht vorbei
Dort hebt er an
Dann ist es vorbei
Da zieht er vorbei, sitzend zieht er vorbei
Dort erhebt er sich
Ich habe es gesunden lassen
Dort erhebt sich der Schmerz

Ich habe ihn gekühlt
Dann erhebt er sich wieder
Da, an dem Arm des Baumes
Da sitzt er
Dort steht er
Dort erhebt er sich
Dort am Arme des Baumes
Dort am Fleische des Baumes
Dort erhebt er sich
Dann zieht er vorbei
Am Königsgeierbaum
Dort zieht er vorbei
Am Königsgeierbaum
Dort steht er
Da zieht er vorbei
Dort erhebt er sich
Der Königsgeierbaum
Die Weißen Wolken des Windes
Dort heben sie an
Dort stehen sie
Dort, dort ist er
Der Rote Anonabaum
Das sind seine Blätter
Dort wird er sich erheben
Dort wird er aufstehen
Der Rote Anonabaum
Der Weiße *muxan*-Baum
Dort erhebt er sich
Dann kehrte ich zurück, setzte mich und zaubere
Ich habe ihn abgekühlt
Er ist gesundet
Der Schmerz
Der dort festsitzt an der Brust
Dort erhebt er sich
Dann kehrte ich zurück und setzte mich
Der Schmerz steigt auf

Dann erhebt er sich
Dort bis an den Arm des *sälan*-Baumes
Der *sälan*-Baum
Dort steht er
Dort erhebt er sich
Der Weihrauchbaum
Dort steht er
Der Weihrauchbaum
Dort erhebt er sich
Die Eiche
Dort erhebt er sich
Dort bei der Eiche
Bei der Kleinen Eiche
Bei der Großen Eiche
Da stehen sie.

Wenn ein Greifvogel oder ein Hauben-Hocko (ein *koox*-Vogel) ein Nagetier gefressen und verschlungen hat, verwandelt es sich in seinem Magen in ein Gewölle, das er wieder hochwürgt und ausspeit. Geschieht dies im Flug und fällt das Gewölle auf das Dach eines Hauses, kommt ein Wind und trägt die Seele des ausgespieenen Gewölles in den Magen eines Menschen. Die Seele des Gewölles will aber wieder aus dem Magen heraus und in die Fell- und Knochenreste auf dem Dach schlüpfen. Also beißt und tobt die Seele des Gewölles und drängt wie Wasser, das sprudelnd überkocht. Dem Menschen, in dessen Magen die Seele des Gewölles sitzt, wird übel, und er erbricht sich. So lange, bis ein Wissender mit Hilfe eines Zauberspruches dafür sorgt, daß die Seele aus dem Magen heraus und wieder in das Gewölle auf dem Dach zurück kann.

Dort erhebt es sich
Dort steht es
Das sind ihre Flügel, die vorbeiziehen
Das ist ihr Wind
Dort erhebt es sich

Dann kehrte ich zurück und setzte mich
Ich habe es kalt abgerieben
Dort erhebt es sich
Das sprudelnde Wasser
Dort steigt es hoch
Plötzlich erbricht es sich
Dort erhebt es sich
Das ist das Aufstoßen
Dort erhebt es sich
Das ist das Ausgestoßene des *koox*-Vogels
Dort erhebt es sich
Dort auf dem Dach des Hauses
Vorbeiziehen da die Flügel
Dort erhebt es sich
Dann kehrte ich zurück und setzte mich
Sprudelnd schäumt das Wasser
Dort erhebt es sich
Ich habe es kalt abgerieben
Sie, ihre Flügel, fächern es auf
Das sprudelne Wasser
Dort steigt es hoch
Dann kehrte ich zurück und setzte mich
Kalt habe ich ihr Beißen abgerieben
Dort steigt sie hoch
Die Mutter-des-Windes, der weiße Adler
Das sind ihre Flügel
Das sind ihre Schwingen
Dort ziehen sie über das Haus hinweg
Die Dinge trocknen
Dort erhebt es sich
Dann kehrte ich zurück und setzte mich
Das ist ihr Herr
Ich habe es kalt abgerieben
Denn es kocht über
Dort steigt es hoch
Das ist der Wind

Dort hebt er an
Da zieht er vorbei
Am Himmel
In der Richtung des Weges
Hebt er an
Dorthin kehrte ich zurück und setzte mich
Ich habe kalt abgerieben, das Beißen
Das Erbrechen hebt an
Es schäumt aus der Höhle heraus
Es beißt
Dort erhebt es sich
kanahan
Dort steigt sie auf
Die Mutter-des-Windes
Das Wasser sprudelt
Sein Schaum
Dort sitzt er auf dem Wasser
Kalt habe ich ihn abgerieben
Dort steigt er auf.

Der Mensch hat in der Leistengegend zwei Drüsen, die die Lakandonen, analog zu den Hoden, die Bohnen der Oberschenkel nennen. Diese Bohnen können anschwellen, extrem schmerzen und den Menschen völlig lahmlegen. Ein Wind, der *äx bokan* heißt und sich wie ein kleiner Wirbelwind dreht, hat dann die Seelen der Baumkürbisfrüchte *(Crescentia cujete)* in die Drüsen getragen. Dadurch schwellen sie bis zu Faustgröße an, werden rund und prall wie ein Baumkürbis. Mit einem Zauberspruch können die kugelrunden, großen Seelen aus dem Menschen, dessen Seele bei dieser Krankheit die Gestalt des großblättrigen und harten *bo'ch'ich'*-Baumes angenommen hat, entfernt werden. Der *äx bokan*-Wind, der sie gebracht hat, trägt sie auch wieder davon.

äx bokan
äx bokan-Wind

Dort hebt er an bei dem *bo'ch'ich'*-Baum
Dort sitzt es
Dort zwischen der Astgabel
Der Kleine *bo'ch'ich'*-Baum
Der Große *bo'ch'ich'*-Baum
Der Große *bo'ch'ich'*-Baum ist es
Dort erhebt es sich
Dort zwischen der Astgabel
Die Kleine Kürbisschale
Kugelrund
Sitzt sie dort zwischen der Astgabel
Der Kleine Baumkürbis
Der Große Baumkürbis
Aufgelegt sei er
Dort durch das Bächlein fließt die große Kälte
Am Großen Berg
Da hebt der *äx bokan*-Wind an
Dort am Firstbalken
Der *äx bokan*-Wind
Ich habe ihn angelegt
Dann steigt der Dunst über dem Berg hoch
Das ist der lebende Stein
Dort erhebt er sich
Dort zieht er den Großen Berg hinauf
Mit Nebel hüllt er sich ein, der Große Berg
Der Echte *bo'ch'ich'*-Baum
Der Kleine *bo'ch'ich'*-Baum
Die Runden
Dort zwischen seiner Astgabel
Dort kugeln sie sich
Zwischen der Astgabel
Dort erheben sie sich
Die Kleinen Baumkürbisse
Die Langen, bauchigen Baumkürbisse
Die Kleinen Baumkürbisse
Die Baumkürbisschalen

Die Kleinen Baumkürbisse
Kugelrund sind sie
Dort erheben sie sich
Auf den Schenkeln.
Der *äx bokan*-Wind
Ich habe abgekühlt
Dort sein Brennen
Der *äx bokan*-Wind
Der *bo'ch'ich'*-Baum
Der Kleine *bo'ch'ich'*-Baum
Der Große *bo'ch'ich'*-Baum
Dort stehen sie
Kugelrund sind sie
Dort zwischen den Astgabeln
Der *äx bokan*-Wind
Der *bo'ch'ich'*-Baum
Der Kleine *bo'ch'ich'*-Baum
Der Große *bo'ch'ich'*-Baum
Die Kleine Kürbisschale
Der Lange ovale Baumkürbis
Der Gelbe Baumkürbis
Der Lange ovale Baumkürbis
Kugelrund sind sie
Die Baumkürbisse des Waldes
Die Anonaliane
Der Kleine Baumkürbis
Dort sitzt er gekugelt
Zwischen der Astgabel des *bo'ch'ich'*-Baumes
Dort erheben sie sich
Zwischen der Astgabel des Kleinen *bo'ch'ich'*-Baumes
Kugelrund sitzen sie zwischen der Astgabel
Dort sind sie gekugelt
Zwischen der Astgabel
Dann erheben sie sich
Der Große *bo'ch'ich'*-Baum
Dort hebt er an

Der *xbo'bokan*-Wind
Dann steht dort der Kessel
Wasser habe ich hineingegossen
Den Firstbalken des *äx bokan*-Windes
Den habe ich darüber gelegt
Da hüllt er sich in Nebel
Da der Große Berg
Der lebende Stein
Ich habe es abgekühlt
Das Brennen
Die Hagelkörner
Dann ist damit das Brennen gekühlt
Das des *äx bokan*-Windes
Der *bo'ch'ich'*-Baum
Kugelrund sitzt es
Dort zwischen seiner Astgabel
Dort erheben sie sich
Die Kleinen Baumkürbisse
Die Großen Baumkürbisse
Die Kleinen Kürbisschalen
Kugelrund sind sie
Dort zwischen der Astgabel
Die Kleinen Kürbisschalen
Die Großen Kürbisschalen
Die Kleinen Kürbisschalen
Kugelrund sind sie
Dort zwischen der Astgabel des *bo'ch'ich'*-Baumes
Des Großen *bo'ch'ich'*-Baumes
Die Kleinen Kürbisschalen
Der Große Gelbe Baumkürbis
Der Lange ovale Baumkürbis
Der Kleine Gelbe Baumkürbis
Der Kleine *bo'ch'ich'*-Baum
Dort sitzen sie kugelrund
Zwischen der Astgabel
Die Hagelkörner

Sie seien aufgelegt
Dort auf den Rücken des *bo'ch'ich'*-Baumes
Der Kleine *xbo'bokan*-Wind
Da hebt er an
Mit Nebel hüllt sich der Große Berg ein
Ich habe ihn, den Zauber
Dann kehrte ich zurück, setzte mich und erinnerte mich
Nicht weiß er von mir, dem Weißkopf
Denn ich, ich habe ihn, den Zauber
kanahan.

Auch bei der *Schlangenblut*-Krankheit verwandelt sich die Seele des Kranken. Sie wird zu einem Kautschukbaum. Das dickflüssige Blut des Baumes – sein Kautschuk – ist das von einem Wind herbeigetragene Schlangenblut. Es kriecht in das Bewußtsein des Menschen und breitet sich von dort in seinem Kopf aus. Der Kopf wird von einem pochenden Schmerz erfaßt, so daß der Betroffene glaubt, er werde jeden Moment explodieren. Dann kann nur ein Wissender mit einem Zauberspruch helfen. Er setzt sich vor den Kranken und rezitiert den Spruch. Dadurch tritt seine Seele heraus und schneidet den Schlangenblutbaum an. Mit diesem unsichtbaren Aderlaß quillt das Schmerzen verursachende Schlangenblut aus dem geöffneten Holz heraus. Die Seele des Wissenden zapft es ab, wäscht und vulkanisiert es (mit Salzwasser, so als sei es Kautschuk). Aus dem Schlangenblut stellt er kleine Figuren her, denen des *Vollen Blutes* gleich, und präsentiert sie auf dem Opferbrett den Winden der Himmelsrichtungen. Sie tragen das Schlangenblut davon, und die Krankheit des Bewußtseins des Menschen, die sich als Kopfschmerz äußert, verliert ihre Kraft.

Schlangenblut
kanahan
Der Schlangenblutbaum
Sein Holz öffnet sich
Dort an seiner Wurzel

Dort erhebt es sich
Das Schlangenblut
Dort öffnet sich sein Holz
In der Morgendämmerung
Öffnet sich sein Holz
Dort erhebt er sich
Ich wasche ihn
Mit dem Wasser des Meeres
Ich nahm sie
Die Medizin und habe sie hineingemischt
Dann habe ich es umgerührt
Der Schlangenblutbaum
Sein Holz öffnet sich
Dort an seiner Wurzel
Ich habe die Medizin vermischt
Herausgelaufen komme ich
Und ziehe meinen Hocker hinterher
Der Wind des Nordostens
Ich habe es geschafft
Dann kam ich heraus
Im Freien wird es glitschig
Dann habe ich es fortgeworfen
Das Schlangenblut
Dann ist er gesundet
Um Streifen in seine Rinde zu schneiden
Nahm ich mein Messer
Die Rinde schneiden und abzapfen
Des Schlangenbaumes Saft
Dort unter seinen Blättern
Ist das Schlangenblut
Dort sitzt es am Halse der Blätter
Da unter seinen Stacheln
Das Blut, sein Saft
Dort erhebt es sich
Dort an seiner Wurzel
Dort an seinem Stumpf

Dort ist ein Loch im Stumpf
Es spreizt sich
Das Holz öffnet sich
In der Morgendämmerung
Wenn sich die Nacht zur Seite neigt
Öffnet sich sein Holz
Ich nahm es, das Schlangenblut
Darauf goß ich das Wasser des Meeres
Darüber fließt es
Das Wasser des Meeres
Damit wasche ich es
Das Schlangenblut
Dann ist er gesundet
Der Schlangenblutbaum
Dort sind seine Arme
Das Feuer der Mitte des Tages
In der Morgendämmerung
Öffnet sich das Holz
Wenn die Sonne in die Unterwelt getreten ist
Öffnet sich sein Holz
Wenn sich die Nacht zur Seite neigt
Das ist der Fisch der Nacht
Das Holz öffnet sich
Um Mitternacht
Dann erhebt es sich
In der Morgendämmerung
Öffnet sich sein Holz
Das Schlangenblut
Es röten sich die Blätter
Die des Schlangenblutbaumes
Sein Holz öffnet sich
Um Mitternacht
Öffnet sich sein Holz
Dann habe ich es gewaschen
Habe die Medizin hineingemischt
Habe umgerührt

Habe es durchgeknetet
Habe es aufgesetzt
Auf die Weihrauchkugeln
Dann habe ich sie hochgehoben
Daß der Wind des Westens
Das Schlangenblut hinwegträgt
Der Nordwind
Dann habe ich es hochgehoben
Daß er es hinwegträgt
Der Südwind
Er ist gesundet
Denn ich habe es mit ihm fortgeworfen
Der Schlangenblutbaum
Sein Holz öffnet sich
Dort am Hals seiner Blätter sitzt es
Seine Blätter röten sich
Seine Blätter setzen sich
Um Mitternacht
Fallen seine Blätter
Denn gerötet sind seine Blätter
Gereift sind seine Früchte
Das Schlangenblut
kanahan
Der Schlangenblutbaum.

So, wie in dem Zauberspruch der jahreszeitliche Wandel des Baumes beschrieben wird, verändert sich auch die Seele des Kranken. Und wie sich die Bäume des Waldes durch das Denken des schöpfenden Gottes wandeln, so wird die Seele des Menschen durch sein eigenes Denken beeinflußt und verwandelt.

Gestalten der Angst und des Wahnsinns

Wenn ich dich dahin bringe, zu sehen, wie könntest du für die Geisteskranken zaubern? Wenn du den Geist des Wahnsinns findest, wirst du anfangen, als Schamane zu wirken . . .

Sereptje, ein samojedischer Schamane

So, wie die berstenden Kopfschmerzen des Schlangenblutes, das wie eitriges Blut durch den Kopf des Kranken pulsiert, sind auch Angst und Wahnsinn Krankheiten des Bewußtseins. Wenn der Mensch einem Gott, einem Geist, den Heerscharen des Todes, Riesenjaguaren oder Drachen begegnet, wird ihm das Bewußtsein *herausgerissen.* Dann ist seine Seele *gebissen* worden und aus ihrer *zerbrechenden* Herzhöhle geflohen, und das Denken ist gegangen. Ein Zittern zieht durch den Körper, die Haare *wachsen in die Höhe* wie die Borsten eines Stachelschweines, und die Haut wird bleich und sieht aus wie die eines blutleeren, gerupften Truthahns. Die Stimme bleibt wie ein Stein im Kehlkopf liegen, die Glieder versteifen sich, und ein Fieber flammt auf. Der erschreckte Mensch ist krank; er leidet an der Krankheit *Angst.* Die Angst manifestiert sich in der unsichtbaren Welt in der Gestalt von Kürbisflaschen, Kürbisschalen, Hängematten, Tragenetzen und Taschen. Dergestalt umschließt sie das herausgerissene Bewußtsein des Menschen und hält es gefangen. Das Bewußtsein des Kranken zerfällt, verliert sich, wird gefangen von den unsichtbaren Seelen der Flaschen, Schalen und Netze – Gegenstände, die traditionell zur materiellen Kultur der Lakandonen gehören und in jedem Haus aufgehängt verwahrt werden – und verteilt sich so im Haus. Der fiebernde, in halber Ohnmacht vor sich hin dämmernde Mensch liegt in seinem Haus und wird erst gesund, wenn die einzelnen Stücke seines Bewußtseins wieder in ihn

zurückkehren. Dazu werden von einem Wissenden *alle* im Haus des Kranken hängenden Kürbisflaschen und -schalen, Hängematten, Tragenetze, Taschen und Baumfasern zu deren Herstellung losgebunden und auf den Fußboden gelegt. Durch diese Handlung in der sichtbaren Welt werden die Seelen der Flaschen, Schalen und Netze von ihren physischen Körpern getrennt. Sie hängen noch unsichtbar in der Luft oder an der Wand und halten das zerstückelte Bewußtsein fest. Jetzt bepustet und bespuckt der Wissende den Kranken dreimal, um seinen Körper für die Gestalten der unsichtbaren Welt zu öffnen. Dann rezitiert er den Zauberspruch zur Heilung der Angst. Dadurch verläßt ihn seine eigene Seele, fährt in die unsichtbare Welt, findet die Seelen der Flaschen, Schalen und Netze, die in der Luft und an der Wand hängen, ergreift sie, zerschlägt und zertrümmert sie. So befreit er Stück für Stück die zerrissenen Teile des Bewußtseins des Kranken und gibt sie ihm zurück.

Dort erhebt sie sich
Dann kehrte ich zurück
Die Kürbisflasche

Dort bei ihr erhebt sie sich
Dann kehrte ich zurück, setzte mich und zaubere
Dort erhebt sie sich
Die Kürbisflasche
Dort erhebt sie sich
Die Kürbisschale
Ich habe sie zertrümmert
Dort erhebt sie sich
Dort erhebt sie sich
Ich habe sie zertrümmert
Die Kürbisschale
Dort erhebt sie sich
Ich habe sie alle zertrümmert
Ich habe sie umarmt
Die Kürbisschale
Die Hängematte
Sie schaukelt
Sie schaukelt und sie tanzt
Dort erhebt sie sich
Dort zieht sie vorbei
Die große Kürbisschale
Dort erhebt sie sich
Die Baumkürbis-Opferschale
Da erhebt sie sich
Dort erhebt sie sich
Die große Baumkürbis-Opferschale
Ich habe sie zertrümmert
Ich habe sie zerdrückt
Ich habe sie zerrieben
Sie schaukelt
Dort erhebt sie sich
Dann erhebt sie sich
Ich habe sie zerrieben
Die Kürbisflasche
Ich habe sie zertrümmert
Ich habe sie zerschlagen

Ich habe sie zerbrochen
Ich habe sie aufgesammelt
Ich habe sie genommen, ich habe sie zertrümmert, als sie tanzten
Dort erhebt sie sich
Ich habe alles ganz aufgesammelt
Die Kürbisflasche
Die Flasche
Dort erhebt sie sich
Dort zieht sie vorbei
Die Kürbisschale
Die geflochtene Tasche
Das Tragenetz
Dort hängen sie
Dort hängen sie im Haus
Die Baumfasern
Dort erhebt sie sich
Dort erhebt sie sich
Die Baumfasern
Ich habe sie abgebunden
Ich habe sie abgebunden, dort, wo sie sich erhebt
Die Baumfasern
Die Ledertasche
Dort hängt sie
Da schaukelt sie
Da tanzt sie
Da schaukelt sie.

Die gewünschte Heilung der Krankheit *Angst* kann nur erfolgen, wenn die sichtbare Welt *und* die unsichtbare Welt verändert wurden. Die vom Wissenden gezeigte und bewußt durchgeführte Wandlung der Außenwelt ist fast identisch mit der durch den Zauberspruch beschriebenen Wandlung der Innenwelt. In der Sprache der Psychologie ausgedrückt, ist die Angst symbolisch in den Gestalten von Objekten der Außenwelt vernichtet und so der an der akuten Angst Leidende geheilt worden. Diese Heilmethode der Lakandonen erinnert in ihrer Applikation und Durchführung stark an moderne Formen der Psychotherapie, insbesondere an die Gestalt-Therapie (siehe *Perls* 1976).

Wenn sich in der unsichtbaren Welt die Winde erheben, sich die Wolken zusammenbrauen und Musik und Flöten ertönen, entsteht *tankasil*, der Wahnsinn. Vom Herrn des Strudels und den Flügeln der Adler wird er verbreitet. So, wie die tosenden Winde die Blätter der Bäume rütteln und schütteln, fällt das Bewußtsein in sich zusammen, zerstreut es sich wie das Laub im Wirbelwind, wenn ein Mensch vom Wahnsinn gepackt wird. Das Bewußtsein eines an der Krankheit *Wahnsinn* Leidenden dreht sich wie im Strudel, zerfetzt wie ein ausbrechender Vulkan, schaukelt durch die Leere wie eine Hängematte. Der vom Wahnsinn Erfaßte verliert die Orientierung, weiß nichts mehr von oben und unten, von vorn und hinten oder rechts und links. Die Blätter seines Bewußtseins verteilen sich, zerstäuben im Wind, verlieren sich in den Welten. In dem Kranken herrscht Chaos, und sein Bewußtsein *ist* Chaos. Der Zauberspruch zur Heilung des Wahnsinns ist der gefährlichste Spruch, den die Lakandonen kennen. Wer ihn erlernt, erfährt selbst den Wahnsinn, versinkt für eine Zeit im Strudel des zerfallenden Bewußtseins, taucht aber wieder daraus hervor und hat nun die Kraft, mit den Worten des gelernten Zauberspruches einen am Wahnsinn Leidenden zu heilen.

kanahan
Es ist Musik
Es sind Flöten
Die Wolken
Der Wind des Südostens
Er ist es, der sie dahin bläst
Die Musik
Die Blätter der Bäume
Dort streicht er vorbei
Es sind Flöten

Es ist Musik
Die Wolken
Die Blätter der Bäume
Er hebt an
Er bläst sie
Die Wolken
Er, der Wind des Südostens
Der Wind des Sonnenaufganges hebt an
Der Nordwind
Die Hängematte
Sie schaukelt
Ich drehe mich
Gut ist da sein Bewußtsein
Die Wolken
Die Wolken sind es
Musik ist es
Flöten sind es
Kürbisschalen sind es
Die Wolken
Die Trinkschalen
Ich spielte auf ihnen
Ich flötete auf ihnen
Die Musik ist es
Die des Weges
An der Seite der Wolken
Die Blätter des Mahagonibaumes
Sie fallen herunter
Geschlagen ist der Baum
Sie fallen herunter, sind geschlagen
Die Wolken
Die Weißen Wolken
Die Blätter der Heliconia
Der Wind ist es
Der Wind des Südostens
Sie erheben sich und rasen vorbei
Die Wolken

Der Südwind ist es
Der Nordwind ist es
Der Nordostwind ist es
Sie sind es, die ihn herblasen
Den Wahnsinn
Dann kehrte ich zurück und setzte mich
Ich habe es kalt abgerieben
Ich habe es gesunden lassen
Ich habe es beendet
Sie steigen hoch
Die Wolken
Der Mahagonibaum
Es fallen seine Blätter
Sie werden getrieben, zerstoben
Es sind die Wolken
Sie sind es, die sie vertreiben
Geschlagen fallen sie herunter
Er hebt an
Der Wind des Südostens
Flöten sind es
Musik ist es
Der Wahnsinn
Er zieht vorbei
Ich habe ihn da fortgeblasen
Dann kehrte ich zurück und setzte mich
So stehen sie da
Das ist sein Herr
Das ist seine Herrin
Sie steigen auf
Die Wolken
Die Flöten
Die Musik
Die Wolken
Dort erheben sie sich
Da steht sie
Die Kürbisschale

Ich habe sie zertrümmert
Sie steigen auf
Die Wolken
Der Wind des Nordostens
Der Wind des Südostens
Sie sind es, die da vorbeiziehen
Sie ziehen vorbei
Gedacht auf dem Wege
Kehrte ich dann zurück und setzte mich
Ich habe ihn davongeblasen
Den Wahnsinn
Die Flöte gespielt
So zerstäuben die Holzspäne
Es fallen die Blätter der Bäume
Der Wind des Südens
Der Wind des Nordens
Unter der Sonne heben sie an
Da heben sie an und blasen
Das ist der Herr des Strudels
Ich drehe mich
Herr des Strudels
So drehe ich mich um
So ziehe ich vorbei
Das sind ihre Flügel
Sie fächern ihn fort
Ich drehe mich
Gut ist da sein Bewußtsein
So schaukle ich in der Hängematte
So schaukle ich es davon
So ist es vorbei.

Indem der Wissende mit dem Zauberspruch den Zustand des verwirrten Bewußtseins beschreibt, bekommt er Gewalt über das ursprünglich namenlose Chaos. Er fängt damit den Wahnsinn ein, wird selbst zum Wind und bläst ihn fort, befreit das Bewußtsein des Kranken. Mit den Veränderungen des Bewußtseins des Kranken ändert er dessen Wirklichkeit; mit dem Zauberspruch wird die Wirklichkeit eines verwirrten, desorientierten Bewußtseins in die Wirklichkeit eines guten Bewußtseins transformiert. Diese Wirklichkeit, durch den Zauberspruch konstruiert, ist der Prozeß der Wandlung. Die Krankheit Wahnsinn gehört zur Wirklichkeit des Menschen wie der Wald, der Himmel und die Sonne. Und wie sich der Wald als lebender Organismus ständig wandelt, der Himmel immer neue Schattierungen annimmt und die Sonne andere Bahnen einschlägt, so verwandelt sich das Bewußtsein und dessen Wirklichkeit durch die Kraft der Worte, durch die Macht des Zauberspruchs. Wie durch Gebete und Opferhandlungen das Bewußtsein des Himmels, das den Kosmos in Ordnung hält, verändert wird, so sind es die Zaubersprüche, die das Bewußtsein des Menschen, das als einziges das System Mensch zusammen- und in Ordnung halten kann, wandeln. Reguliert das Bewußtsein des Himmels die Ökologie des Regenwaldes, so regeln die Zaubersprüche die Ökologie des Systems Mensch. Als Naturbeschreibung bilden die Zaubersprüche die innere Welt der Lakandonen, die eigentlich mit der äußeren Welt des Regenwaldes identisch ist, ab. Der Regenwaldmensch findet sein Bewußtsein in den Gestalten seiner Umwelt wieder.

Der Maya kimen, *das in der Gestalt eines fliegenden Affen manifestierte »Mayasterben« (Kinderzeichnung).*

Der Puls des Todes

Der Tod ist eine der wenigen universalen Erfahrungen der menschlichen Existenz. Er ist das unausweichlichste Ereignis in unserem Leben, ein Ereignis, das mit absoluter Sicherheit zu erwarten ist. Und dennoch ist das Wesen des Todes in tiefes Geheimnis gehüllt.

STANISLAV GROF UND JOAN HALIFAX
Die Begegnung mit dem Tod

Die Lakandonen fürchten sich nicht vor dem Tod, denn der Puls des Todes ist gleichzeitig der Herzschlag des Lebens. Ohne den Tod wäre kein Leben möglich, ohne Sterben gäbe es kein Gedeihen. Leben und Tod sind die Wandlungen materieller Gestalten und unsichtbarer Gefüge. Leben und Tod sind verschiedene Seinsformen des Systems Mensch. Im Leben ist der Mensch eine sich ergänzende und integrierte Einheit aus dem Bewußtsein, dem Denken, der Seele, dem physischen Körper und den vier Geistern, verbunden mit dem externen Tiergeist des Waldes. Im Tod löst sich diese Einheit auf, aber ihre Bestandteile sind noch nicht verloren: Das Denken ist an die Lebenden weitergegeben, die Seele fährt mit dem ihr eigenen Bewußtsein durch die Unterwelten und Himmel, der physische Körper vergeht und gibt seine Lebenskraft den sich aus der Erde neu entfaltenden Pflanzen, und die vier Geister schwirren in den Wald, der mit dem Blut ihres ehemaligen Besitzers gedüngt ist. Ob der Tiergeist verloren im Walde umherirrt und sein Komplement sucht oder mit ihm zusammen das Abenteuer des Todes antritt, weiß nur Hachäkyum, Unser Wahrer Herr.

Wenn sich ein Lakandone vor einer längeren Trennung von einem ihm liebgewordenen Menschen verabschiedet, sagt er:

wa toh kuxa'anen äh ka'ilikeex

»Wenn ich dann noch lebe, werden wir uns wiedersehen!«

Genauso werden alle Zukunftspläne geschmiedet: ... »wenn ich dann noch lebe!«

Im Regenwald ist der Tod ständig gegenwärtig, ebenso wie zu allen Tagen und in allen Jahreszeiten neue Geschöpfe erblühen. Und die Lakandonen haben den Tod so akzeptiert, wie einstmals die Götter akzeptieren mußten, daß sie bei der Schöpfung aus Versehen auch Giftschlangen und Drachen in die Welt gesetzt hatten.

In der Urzeit, zu der Zeit also, in der die Urahnen ihre Welt kennenlernten, reiste Nuxi', der Maulwurffänger, in die Unterwelt, traf dort Götter, den Herrn des Todes und dessen Familie und sah die Seelen bereits Verstorbener. Alles Wissen um den

Tod, die Weiterexistenz der Seele und die Unterwelt verdanken die Lakandonen ihrem Urahnen Nuxi', dem Maulwurffänger. Von den Göttern der Unterwelt lernte Nuxi' eine Technik, um Menschen vom Tode wiederauferstehen zu lassen.

Als Nuxi' der Maulwurffänger wieder aus der Unterwelt hervorkam, hatte er keine Frau mehr, denn sie hatte wieder geheiratet, weil er, Nuxi', zweimal die Zeit der Ersten Sonne fort war. Nuxi' konnte da Menschen wieder zum Leben erwecken. Starb ein Mensch, erweckte er ihn wieder.
Gut, da kam ein Urahne, dessen Frau seit dem letzten Mond tot war.
»Komm, gehen wir, komm, sehen wir nach ihr«, sagte er.
»Gut, gehen wir.«
Sie war gestorben, beim letzten Mond war sie gestorben.
Nuxi' nahm sie aus dem Grab.
»Wie es wohl aussieht, wie er sie wiederbelebt? Ich werde es mir ansehen.«
Der Urahne band sie aus der Hängematte und wickelte sie aus dem Leichentuch. Er löste alle Bänder. Er wollte sehen, wie es aussah, wenn Nuxi' sie wieder zum Leben erwecken würde. Hätte er seine tote Frau nicht losgebunden und zugesehen, hätte Nuxi' sie wieder zum Leben erwecken können. Jetzt aber ging es nicht mehr. Hätte früher der Urahne nicht zugesehen, für immer hätten die Toten wiedererweckt werden können. So erzählt man. Ich weiß nicht, ob es wahr ist, aber so erzählt man es. Für immer wäre es so gewesen: stürben wir, würden wir wiedererweckt werden. Selbst dann, wenn wir an einer Krankheit gestorben sind. Auch wenn du ermordet worden wärest, könntest du wiedererweckt werden. Selbst wenn du seit zwei Monden tot wärst oder schon seit einer Handvoll Monden oder seit zwei Händen voll Monden. Auch wenn es schon lange her ist, du würdest wiedererweckt werden. Wäre es noch so, würde er, Nuxi', nur deine Nase berühren und zusammendrücken. Mit einem Niesen richtest du dich auf und reckst dich: »Oh, ich bin müde vom Schlafen!«

Hätte der Mann seine tote Frau nicht ausgewickelt und Nuxi' zusehen wollen, wäre es noch so. Aber jetzt läßt es sich nicht mehr ändern. Nach zwei Händen voll Tagen brach in Nuxi' ein Fieber aus, und er starb. Der, der früher die Toten wieder zum Leben erwecken konnte, war gestorben. Man sagt, er sei in die Unterwelt zurückgekehrt.

Nachdem es unmöglich wurde, die Technik der Wiedererwekkung beizubehalten und der Tod der feste Bestandteil des Lebens geworden war, konnten die Lakandonen nur noch akzeptieren, was geschehen war, und sagen: *Es läßt sich nicht mehr ändern.*

Das Mayasterben

> Die letzte Erfahrung scheint diejenige der geheimnisvollen Leere zu sein, die das gesamte Dasein keimhaft enthält, das Nichts.
>
> STANISLAV UND CHRISTINA GROF
> *Jenseits des Todes*

Für die Lakandonen kommt der Tod meist nicht überraschend; er kündigt sich an, manifestiert sich in den Gestalten der Waldwelt. Wer die Zeichen des Waldes versteht, ihre Bedeutung kennt, weiß, daß der Tod gegenwärtig ist.

So sagte es mein Vater. Wenn du ein Faultier siehst, siehst, wie es am Ast hängt, wenn es frei an seinen Krallen hängt und du *ts'iih ts'iih* seinen Schrei hörst – man sagt, er klingt wie der Schrei einer Ratte, aber sehr laut ist sein *ts'iiih ts'iiih ts'iiih* –, du betrachtest, wie es dort am Ast wie ein Kinkaju hängt, mit seinem roten Fell im Freien hängt, wird jemand, der noch nicht tot ist, sterben. Es wird ein Mensch sterben; nicht viele, nur einer. Wenn du ein Faultier gesehen hast, wird jemand sterben.
»Ich habe es gesehen. Wer wird wohl sterben?«
»Ich weiß es nicht. Wir wissen nicht, wer sterben wird. Es ist ein schlechtes Vorzeichen. Ich habe ein Faultier schreien gehört.«
»Das ist wahr, weißt du es? Mir, mir ist es nicht bekannt. Es ist nicht bekannt, ob es ein Mann oder eine Frau ist, der da sterben wird.«
»Ah, das ist wahr. Wir müssen es sehen!«
Wenn du heute ein Faultier gesehen hast, wird es einen weiteren Mond dauern, bis sich ein Mensch niederlegt, nicht mehr aufsteht und stirbt. Deshalb sagt man: »Ich habe das Faultier gesehen. Es ist ein schlechtes Vorzeichen.«
Wenn die Urahnen ein Faultier gesehen haben, nahmen sie ei-

nen Pfeil und schossen es. Wenn es dann heruntergefallen war, haben sie es getötet und ins Unterholz geworfen: »Das schlechte Vorzeichen, jetzt haben wir es vernichtet.«
Nichts. Sie warteten die Zeit eines Mondes, dann die Zeit von zwei Monden, aber nichts. Alle waren noch da, niemand gestorben. Ah, es ist wahr, seitdem sagt man: »Wenn du ein Faultier gesehen hast, töte es. Wenn du es getötet hast, wirf es ins Unterholz. Das ist sehr gut, denn dann wird niemand sterben.«
Aber man sieht es nicht so oft. Bis heute hat niemand ein Faultier gesehen. Aber ich habe früher mal eins gesehen. Dann ist mein Vater gestorben. Ein einziges Mal habe ich ein Faultier gesehen, dort am Ufer des Schneidegrassees. Ich habe es gesehen, und nach zwei Händen voll Tagen ist mein Vater gestorben.

Auch in anderen Tieren des Regenwaldes offenbart sich der nahende Tod. So in der Spinnentöterwespe, die von den Lakandonen *äh muk chich*, »die, die ihre Enkel begräbt«, genannt wird. Kommt sie in die Nähe eines Hauses und gräbt ein Loch, um ihre Eier hineinzulegen, steht ein Begräbnis vor der Tür. Dieses schlechte Vorzeichen für die Bewohner des Hauses kann man abwenden, wenn man die Spinnentöterwespe fängt, verbrennt und begräbt. Damit hat sich das Vorzeichen erfüllt, denn das Begräbnis hat stattgefunden. Ein anderes Tier, ein riesiger Hundertfüßler, der *kisin*, also genau wie der Herr des Todes heißt, ist ein nicht minder gefährliches Omen.

Der *kisin*-Hundertfüßler ist wie ein *äh kamis*, ein Riesentausendfüßler, aber er hat sehr viele Arme und ist sehr blau. Siehst du, er ist so blau wie Indigo. Er hat einen Schwanz, der ist wie der einer Schlange. Wenn er dich beißt, meine ich, ist er sehr giftig, und es gibt keine Medizin dafür. Er hat keine Zähne, aber, wie soll ich sagen, er hat Zähne am Schwanz. Sein Schwanz hat Zähne, aber es sind keine richtigen Zähne, aber was es auch ist, Stacheln, sie sind giftig. Wenn er sie dir in die

Hand rammt, stirbst du daran. Der *kisin*-Hundertfüßler ist giftig. Wenn du ihn auf dem Weg siehst, ist es ein schlechtes Vorzeichen; ein schlechtes Vorzeichen hast du gesehen. Dann ist es nicht gut, wenn du herausgehst. Es ist ein schlechtes Vorzeichen, es prophezeit, daß jemand sterben wird oder von einer Schlange auf diesem Wege gebissen wird. Das zeigt er. Wenn ich ihn so sehe, töte ich ihn nicht. Früher habe ich einen auf dem Weg zum Großen See gesehen. Er war sehr lang, sehr groß. Herausgerissen war da mein Bewußtsein, und ich half mir, so schnell ich konnte, auf die Beine. Ich hatte sehr viel Angst vor ihm, so wie er da auf dem Weg lag. Ich habe ihn nicht getötet. Wenn er ins Haus kommt, ist das ein sehr schlechtes Vorzeichen. Dann töte ich ihn und verbrenne ihn mit gelöschtem Kalk und Chilipfeffer und spreche zu seinem Ohr. Denn es gibt einen Spruch an den *kisin*-Hundertfüßler. Dazu nimmst du Chilipfeffer und gelöschten Kalk. Damit verbrennst du ihn auf Maislieschblättern oder auf einem Hölzchen oder einem Stück Rinde. Dann sprichst du zu seinem Ohr:

Hier nicht
Komm nicht hierher, denn wir sind nicht viele
Du sollst dahin gehen, wo die Leute eng zusammenwohnen
Denn es sind sehr viele
Denn hier sind nicht viele
Geh weit weg
Komm nicht hierher.

Das ist der Spruch an den *kisin*-Hundertfüßler. Wenn er brennt, spricht man in sein Ohr:

Dann bist du dabei, dich weit zu entfernen
In die Stadt, wo es viele gibt
Hier, bei mir, sind nicht viele
Nicht viele sind wir.

Kurz ist der Spruch:

Nicht viele sind wir
Komm, geh weit in die Städte
In den Städten sind viele
Die sterben nicht aus.

Schluß. Es gibt *kisin*-Hundertfüßler, die den Spruch erhören, es gibt *kisin*-Hundertfüßler, die ihn nicht erhören. Kommt er (d. h. seine Seele) zurück, wird nach einem Mond jemand sterben.

Auch durch Traumdeutung kündigt sich der Tod an. Dann erscheint er in Gestalt von Schildkröten, Gürteltieren, Krebsen, Erdratten, Kröten, Fröschen, ausfallenden Zähnen, fallenden Bäumen und Sternen, dunklen Höhleneingängen, Blitz und Donner, Finsternissen, Erdbeben und Vulkanausbrüchen.
Die Lakandonen wissen, daß der Tod viele verschiedene Ursachen haben kann. Sehr alte Menschen sterben, weil sie eben sehr alt sind. Andere Menschen sterben bei Unfällen, an Schlangenbissen, an den Folgen unheilbarer Krankheiten oder überschrittener Tabus, am schadenbringenden Zauber eulengestaltiger Hexen, durch den Willen des Herrn des Todes oder den Befehl der Götter.
Wenn es die Götter befehlen, das Bewußtsein des Himmels es so erdacht hat, zieht das Mayasterben durch den Regenwald.

Es gibt ihn, den Mayakimen; er ist das Sterben der Maya*. Es waren die Götter, die ihn gemacht haben. So sagt man. Sie waren es, die ihn gemacht haben. Hachäkyum, Unser Wahrer Herr, er war es, der ihn erschaffen hat. Äkyantho', der Gott der Weißen, war es nicht. Er, Hachäkyum, er machte ihn für die Menschen des Waldes. Für sie sollte der Mayakimen dasein. Du hörst ihn in der Dunkelheit. Er zieht vorbei wie ein Spinnenaffe. Einem Spinnenaffen gleich zieht er durch die Finsternis. Früher – so erzählt man – lebten in Yaxchilan die Habo'. Sie waren es, die in den Himmel steigen konnten. Man sagt, daß sie bei den Weltuntergängen, dem Roten Sturm und dem Ende des Sprechens nicht gestorben sind, und auch dann nicht sterben werden, wenn das Ende der Welt wiederkommt, denn Hachä-

* Die Pestepidemien im kolonialzeitlichen Yucatán hießen auch *maya cimil* oder *maya cimlal*, »das Sterben der Maya«. Vielleicht ist der Mayakimen der Lakandonen eine mythifizierte Erinnerung an das damalige Massensterben.

kyum, Unser Wahrer Herr, liebt sie sehr. Die Habo' saßen im Freien und aßen. Es war Abend. Da fiel etwas herunter, das wie ein Spinnenaffe war. Es war draußen im Freien. Da hörten sie ein Sausen. Mitten auf die Erde, draußen im Freien, fiel es. Es hatte eine Krankheit, Fieber mit Erbrechen. Die rafft alle Menschen schnell dahin, bis sich einer erhebt, zu seinen Götterschalen geht und zu ihnen spricht. Früher sprachen sie zu den Götterschalen. Es kam vor, daß einer starb, aber man stirbt nicht, wenn man schnell zu den Göttern spricht. Die Habo' fingen so den (unsichtbaren) Körper der Krankheit wieder ein. Sie waren es, die Freunde Unseres Wahren Herrn, die ihn einfingen. Man sagt, sie verschnürten Blätter der Guanopalme. Sie verschnürten die Blätter der Guanopalme mit der *muuk*-Liane. Schnell fingen sie damit den Körper der Krankheit ein, sprachen zu den Göttern und setzten einen *balche'*-Trank an. Den tranken sie zu Ehren der Götter. An die Palmenblätter banden sie den Schädel eines männlichen Spinnenaffen. Die rotschwarzen *äm*-Früchte legten sie in seine Augenhöhlen. Das waren seine Augen. Dann gaben sie ihm einen Pfeil. Alles sollte er haben. Die Spitze des Pfeils war ein krummer Feuersteinsplitter. Die Federn der Eule waren die Federn des Pfeils. Einen Pfeil gaben sie ihm und einen Bogen aus dem Holz des Grünen Pfeilbaumes. Der Bogen war nur sehr kurz. Da war nun etwas, das war wie ein Mensch. Damit sollte die Krankheit eingefangen werden. Als es da lag, sprachen sie zu den Göttern:

Schlüpfe hinein
Laß sie hineinschlüpfen, mein Herr
Das ist es, was ich aus den Palmenblättern verschnürt habe
Schlüpfe hinein
Fange den Körper der Krankheit
Dann schlüpft er hinein
Daß keiner sterbe
Denn dagegen gibt es keinen Zauberspruch
Ich habe die Palmenblätter verschnürt
Schlüpfe hinein.

So beteten sie und tranken *balche'*. Sie gaben ihm auch etwas zu essen. Nicht gaben sie ihm Maisfladen. Eidechsen und Leguane waren seine Speise. Als Maisfladen gaben sie ihm Baumpilze. Da wurde er schwer. Der, der ihn trug, spürte, daß er da sehr schwer wurde. Schnell lief er durch das Dorf und schlug mit ihm gegen die Dächer der Häuser (damit alle Krankheiten in ihn hineinschlüpfen konnten). Dann rief er ihn an:

Geh, *kisin!*
So geh denn
Weit hinter das Meer
So gehst du
Bleibst nicht in der Nähe
Selbst wenn du das Fällen von Bäumen hörst
Selbst wenn du das Geschrei hörst
So geh denn
Weit hinter das Meer!

Dann warfen sie ihn in einen hohlen Baumstumpf. Darin schlief er, bis es dunkel wurde, bis nichts mehr deutlich zu erkennen war. Da lag das verschnürte Palmenblatt und hatte alle Krankheiten eingefangen. Und weil sie in den Palmenblättern verschnürt waren, wurden alle Menschen wieder gesund, standen auf, denn nichts war da mehr vom Fieber, nichts. Selbst die, die schwerkrank darniederlagen, standen wieder auf. Als die Sonne in die Unterwelt getreten war, dachten sie nicht mehr an die Krankheiten. Als es wieder hell wurde, waren sie wieder bei Bewußtsein.
Da hörten es die Urahnen. Sie hörten es, als es im Wald finster wurde. Sie hörten es, als nichts mehr im Wald zu erkennen war. Da hörten sie ein Knarren, da hörten sie eine Stimme, so erzählte man. Die Stimme sagte: »Eeh, ich bin sehr betrunken, sehr betrunken bin ich. So hörte ich die Worte meines Vaters, die Worte meiner Mutter. Ich hörte, wie sie es zu mir sagten: ›So gehe denn‹, sagten sie, ›jetzt sollst du dort weit hinters Meer gehen, selbst wenn du das Fällen von Bäumen hörst.‹ Gut, dann

gehe ich, kehre nicht mehr zurück, obwohl es vorher sehr gut war. Es gab Gesänge, es gab *balche'*, es gab Flöten, es war sehr gut vorher. Aber ich darf nicht wieder zurück, denn dann würde mich mein Vater bestrafen, würde mich meine Mutter bestrafen. So sagte es mein Vater, so sagte es meine Mutter. Sie sagten: ›So geh denn, falle nicht herunter, hoch am Himmel sollst du weit hinter das Meer ziehen.‹ Gut, jetzt gehe ich. Jetzt habe ich kein Essen mehr, selbst wenn ich hier meine Kürbisschalen habe. Vielleicht komme ich hierher zurück. Wenn ich zur Zeit der Ersten Sonne noch lebe, komme ich hierher zurück ... Nein, ich meine, ich komme nicht zurück. Denn ich habe das Wort vernommen.« Da hörten die Urahnen wieder ein Sausen. Das war der Mayakimen. Sie hörten, wie er aus dem Baumstumpf herausgeschossen kam und über die Bäume davonflog.

Hachäkyum, Unser Wahrer Herr, war es, der ihn forttrug. Er nahm ihn, den Mayakimen, zu sich zurück und warf ihn weit über das Meer. So erzählte man. Er, Hachäkyum, nahm den Mayakimen und warf ihn weit hinter das Meer. Ich weiß nicht, wohin der Mayakimen ging, aber er kam dort an bei Äkyantho', dem Gott der Weißen, der da weit hinter dem Meer ist. Der sammelte den Mayakimen wieder auf und erweckte ihn zu neuem Leben. Er setzte ihn wieder zusammen und verwandelte ihn in einen Menschen. Der ist dann eine Krankheit geworden.

Und wenn es die Götter wollen, fliegt der Mayakimen wieder sausend durch die Nacht über den finsteren Regenwald. Sieht er ein Licht, von einem Feuer, einer Fackel oder einer Lampe, stürzt er ab. Das Mayasterben breitet sich aus. Wenn es im Wald wieder hell wird, bleibt es für die Menschen dunkel. Sie sind gefangen in ewiger Nacht, denn niemand kann sie begraben. Ihre Seelen können dann nicht in die Unterwelt oder in den Himmel ziehen. Von Finsternis getrübt, irren sie ruhelos durch die unendliche Dunkelheit des Nichts.

Die Heerscharen des Todes

> Jede Grenze hat ein Diesseits und ein Jenseits ... Grenzübertritte unterliegen besonderen Gesetzen. Wer sie nicht genügend beachtet, begibt sich in Gefahr.
>
> JOHANNES HEMLEBEN
> *Jenseits*

Das Abenteuer des Todes hat zwei Seiten: die Erfahrung der Lebenden und die Erlebnisse des Gestorbenen.
Wenn sich ein Lakandone hinlegt, um zu sterben, sagt er *bähe' bin in ka' ten,* »Jetzt gehe ich«. Es kann sein, daß er nochmals seine Lebensgeschichte, seine Reise durch die Waldwelt erzählt. Ein Verwandter geht dann ins Götterhaus und spricht zu den Göttern, sie mögen sich der Seele des Sterbenden annehmen. Wenn der Atem geht, stirbt der Mensch. Dann müssen alle Götterschalen, die auf ihren Hockern auf dem Boden des Götterhauses ruhen, auf ihre *Betten,* auf geflochtene Gestelle an der Westseite des Götterhauses, hinaufgestellt werden, damit sie nicht mit den sich nun verteilenden vier Geistern des Verstorbenen in Berührung kommen können. Dem Toten werden nun Affenknochen, Maiskörner und einige vom Haupthaar seiner nächsten Verwandten abgeschnittene Strähnen in die noch warme Hand gelegt. Seine Seele braucht diese Gegenstände später auf ihrem Weg in die Unterwelt. Der Körper des Toten wird in seine Decke, die ihn im Leben vor der Kälte der Nacht beschützte, gewickelt und in seine Hängematte gelegt. Seine Verwandten gehen dorthin, *wo die Knochen der Menschen liegen,* ihrem Friedhof, der weitab der Siedlung und der Milpas versteckt im Wald liegt. Während sie ein rechteckiges tiefes Grab in Südwestrichtung ausheben, wird der Tote in seiner Hängematte von zwei Männern langsam zu seinem Grab getragen. Sie müssen ganz langsam gehen und dürfen nicht stolpern, damit

die Seele, die noch im Herzen des Toten ruht, nicht aus ihrer Höhle fällt und sich im Wald verirrt. Im Grab werden zwei Pfähle in den Boden getrieben, zwischen die die Hängematte mit dem darinliegenden Toten gespannt wird. Die dem Toten verwandten Frauen bereiten einige Maisspeisen, Pozole und Maisfladen (aus Mais, der nicht in Kalklauge gekocht wurde) zu. Dazu werden dem Toten in sein Grab einige der Gegenstände, die ihn schon im Leben begleitet haben, gelegt: Gewänder, Schuhe, Werkzeuge und Geräte, Schmuck und Nahrung. Der Tote darf im Grab keine Ketten um den Hals tragen, denn sonst bleibt seine Seele in seinen Knochen gefangen.

Das Grab wird jetzt mit Holzbrettern, Stöcken und Palmenblättern abgedeckt und mit Sand oder Erde zugeschüttet. Es entsteht ein Hügel über dem Grab, den die Lakandonen *mul* nennen – dasselbe Wort, mit dem die alten Maya ihre Pyramiden benannten. Der Hügel wird glattgestrichen und mit gelöschtem Kalk bestreut. Alle Verwandten setzen darauf eine aus Schilfrohr, Baumwolle und Bienenwachs hergestellte Kerze und flüstern dem Toten einen Spruch zu:

Hier ist meine Kerze
Nimm sie, behüte sie
Erschrecke mich nicht
Auch nicht in der Finsternis
Wenn ich hier vorbeiziehe
Reiß nicht mein Bewußtsein heraus.

Über dem Grabhügel wird noch eine kleine, palmenwedelgedeckte Hütte errichtet. Sie soll das Grab vor Sturm und Regen schützen. An den nach Westen gerichteten Dachbalken wird eine kleine Kürbisschale mit Maisfladen gehängt. Sie sollen die vier Geister des Toten nähren, die nach dem Begräbnis aus dem Körper fahren, die Gestalt des Toten, wie er im Augenblick des Sterbens aussah, annehmen und durch die Nacht spuken.

Die Geister der Toten bilden einen Flügel der Heerscharen des Todes, die den Seelen und Geistern der Lebenden nachjagen.

Während der folgenden drei Nächte nach einem Todesfall ziehen die vier Geister des Verstorbenen durch das Dorf, klopfen gegen die Wände der Häuser, öffnen die Türen, schlagen gegen die Dachbalken, rütteln an den Pfosten und rufen den Geistern, die in den Pulsstellen der Lebenden pochen, zu: »Kommt, so kommt doch, gehen wir.« Für die Menschen sind sie unsichtbar, aber in ihren Auswirkungen wahrnehmbar. Doch die Hunde, deren Augen besonders weit- und hellsichtig sind, können die umherstreifenden Geister sehen und mit ihrem Bellen fortjagen.

Auch die in den Häusern brennenden Feuer und zum Schutze aufgehängten Maiskolben vertreiben die Geister. Das Licht des Feuers nehmen sie als Sonnenschein wahr und die Maiskörner als fröhliche und lachende Menschen. Sieht der Geist aber, daß in einem Haus ein Abfallhaufen liegt, fährt er dort hinein. Wenn der Besitzer des Hauses schläft, steigt der Geist aus dem Abfallhaufen, stürzt sich auf den Schlafenden und saugt ihm das Blut, den Atem und das Leben aus der Nase. Der Schlafende wird nie wieder erwachen, denn seine Seele hat keine Nahrung mehr und seine Geister sind in die Heerscharen des Todes eingezogen.

Die vier Geister des Toten pfeifen auch durch die Nacht. Wer darauf ein Pfeifen erwidert, ist ebenfalls des Todes. Antwortet man dem Tod, gehört man ihm schon.

Nach drei Nächten legt sich der Spuk und die Angst der Lebenden. Wenn die Geister des Toten keine Kumpane bei den Lebenden finden konnten, ziehen sie in den Wald, beruhigen sich und lassen ab von den Menschen. Niemand weiß genau, was aus ihnen eigentlich wird.

Jetzt verwandelt sich das faulende Fleisch des Toten, der ruhig in seiner Hängematte im Grab liegt:

Das Glühwürmchen ist ein *kisin*, ein Geist, denn es ißt faulendes Fleisch, ißt das faulende Fleisch der Menschen. Weißt du, wo die Glühwürmchen erblühen, geboren werden? Sie erblühen im faulenden Fleisch der Menschen. Darin werden sie geboren. Zuerst sind sie Würmer, später werden es Käfer. Sie erblühen dort unter der Erde. Danach kommen sie hierher. Siehst du, viele von ihnen kommen in mein Haus. Sie haben früher mal an meiner Hand gesaugt, daß sie ganz blau wurde. Siehst du, man spürt es nicht, wenn sie saugen. Sie warten, bis ich schlafe. Wenn ich schlafe, kommen sie, um mein Blut zu saugen. Dann ist meine Hand sehr blau, denn sie haben alles Blut herausgetrunken. Das schmerzt sehr. Sie sind *kisin*, Geister, denn sie nehmen alle Menschen als ihre Speise wahr, es sind Geister . . .

Vor den *äh kokay*, den Glühwürmchen, die in Wolken tanzender Lichter durch die Finsternis taumeln, kann man sich mit einem kurzen Zauberspruch – dem kürzesten Spruch, den die Lakandonen kennen – schützen:

ah chak kokay
ah chak kokay
Oh, Rotes Glühwürmchen
Oh, Rotes Glühwürmchen.

Dabei muß man sich schnell die Hände reiben. Mit dem Spruch ruft man die Seele des Glühwürmchens herbei und wirft sie sich zwischen die Hände. Durch das Reiben wird sie vernichtet. Der fliegende Körper des Glühwürmchens stürzt tot herab. Auch wenn die vier Geister des Toten und die aus seinem faulenden Fleisch entstandenen Glühwürmchen unheilvoll für die Lebenden sind, gehören sie doch nicht zu den gefährlichsten Geistern aus der Heerschar des Todes. Zu ihnen zählen die Geister der Toten, die nicht begraben wurden, denn sie verwandeln sich in die Geister der Nacht, des Weges und des Kinkajus:

Ah, es gibt einen Geist der Nacht. Er, siehst du, der Geist der Nacht, ist der Geist des Weges. Dort, wo es früher einen Weg gab, sind viele seiner Geister. Denn ist es ein sehr breiter Weg, hat er seine Geister. Ich weiß es nicht, aber die Götter haben es so gemacht, daß es den Geist des Weges gibt. Wenn du am Wegesrand schläfst und er dich berührt, stirbst du. Er beißt dich, er tötet dich, denn er saugt an deiner Nase. Er saugt das Blut aus deiner Nase, und dann bist du tot. Er ist nicht der echte Kisin, der Herr des Todes, ich weiß nicht, ob es die Wandernden Götter waren, die es so machten . . . Ich meine, ich habe gehört, daß er sehr schwarz ist. Sehr schwarz ist sein Fleisch, sehr schwarz sein Gesicht, wie das des Spinnenaffen. Seine Arme sind ganz blau, sehr blau. Er hat ein Fell, ist aber fast wie ein Mensch. Wie ein *anderer* Mensch, ein Geist der Nacht ist er.

Es gibt noch einen anderen Geist, der in die Häuser kommt. Früher gab es sehr viele davon, denn die Häuser hatten keine Wände. Gut, früher, zur Zeit der Urahnen, so erzählte es mein Vater, so habe ich es gehört, so heißt es, kannten sie ihn nicht. Sie kannten ihn nicht. Wenn sie schlafend in der Hängematte lagen, stieg er dahinein; er war genau wie ein Kinkaju, ein Affe der Nacht. Er war wie ein Kinkaju, er hatte rotes Fell. Wenn er kommt, saugt er an deiner Nase. Morgens bist du dann tot. Denn er nahm dir den Atem. Er nahm ihn sich. So hat er es gemacht.

> Das Jenseits, in dem die Seele lebt, gehorcht Raum-, Zeit- und Kausalitätsbedingungen, die in unserer Welt unbekannt sind, die aber gleichzeitig die Eigenschaften und Fähigkeiten der Seele verkörpern.
>
> HOLGER KALWEIT
> *Traumzeit und innerer Raum*

Wenn das System Mensch zerfällt, existiert die Seele weiter. Ihr Ziel ist die Läuterung und der Einzug in den Himmel, der ewige Kontakt mit dem Göttlichen. Sie tritt nach dem Tode eine lange, gefahrvolle Reise an. Es sei denn, der Verstorbene hat Selbstmord begangen:

So hat es mein Vater erzählt, so hörte ich ihn sagen: Töte dich nicht selbst, lege dir keine Schlinge um den Hals, töte dich nicht selbst. Wenn du von einer Schlange gebissen wirst, ist es sehr gut, dann geht deine Seele dort zu den Göttern in der Unterwelt. Aber wenn du dir eine Schlinge um den Hals legst oder dich anders selbst tötest, wird dich niemand berühren (d. h. nicht begraben). Dann gehst du in einen Steinhaufen, siehst du, in einen Steinhaufen, der nicht sehr groß ist, da geht deine Seele hinein. Dann geht deine Echte Seele nicht zu den Göttern, denn du hast dich selbst getötet, niemand nimmt dich, deine Seele, bei sich auf. Hier in der Nähe bleibst du in einem Steinhaufen. Dort ziehst du hinein, so wie die Hühner. Die Seelen der Hühner werden zu kleinen Steinen. Sie werden kleine Steine, siehst du, denn sie haben immer viele Nachkommen. Sie liegen da aufgereiht (wie Eier). Siehst du, dahinein fährt deine Seele, wenn du dich selbst tötest. Niemand nimmt deine Seele auf, wenn du dich selbst getötet hast. Denn es ist nicht deine Bestimmung, denn es war kein Gott, der dich getötet hat, es war kein Gott, der es befohlen hat. Selbst hast du dich vernichtet.

Dann geht deine Echte Seele nicht zu den Göttern, sie geht in einen Steinhaufen ein. Denn du hast dich selbst getötet, hast gedacht, du möchtest sterben. Aber dort im Steinhaufen ist es nicht gut.

Ist die negative Bewertung des Selbstmordes eine positive Bewertung des Lebens? Oder ist sie ein Akzeptieren des göttlichen Willens? Ein Akzeptieren und ein Respektieren des unausweichlichen Todes, eine Vorbereitung auf das Abenteuer der Seele nach dem Tode und gleichzeitig ein Akzeptieren des Lebens mit allen Höhen und Tiefen?
Die Reise der Seele beginnt mit dem korrekt und rituell ausgeführten Begräbnis. Die Seele verläßt die Höhle des Herzens und steigt unsichtbar aus dem Grab auf. Sie hat die Gestalt des Verstorbenen, sieht aber gesund und jung aus. Doch hat sie keine Zähne mehr. Bevor sie ihre lange Reise antreten kann, zieht sie zum Mittelpfosten des Hauses, in dem der Gestorbene als Kind gelebt hat. Dort an dem Pfosten hat er beim Zahnwechsel seine ausgefallenen Milchzähne rituell begraben. In diesem Grab der Milchzähne findet die Seele die vielen kleinen Zahnseelen, die sie sich in den zahnlosen Mund einsetzt. In den nächsten vier Tagen und Nächten besucht die Seele all die Orte, an denen sich der Verstorbene irgendwann einmal im Leben aufgehalten hat. Entfernungen spielen für die Seele keine Rolle, denn sie hat die Raum- und Zeitgesetze der Waldwelt hinter sich gelassen. Wie ein Wind rauscht sie durch die Nacht, die ihr Tag ist. Wem sie in menschlicher Gestalt erscheint, jagt sie keinen Schrecken ein, reißt ihm nicht das Bewußtsein heraus, wie es die Pulsgeister tun. Wer die echte Seele des Verstorbenen sieht, nimmt sie in strahlendem Glanz, wunderbarer Schönheit und ruhiger Anmut wahr: eine friedliche Begegnung zwischen dem Leben und dem Tod.
Die Seele erlebt in diesen vier Tagen und Nächten nochmals ihr ganzes Leben. Ihr wird ihr Wirken und Walten in der Waldwelt vor Augen geführt. Dann kehrt sie zu ihrem Grab zurück, nimmt die Seelen der daraufgesetzten Kerzen als Fackeln in die

eine Hand und die Seelen der Maiskörner, Haarsträhnen und Affenknochen in die andere. So gerüstet, findet sie den Eingang zur Unterwelt. Er ist wie ein Höhleneingang, der zu einem langen, dunklen Tunnel wird. Die Seele schreitet im Scheine der Fackel hindurch. Der Tunnel ist voller Gefahren, die die Seele bestehen muß. In finsteren Nischen lauern seelenfressende Hunde, die sich gierig auf die Seele stürzen. Wenn die Seele den Hunden die Affenknochen vorwirft, kann sie unbeschadet passieren. Aber schon bald wird sie von einer Heerschar von Läusen angefallen, die die Seele aussaugen wollen. Mit den Haarsträhnen kann sie die Läuseschar bannen. Ist auch diese Gefahr gemeistert, hat die Seele nur noch ein Hindernis zu überwinden. Gackernd und flügelschlagend kommen Hühner auf die Seele zugelaufen, um ihr die Augen auszupicken. Wirft die Seele den Hühnern die Maiskörner vor, lassen sie von ihr ab. Jetzt verbreitert sich der Tunnel, und die Seele erreicht *yalam lu'um*, die Unterwelt. Sie sieht, wie im Westen die Sonne aufgeht und wie die Sonne auf den Schultern des Sukunkyum, des Älteren Bruders Unseres Herrn, sitzt. Sukunkyum ist der Herrscher über die Unterwelt, so wie sein jüngerer Bruder über den Himmel herrscht. Er trägt die Sonne auf einem breiten Weg, der den Wald der Unterwelt zerteilt, gen Osten, damit sie dort wieder für die Menschen aufgeht. Wenn es Nacht wird in der Unterwelt, tritt die Seele vor das Angesicht des Gottes. Der sieht, ob der Verstorbene im Leben Fehler begangen hat oder nicht. Hat der Verstorbene Dinge gemacht, die nicht richtig waren, die nicht im Einklang mit dem vom schöpfenden Gott Erdachten standen, muß die Seele nach Metlan, dem Reich des Herrn des Todes, gehen. Hat der Verstorbene sich nichts zuschulden kommen lassen, wird seine Seele von Sukunkyum in den Himmel geschickt, um dort den Göttern zu helfen, um dort dem Bewußtsein des Himmels zu dienen.

Die Seele des schuldig Gewordenen jedoch wird in Metlan Kisin, dem Herrn des Todes, zur Läuterung überreicht. Metlan liegt mitten in der Unterwelt und ist ein Ort des Schreckens und der Schmerzen. Die Bäume dort sehen wie menschliche

Skelette aus. Der Boden ist mit bleichen Knochen übersät. Überall lodern Feuer, deren Flammen wie die Zungen der Giftschlangen züngeln. Glühende Eisenketten und die Schneiden gewaltiger Buschmesser umzingeln die Feuer. Dazwischen ergießen sich Flüsse und Seen, gefüllt mit Eiswasser, in dem riesige Hagelkörner schwimmen. Angesichts dieses Grauens erstarrt die Seele in Demut und fleht um Gnade. Kisin, der Herr des Todes, sieht all die begangenen Fehler und bestimmt danach die Strafe für die Seele. Hat der Verstorbene im Leben seine Eltern beschimpft oder viel *käläxt'an,* Worte des Chaos, Beleidigungen und Flüche ausgestoßen, wird der Seele mit einem glühenden Eisen der Mund verbrannt. Hat der Tote nicht auf die Worte seiner Eltern gehört, werden ihm die Ohren abgesengelt. Hat der Verstorbene seine Eltern nackt gesehen, sich nicht gleich abgewandt, sondern sie geil und lüstern betrachtet, werden der Seele die Augen ausgebrannt. Hat sich der Verstorbene inzestuösen Vereinigungen* hingegeben, werden ihm die Genitalien abgebrannt. Hat der Verstorbene die Götter beleidigt, ihre Götterschalen vernachlässigt, beschmutzt oder zerschlagen, die ersten Ernteerträge nicht geopfert, heilige Bäume gefällt oder zuviel Wald gerodet, wird die Seele in den heißen Flammen geröstet. War der Verstorbene aber ein Mörder oder hat sich der Kunst des Schadenzaubers gewidmet, wird er abwechselnd im Feuer geröstet und in das Eiswasser getaucht.

Mit diesen Strafen werden die Seelen geläutert und kehren anschließend zu Sukunkyum zurück. Die Seelen der Mörder aber werden von Kisin, dem Herrn des Todes, in Pferde, Tapire, Rinder, Hunde, Hühner oder Schmetterlinge verwandelt und auf die Erde, die Waldwelt, zurückgeschickt. Wenn ein Jäger einen Tapir schießt, der am Hintern von Würmern zerfressen

* Die Lakandonen haben hiervon ein anderes Konzept als wir. Sie dürfen niemanden heiraten, den sie Bruder oder Schwester, Vater oder Mutter, Sohn oder Tochter oder Enkel nennen, auch wenn sie mit der betreffenden Person nicht blutsverwandt sind. Da in der Kultur der Lakandonen jedoch jeder heiraten muß, damit man gemeinsam und arbeitsteilig durch das Leben geht, darf man dann ungestraft seine eigenen Geschwister heiraten, wenn es weit und breit keinen anderen Heiratspartner gibt.

Tapir und Pferd (Kinderzeichnung).

ist, weiß er, daß er die Seele eines Mörders ausgelöscht hat. Wenn die in Pferde und Hunde verwandelten Seelen sterben, ist auch deren Existenz beendet. Genauso, wenn die Schmetterlinge gefressen oder die Hühner und Rinder geschlachtet werden, sind die Seelen ausgelöscht. Sie konnten keine Läuterung und ewige Existenz in göttlicher Nähe erfahren.

Den geläuterten Seelen aber wird von Sukunkyum der Weg zu den Göttern gewiesen. Sie gehen zuerst zu Mensäbäk, dem Pulvermacher. Mensäbäk ist der Herrscher über die Regengötter. Er stellt aus Weihrauch ein Pulver her, das er an die Regengötter verteilt, damit sie es auf die Wolken streuen und sie so den befruchtenden Regen ergießen lassen. In der Urzeit lebte Mensäbäk in den Ruinen von Toniná, ist aber dann in eine Höhle am Ufer eines Sees, der deshalb nach ihm der See von Mensäbäk genannt wurde, gezogen. Diese Höhle von Mensäbäk ist der Ausgang aus der Unterwelt. Von dort teilt Mensäbäk, der Pulvermacher, die Seelen den Göttern zu. Sie steigen in den Himmel des Hachäkyum, Unseres Wahren Herrn, auf. Dort leben sie bei den Göttern, arbeiten im Wald des Himmels und in den Milpas der Götter. Dort gibt es keine Krankheiten und keine stechenden, beißenden und giftigen Tiere. Die Himmlischen Jaguare, die Großen Zerstörer, und die Himmlischen Schlangen – K'uk'ulkan, die Gefiederte Schlange, und Habpikan, die Funkensprühende Schlange – tun den Seelen nichts. Auch gibt es im Himmel kein Fleisch. Die Seelen ernähren sich nur von schwarzen Bohnen und göttlichem Mais. Bis zum Ende der Welt werden sie, eingehüllt und beschützt vom Bewußtsein des Himmels, in geläuterter und göttlicher Eintracht im Himmel Unseres Wahren Herrn leben.

»Die Welt der ts'ul« (Zeichnung von K'in II Ma'ax, 1980).

Das Ende der Welten

Wenn du einen Ameisenbären siehst, der auf deinem Weg sitzt, er sehr nahe ist, sieht, daß du ihn töten willst, und er mit seiner Hand auf die Erde zeigt, wirst du sterben. Wenn er zum Himmel zeigt, kommt das Ende der Welt. Dann wird das Ende der Welt kommen. Er, der Ameisenbär, ist es, denn es ist sehr schlecht, wenn er auf den Weg heraustritt.

Bol Ma'ax, ein Lakandone, 1983

Vielleicht ließe sich ... sagen, daß für die Aché der Wald auf der einen Realitätsebene ein Wald, auf der anderen ein Ameisenbär ist.

Otto Zerries, ein Ethnologe, 1984

Als Amerika für die Europäer noch ein Land kühnster Spekulation war, blühten im Hochtal von Mexiko die Kulturen der Azteken und Zapoteken, und in Yucatán lagen die Staaten der Maya. Die Maya wußten nichts von der Alten Welt, ahnten aber, daß aus einem Land jenseits des großen Meeres schon bald mit der aufgehenden Sonne der Weltenuntergang heraufziehen würde. Als die Spanier ihr Land, das Land der Maya, betraten, war es soweit. Mord und Totschlag, Brandschatz und Plünderei, Erniedrigung und Sklaverei verwandelten das blühende, schöne Land, in dem ein ständiger Wind der mystischen Vereinigung mit dem Göttlichen wehte, unter dem Zeichen des Kreuzes, dem Donnern der Riesenblasrohre, dem schrecklichen Wiehern der tapirähnlichen Bestien und den Männern aus glänzendem Stein in eine Wüste der Not, Trauer und Resignation.

Bei den Lakandonen lebt noch die Erinnerung an die *hax ts'ul*, die »echten Zerstörer« – wie die Spanier genannt wurden –, an die Fremden, die nicht denken konnten und die alles zerschlugen, was ihnen selbst fremd und unbegreiflich war. Die Ankunft der Spanier bedeutete für die Maya das Ende ihrer Welt. Ihre Götter wurden begraben im Schutt der verbrannten Tempel, ihre Priester gefoltert und gemordet, ihr Volk versklavt. Der Pesthauch des Kolonialismus legte sich wie ein düsterer Schleier über das Land.

Über die Kolonialzeit schweigen die Traditionen der Lakandonen, denn sie lebten tief im schützenden Wald. In ihrem Wald, der Selva Lacandona, konnten sie bis ins 19. Jahrhundert ungestört ihre Welt aufbauen, gestalten und mit ihrem Wissen erhalten. Was in ihnen vorging, als sie mit den ersten Weißen zusammentrafen, die sie noch voller Angst *ts'ul,* »Zerstörer«, nannten, wissen wir nicht. Carl Sapper, der sie zu jener Zeit besucht hat, schrieb:

»Es schmerzt, wenn man sehen muß, wie aus einer stolzen Nation von vergleichsweise hoher Kulturstufe ein unbedeutendes Völkchen geworden ist, das sich scheu wie ein gehetztes

Wild in die unwegsamen Urwälder geflüchtet hat und dorten mit Jagd und ein wenig Ackerbau mühsam sein armseliges Dasein fristet. *Sic transit gloria mundi«* (*Sapper*, 1898: S. 895).

Seit Sappers Zeiten ist auch noch dieser Wald geschrumpft. Die Mahagonikompanien plünderten die Edelhölzer, Siedler legten Rinderfarmen an, Kaugummisucher töteten die Kaugummibäume, Archäologen wie Charnay, Maudslay und Maler besuchten und entweihten Yaxchilán. Staunend standen sie vor den überwachsenen Ruinen, den Zeugen der prächtigen, aber ihrer Ansicht nach versunkenen Kultur der Maya. Leider konnten sie die Hieroglypheninschriften in den Stelen und Türstürzen der Häuser der Götter nicht lesen und die eingravierte Botschaft nicht an die westliche Welt weitergeben. Es war Hachäkyum, Unser Wahrer Herr, der dort im Zentrum der Welt mit seiner göttlichen Hand niedergeschrieben hatte, daß das Ende der Welt kommt, wenn es keinen Wald mehr gibt.
Die Lakandonen sagen, daß das Bewußtsein der Fremden, die damals in den Wald eindrangen, wie sich ein Heuschreckenschwarm über die Milpa stürzt, nicht gut war. Wurden die Lakandonen überhaupt von den Fremden wahrgenommen, waren es *caribes,* »Kannibalen«, oder gar »Primitive«. Die Lakandonen waren wohl »primitiv«, weil ihr Blick für den Wald nicht mit Geldscheinen und Banknoten verklebt war. Sie waren im Wald zu Hause, er war ihre Lebensquelle; ohne ihn konnten und können sie nicht leben. Der Wald trägt ihre Kultur, wie die Plazenta den Fötus. Aber dieses Wissen, das die Ausbeutung und Zerstörung des Waldes verhindert, galt den fremden Eindringlingen als »primitiv«. Seit Beginn dieses Jahrhunderts fallen immer mehr Teile des ehemals großen, unbekannten Regenwaldes der internationalen Ausbeutung und den Siedlern – durch Entwicklungsprogramme der mexikanischen Regierung in den Wald gelockt – zum Opfer.
Als 1940 der amerikanische Forscher Howard Cline eine kleine Gruppe Lakandonen am Großen See besuchte, sagte ein alter Mann zu ihm:

»Das Ende der Welt wird kommen, wenn der letzte Lakandone gestorben ist.« (*Cline*, 1944: S. 111)
Der alte Lakandone sah sein Volk dahinschwinden, sah, wie es an den eingeschleppten Krankheiten – Erkältungen, Grippe, Masern – starb, sah, wie sich die Fremden begierig in sein Land, die Selva Lacandona, fraßen und nur Kleinholz hinterließen. Wenn die Lakandonen mit ihrem *Wissen von den Dingen*, ihrem *Denken*, ihrer Kenntnis der komplizierten ökologischen Zusammenhänge eine optimale Form des Lebens *mit* und nicht gegen den Wald gefunden haben, halten sie damit ihre Welt zusammen. Stirbt der letzte Lakandone, erlischt auch der Rest seines Wissens von der Waldwelt. Und eine Welt, von der niemand etwas weiß, ist eine vergessene Welt, verloren im Nichts.
Als der alte Lakandone 1940 das Ende nahen sah, sollte der Untergang des Waldes erst richtig beginnen. Immer mehr Holzfäller kamen, drangen immer tiefer in das Dickicht ein und hinterließen immer größere Schneisen. Ihnen folgten Krokodilsjäger und Ölsucher. Und schließlich kamen auch die Missionare in den Wald – obwohl das Missionieren nach mexikanischem Gesetz verboten ist. Sie wollten das Seelenheil der Lakandonen, brachten ihnen aber nur Unglück: Freundschaften zerbrachen, und Familien teilten sich. Ihr Jesus Christus, der Sohn der Wüste, wollte auch aus dem Regenwald eine Wüste machen, durch die er seine getreuen Schafe in die christliche Glückseligkeit zu führen gedachte. Ein wesentliches Ziel der Missionare (vornehmlich der fundamentalistischen Sekte der *Wycliff Bible Translators*) war die Verbesserung der Infrastruktur im Regenwald. Sie legten Flugpisten an und ließen militärähnliche Stützpunkte mit weitreichenden Funkstationen errichten. Die Indianer – für die Missionare »Teufelsanbeter« – sollten doch wohl zu kontrollieren sein. Mit den Flugzeugen der Missionare kamen auch die Touristen. Sie entdeckten die Schönheit des Waldes, den Reiz des Exotischen und erkannten in den Lakandonen ihre »edlen Wilden«.
Die Lakandonen fragten sich, wie das Bewußtsein des Him-

hach bilam äk yum, die Echte Statue Unseres Herrn, die enthauptet in den Ruinen von Yaxchilán steht und auf den Weltenuntergang wartet. Denn dann wird ihr Haupt wieder festwachsen und den Augen ein grelles, weißes Licht entfahren (Zeichnung eines Lakandonen).

mels, das doch sonst den Kosmos in Ordnung gehalten hatte, das alles zulassen konnte. Sie erinnerten sich immer häufiger an die Prophezeiung in den Hieroglyphentafeln von Yaxchilán. Darin stand auch, daß Äkyanto', der Gott der Weißen, der noch viel mächtiger als sein jüngerer Bruder Hachäkyum ist, es sein wird, der das kommende Ende der Welt befehlen wird.
Als Naha' 1983 nur noch von einer kleinen Insel der einstigen Regenwaldfläche umgeben, der ganze Wald von Tzeltalen und Mexikanern zersiedelt war und am Usumacinta die Arbeiten an einem Staudamm, dessen spätere Wassermassen Yaxchilán, das Haus des Hachäkyum, überfluten werden, aufgenommen wurden, sagte der alte Chan K'in resigniert:
»Es wird unser Ende kommen, wenn es keine Bäume mehr gibt, dann, wenn sie alle gefällt sind, wenn es überall Menschen gibt, wenn es keinen Wald mehr gibt.« (*Ma'ax*, *Rätsch*, 1984: S. 283)
Bald darauf wurden weite Flächen des Waldes durch die Milpabrände der Eindringlinge vernichtet. Der Brand schlug auf den lebenden Wald über, die Feuersbrunst fuhr krachend in die Bäume. Die Anmut des Regenwaldes löste sich im Qualm der Feuer auf, und das verschwommene Bild gemahnte an die Schrecken des Totenreiches Metlan. Rauchschwaden verschleierten das Bewußtsein des Himmels. Der Regen blieb aus, und eine Mondfinsternis verriet das nahe Ende der Welt. Daß sich der Wald jemals wieder erholen wird, ist unwahrscheinlich, denn die Sägen der Holzfäller schneiden immer noch den Seelen der Bäume die Kehlen durch. Müßte nicht bald der Himmel von den blutigen Seelen der Bäume so schwer werden, daß er uns Menschen auf den Kopf fällt?
Menschen, die ihre Umwelt nicht kennen und nicht in ihr zurechtkommen können, sterben aus. Was aber wird aus den Menschen, die einen optimalen Weg gefunden haben, in ihrer Umwelt glücklich und friedlich zu überleben?
Für die friedlichen Lakandonen, die niemals in Kriege verwikkelt waren, bedeutet die Zerstörung des Waldes das sichere Ende ihrer Welt. Über das Medium der unsichtbaren Welt ha-

ben sie eine Lebensform gefunden, um mit dem Wald im ökologischen Gleichgewicht zu leben. Aber wenn der letzte Baum gefallen ist, schließen sich auch die magischen Tore zu ihrer unsichtbaren Welt.

... *der Traum des Ethnologen* hat sich erfüllt. Seit es diese Wissenschaft gibt, erhebt sich, wenn der Forscher schläft, drohend sein mächtiges Objekt. Und spricht: fürchterlich wird meine Rache sein!

Meg Huber am Nikolaustag 1983

Anhang

Aus dem alten Zauberbuch der Maya

Die Angst der Europäer vor Skorpionen ist ähnlich übertrieben wie die vor Schlangen: im Dschungel der Ängste wimmelt es von diesen Tieren, aber im Regenwald können Monate vergehen, ohne daß man einem einzigen Skorpion begegnet. Wir denken nur an die Schauermärchen von todbringenden Skorpionen, die sich wütend in das Fleisch eines Menschen verkrallen und ihm den giftspritzenden Stachel unter die Haut bohren, und vergessen dabei ganz, daß jedes Lebewesen – auch ein Skorpion – eine wichtige Funktion im ökologischen Kreislauf hat. Die Skorpione in den Regenwäldern Mexikos und Guatemalas haben zwar ein recht starkes Gift, doch ist es niemals tödlich. Der Schmerz ist vergleichbar dem beim Stich einer europäischen Wespe. Allerdings können mit dem Gift Mikroorganismen in den menschlichen Körper eindringen und unangenehme und nur langsam heilende Entzündungen verursachen.
Die Lakandonen kannten noch im letzten Jahrhundert einen Zauberspruch zur Heilung eines schmerzenden oder entzündeten Skorpionstiches. Dieser Spruch ist aber in Vergessenheit geraten. Heute wird ein frischer Skorpionstich mit etwas Tabaksud behandelt und desinfiziert. Die Maya in Yucatán reinigen einen Skorpionstich mit dem Saft der Blätter des Annottobaumes *(Bixa orellana)* und geben dem Gestochenen einen heilenden Trunk aus Wasser, Honig und zerstoßener Holzkohle oder einfach einen kräftigen, heißen Kakao zu trinken. Auch die Maya kannten früher einen Zauberspruch zur Heilung eines Skorpionstiches. In einem kolonialzeitlichen Manuskript, das in Maya mit europäischen Lettern geschrieben ist und in der wissenschaftlichen Literatur unter dem verwirrenden Namen *Ritual of the Bacabs* geführt wird (vgl. *Arzapato* 1984, *Roys* 1965, *Thompson* 1970, *Tozzer* 1977), gibt es einen Zauberspruch, der zur Heilung eines Skorpionstiches vorgetragen wird. Bislang waren die Versuche, diesen Text zu übersetzen, recht erfolglos,

da seine Sprache und sein Inhalt hoch esoterisch sind und kein Schlüssel zur Übersetzung gefunden wurde. Mit dem Wissen über Vokabular, Struktur und Inhalte der lakandonischen Zaubersprüche gelang mir eine neue Übersetzung, die ich hier zum erstenmal vorstellen möchte (vgl. auch *Rätsch* 1985 b).

Die Worte bei einem Skorpionstich

Stich, Stich, Stich
Gerippt ist dein Schwanz
Gefurcht ist deine Brust
Wie der Kopf der Libelle ist der deine
Hingeschleudert bist du
Ans Ufer des Meeres
Dort bist du hingefallen
Vor das Loch des Krebses *(Menippe mercenaria)*
Dort wirst du von der Krebszange ergriffen
Hingeschleudert bist du
Dort ist das Zentrum des Pulverbaumes *(Spondilus sp.)*
Dort, wo *chuen* ist[1]
Dort bist du hingefallen
Dort vor die Langustenzange
Dort bekommst du
Deinen Namen
Daß du *Skorpion* heißt[2]
Mondesschicksal in deinem Stachelschwanz[3]
Die unberührte Nadel
Deine Kraft nahmst du
Sie trat in deinen Stachelschwanz
Das unberührte Feuer
Das ist deine Kraft
So trat die Hitze in deinen Stachelschwanz
Dort bei dem Samen
Kalt wie dein Stachelschwanz
Hingeschleudert bist du
Vor das Antlitz der Wassergottheit
Dort geh hin und nimm
Die Höcker auf deinem Rücken
Hingeschleudert bist du
Ins Zentrum des Baumes
Du nahmst den Kapokbaum[4]
Als deinen Rücken
Der Kapokbaum ist dein Unterleib
Mondesschicksal in deinem Stachelschwanz
Stich, Stich
Gerippt ist dein Schwanz
Du bist die Tochter der Höhle
Du bist die Tochter des Tisches (= der Fläche)
Mondesschicksal in deinem Stachelschwanz
Es fiel die Kraft deines Stachelschwanzes

Denn du warst geboren
Denn es ist deine Mutter
Denn es ist dein Vater

Anmerkungen:

1 *chuen* ist einer der Tagesnamen der Maya der vorspanischen Periode. Tage, als zeitliche Einheiten, können sich in der Mayakosmologie auch als räumliche Einheiten, zum Beispiel in der Form einer Gottheit, manifestieren. *chuen* ist mit einer affenähnlichen Gottheit assoziiert.

2 Im Maya heißt Languste *sìnanil há'*, wörtlich: »der Skorpion des Wassers«.

3 In dem Mayamanuskript steht für *Mondesschicksal* das spanische Lehnwort *fe luna*. In der Antike und im europäischen Mittelalter glaubte man, daß der Mond direkten Einfluß auf die Säfte der Organismen – Blut, Schleim, Galle und Leberflüssigkeit – übe (vgl. *Abel* 1983). In diesem Zauberspruch ist es die unausweichliche Kraft des Mondes – sein »Schicksal« –, die den giftigen Saft in den Stachel des Skorpions fließen läßt.

4 *Ceiba pentandra;* der junge Baum hat eine stachelige Rinde, die in diesem Spruch mit dem Rücken des Skorpions assoziiert wird.

Zur Aussprache des Lakandon

Die offenen Vokale *A, E, I, O, U* werden wie im Deutschen ausgesprochen. *Ä* ist ein Vokal zwischen *A* und *I* und kommt dem russischen *ɨ* nahe. *Y* ist ein Halbvokal wie *J* in *ja. W* ist ein Halbvokal wie im englischen *window. H, K, M, N, P, T* werden wie im Deutschen gebildet; das *B* ist etwas explosiver. *S* ist immer stimmlos und *X* ist wie das deutsche *Sch. Ts* wird wie *Z* in *Zeit* oder *Tz* ausgesprochen; *Ch* wie *Tsch. L* wird als labiales *L* oder gerolltes *R* ausgesprochen; oft ein Konsonant zwischen *L, R* und *D. Ts', Ch', K', P', T'* sind glottalisiert, d. h. durch einen Kehlkopfverschluß gebildete Konsonanten, die gewöhnlich für Deutsche schwer auszusprechen sind. ˊ ist ein stimmloser Glottalstop, der im Lakandon stark bedeutungsunterscheidenden Charakter hat.

Zu den Übersetzungen

Die Zaubersprüche in diesem Buch habe ich 1982 bis '83 während eines einjährigen Forschungsaufenthalts auf Cassette aufgenommen, transkribiert und mit Hilfe meiner Lehrer ins Deutsche übertragen. Nach der Theorie, Erfahrung und Welterkenntnis der Lakandonen ist das Erlernen von Zaubersprüchen sehr gefährlich. Will man einen Zauberspruch erlernen, muß man ihn nach dreimaligem Hören auswendig rezitieren könen. Versagt man dabei, wird man von der Krankheit, die der Zauberspruch heilen soll, heimgesucht und eventuell sogar getötet. Nach der Aussage meiner Lehrer lebe ich nur noch, weil mein Cassettenrecorder die Zaubersprüche absolut originalgetreu wiedergibt.

In Lehrsituationen werden die Zaubersprüche *(kunyah)* und Zauberlieder *(hach k'ay)* laut vorgetragen. Die Zaubersprüche haben dann eine stark rhythmisierte Diktion. Durch Tonmodulationen werden rhythmische Einheiten gebildet, die gleichzeitig ein semantisches Element des Zauberspruches darstellen. Ein semantisches Element wird als bedeutungstragendes Bild verstanden und gibt so in der Transkription eine Zeile ab. Da jede Zeile ein Bild, ein inneres Bild aus der unsichtbaren Welt beinhaltet, ist der Zauberspruch eine Sequenz von Bildern. Um den rhythmischen und bildbeschreibenden Charakter der Zaubersprüche zu wahren, habe ich jedes semantische Element so übersetzt, daß auch im Deutschen ein Bild (sei es ein Objekt, ein Zeichen oder eine Handlung) pro Zeile beschrieben wird.

In den Originaltexten tauchen häufig Wörter auf, die im alltäglichen Sprachgebrauch nicht benutzt werden dürfen – wegen ihrer magischen Kraft. Diese Worte habe ich mit einfachen deutschen Umschreibungen wiedergegeben, da genaue Äquivalente praktisch nicht existieren. Einige semantische Elemente mußte ich durch ein oder zwei Worte ergänzen, damit sie für den Leser verständlich werden. Zum Beispiel hat die Zeile *teno' yan*, wörtlich: »zu mir/da/es gibt«, für die Lakandonen die Bedeutung: »Ich verfüge über die wirksame Zauberkraft durch mein Wissen von den Dingen«; ich habe den Satz mit *Ich habe ihn, den Zauber* übertragen. Wortspiele, die sich in symbolischen Assoziationen ausdrücken (wie im Zauberspruch zur Heilung von Verbrennungen), waren trotz besten Bemühens unübersetzbar. Schwierig war auch die Wahl der Tier- und Pflanzenbezeichnungen. Die meisten Tiere der lakandonischen Lebenswelt haben unübersetzbare Eigennamen. Vor allem Vögel werden meist lautmalerisch, das heißt ihren charakteristischen Ruf oder Gesang imitierend benannt. Vogelnamen, die lautmalerisch sind, habe ich mit *LAUT-Vogel* übertragen; übersetzbare Vogelnamen habe ich wörtlich übersetzt, zum Beispiel *na' ik'* – »Mutter-des-Windes«. Einige Vögel, die bekannte und gebräuchliche deutsche Namen tragen, habe ich mit diesen benannt (*Papagei, Geier, Harpienadler, Gelbschnabel-Hocko* usw.). Ähnlich bin ich mit den Namen von anderen Tieren und auch vielen Pflanzen verfahren.

Glossar

In diesem Glossar werden einige häufiger gebrauchte Ausdrücke, Namen und einige wesentliche Begriffe definiert. Außerdem wird auf jeweils relevante Literatur verwiesen.

Balche': 1. Name der Lakandonen für den Baum *Lonchocarpus violaceus.*
2. Name des berauschenden Ritualtrankes, der aus der Rinde des gleichnamigen Baumes gebraut wird.
Der *balche'*-Baum gehört zu den am wenigsten erforschten psychotropen Pflanzen, die bei den Maya und Lakandonen benutzt werden (vgl. *Blom* 1956, *Dobkin de Rios* 1974, *Emboden* 1979, *Furst* & *Coe* 1977, *Goncalves de Lima* et al. 1977, *Litzinger* 1980, *Rätsch* 1985a, *Smet* 1983).

Bewußtsein: B. ist die Reflexion über das Selbst und die Umwelt und das Medium zwischen der so entstandenen bzw. erst vorhandenen Innen- und Außenwelt (vgl. dazu *Grof* 1978, *Hofmann* 1984 & 1985, *McKenna* 1975, *Pelletier* 1982; auch *Friedrich* 1955).

Bewußtsein des Himmels: lak. *u yoli ka'an;* die rituelle Anrede an → *Hachäkyum.*

Chob: Die rituelle Verkürzung des Namens des Götterboten Äkinchob. Er hatte in der Urzeit die Rolle des Vermittlers zwischen den → *Echten Menschen* und dem → *Bewußtsein des Himmels.*

Denken: Nach der Ethnoanatomie der Lakandonen ein Teil des Menschen. Das D. ist das Instrument, das kulturell akzeptiertes, gefördertes und vorgeschriebenes Verhalten reguliert und kontrolliert.

Divination: Die mit einem technischen Hilfsmittel erstellte Wirklichkeitsdeutung (vgl. *Colby* 1981 und *Hinz* 1984).

Echte Menschen: lak. *hach winik;* der Name, mit dem sich die Lakandonen selbst benennen.

Gestalt: Die wahrnehmbare oder beschreibbare Manifestation einer Wesenheit (zum *Gestalt*-Begriff siehe auch *Perls* 1976).

Hachäkyum: wörtlich: »Unser Wahrer Herr«; der Schöpfergott, der die Lakandonen durch sein Denken in → *Palenque* erschaffen hat. Er lebt in seinem Himmel im Zentrum des Universums (zur Hierarchie der lakandonischen Götter und Kosmologie siehe *Ma'ax* & *Rätsch* 1984).

Heerscharen des Todes: Die mit dem lakandonischen Sammelbegriff → *kisin* benannten schadenbringenden Wesen aus der → *unsichtbaren Welt,* den Pulsgeistern der Toten und verschiedenen unsichtbaren Geistern der Unterwelt.

Hilfsgeister: Die → *Seelen* verschiedener Tiere, über die ein Wissender, jemand, der *von den Dingen weiß,* mit Hilfe eines → *Zauberspruches* Gewalt gewinnt und so für sich arbeiten bzw. in der → *unsichtbaren Welt* agieren läßt.

Kanahan: Standardisierte Formel, die fast alle → *Zaubersprüche* der Lakandonen einleitet und abschließt.

Kisin: 1. Name des Herrn des Todes (auch bei den Maya gebräuchlich; vgl. *Coe* 1975).
2. Name eines blauen Riesenhundertfüßlers (*Scolopender*-Art).
3. Sammelbegriff für die → *Heerscharen des Todes.*

Kulturökologie: Die kulturelle Rezeption ökologischer Phänomene und deren Interaktion mit kulturellen Denk- und Handlungsstrukturen (vgl. *Diechtl* 1982, *Hasan* 1981, *Rätsch* 1984c).

K'uxu': Der Lakandonenname für (1.) den Anottostrauch *(Bixa orellana)* und (2.) die aus den reifen Früchten hergestellte blutrote Farbe.

Magie: Im weitesten Sinne eine bewußte → *Wirklichkeits*veränderung: »Magie ist die Kunst, durch einen reinen Willensakt eine Bewußtseinsveränderung herbeizuführen« (*Wilson* 1982, Bd. 3: 51, vgl. auch *Dobkin de Rios* 1972, *Hammond* 1970, *Jackson* 1980, *Malinowski* 1981, *O'Keefe* 1982, *Wax* 1963 und *Winkelman* 1982).

Maya: 1. Selbstbezeichnung der Indianer von Yucatan, die auch ihre Sprache Maya nennen (zur Geschichte der Maya siehe *Farriss* 1984 und *Riese* 1972).
2. Fremdbezeichnung für eine Sprachfamilie Mesoamerikas, zu der auch das Lakandon gehört.
3. Fremdbezeichnung für die archäologischen und rezenten Kulturen im südöstlichen Mesoamerika (vgl. *Thompson* 1977).

Milpa: Das durch Brandrodung angelegte Maismischfeld (zum Wanderfeldbau der Lakandonen siehe *Nations* & *Nigh* 1980).

Lebenswelt: Von Alfred Schütz eingeführter Begriff: »Die Lebenswelt ist (...) vom Anbeginn intersubjektiv. Sie stellt sich mir als subjektiver Sinnzusammenhang dar; sie erscheint mir sinnvoll in Auslegungsakten meines Bewußtseins; sie ist nach meinen Interessenlagen etwas zu Bewältigendes, ich projiziere in sie meine eigenen Pläne, und sie leistet mir Widerstand bei der Verwirklichung meiner Zwecke, wodurch manches für mich durchführbar, anderes undurchführbar ist.« (*Schütz* & *Luckmann* 1979: 38).

Mensäbäk: Der Pulvermacher; Schöpfergott der nichtlakandonischen Indianer, Herrscher über die Regengötter und Vermittler der → *Seelen* auf ihrer Reise aus der Unterwelt in den Himmel (vgl. *Rätsch* 1984b).

Palenque: Ruine aus der klassischen Mayazeit (300–900 n. Chr.) in Chiapas, die für die Lakandonen der Nabel der Welt, der Ort der Schöpfung und das alte Haus des → *Hachäkyum* ist.

Pozole: Getränk aus feingemahlenem Maisteig und Wasser, das gesüßt werden kann.

Schamanismus: Der S. ist »als Kunst der Ekstase wesentlich eine Kunst der Verwandlung« (Schröder 1955: 862). Die wesentliche Funktion des Schamanismus ist die Erzeugung kultureller → *Wirklichkeiten* und wohl eine Form der Psychotherapie (vgl. dazu *Holland & Tharp* 1964). Obwohl die Lakandonen keinen Schamanismus praktizieren und auch die Institution des Schamanen nicht kennen (die bei anderen Mayavölkern durchaus bekannt ist, vgl. *Fabrega & Silver* 1973), hat die Anwendung der → *Zaubersprüche* zur Krankenheilung gewisse schamanische Züge, z. B. daß der Rezitator seine → *Seele* auf eine Reise zur Krankheitsursache schickt und er sich verschiedener → *Hilfsgeister* bedient. Im Falle der Lakandonen kann man vielleicht m. E. von einem »literarischen Schamanismus« sprechen.

Seele: Das nichtphysische, gewöhnlich unsichtbare Duplikat eines physischen Objektes, das unter Umständen seine → *Gestalt,* nicht aber sein innerstes Wesen wandeln kann. Die S. des Menschen entsteht aus dem Nichts im Mutterleib und wird – sofern der betreffende Mensch keine schwerwiegenden Fehler im Leben macht – bis zum Ende der Welt existieren.

Seelenreise: Erlebnisse und Erfahrungen der → *Seele* des lebenden Menschen in der dem Wachbewußtsein → *unsichtbaren Welt* und des Toten in der Unterwelt und im Himmel.

Tod: Das Erliegen der Funktionen des physischen Körpers; der Zerfall des Systems Mensch, das Ende des Lebens in der Waldwelt.

Traumsymbol: Ein Trauminhalt mit standardisierter Deutung/Prophetie, die bestimmten Transformationsgesetzen folgen (ein Verzeichnis der T. findet sich in *Bruce* 1979).

Unsichtbare Welt: Die nichtphysische, aber der physischen → *Welt* inhärente Welt der → *Seelen.*

Welt: Die Gesamtheit der in einem Bewußtseinszustand wahrnehmbaren Information. Vgl. → *Lebenswelt.*

Wirklichkeit: Das durch ein persönliches oder kollektives Kategoriensystem Erfahr- und so Erkennbare (vgl. dazu *Berger* & *Luckmann* 1980 und *Rätsch* 1982: 37).

Wissen: Gesamtheit und Verfügbarkeit kulturell produzierter Informationen.

Wissen von den Dingen: lak. *oheltik ba'*; die kulturellen Wissensbereiche der → *Zauberei,* Traumdeutung, Rituale, der Kosmologie und der → *unsichtbaren Welt.*

Yaxchilan: Ruine aus der klassischen Mayazeit (300–900 n. Chr.), die am Rio Usumacinta an der Grenze nach Guatemala liegt. Sie ist in der Kosmologie der Lakandonen das Zentrum der Welt und das Haus des → *Hachäkyum.*

Zauberei: Die Konstruktion spezieller → *Wirklichkeiten* und Wirklichkeitsveränderungen, einschließlich → *Gestalt*wandel und *Bewußtseins*veränderung. Bei den Lakandonen (wie auch bei anderen Völkern; vgl. *Meier* 1913) vor allem ein Handeln der → *Seele* in der → *unsichtbaren Welt.*

Zauberspruch: Ein sprachliches Gefüge, das als Instrument einer gewünschten Zustands- und Wirklichkeitsänderung dient. Zur Verbreitung von Z. in Mesoamerika siehe *Rätsch* 1985c: 157f.

Bibliographie

Da eine erschöpfende Bibliographie zur Thematik dieses Buches ein weiteres Buch füllen könnte, beschränke ich mich mit einem Verweis auf die zitierten und auf die, meines Erachtens, wesentlichen weiterführenden Titel.

Abel, E. L.
1983 *Die geheimnisvollen Kräfte des Mondes* München: Heyne
Alvarez del Toro, Miguel
1952 *Los animales silvestres de Chiapas* Tuxtla Gutiérrez: Imprenta del Gobierno
1972 *Los reptiles de Chiapas* Tuxtla Gutiérrez: Gobierno del Estado de Chiapas
1977 *Los mamiferos de Chiapas* Tuxtla Gutiérrez: Universida Autonoma de Chiapas
1980 *Las aves de Chiapas* Tuxtla Gutiérrez: Universidad Autonoma de Chiapas
Angulo, Jaime de
1983 *Indianer im Overall* München: Trickster
Arnold, Hans
1956 *Geheime Spruchweisheit: Die Magie der Sprüche* Berlin: Schikowski
Arzapalo, Ramón
1984 »Der Text für erotische Trancen: Methodologische Überlegungen zur Interpretation eines yukatekischen Textes« *Indiana 9 (Gedenkschrift Gerd Kutscher, Teil 1):* 273–281
Austin, Oliver L.
1971 *Knaurs Singvögel der Welt* München: Droemer
1972 *Knaurs Wasser- und Watvögel der Welt* München: Droemer
Ayensu, Edward S. (Hg.)
1981 *Der Dschungel* München: Christian Verlag
Baudelaire, Charles
1976 *Die Blumen des Bösen* Frankfurt/M.: Insel
Berger, Peter L. & Thomas *Luckmann*
1980 *Die gesellschaftliche Konstruktion der Wirklichkeit* Frankfurt/M.: Fischer
Blackwood, Algernon et al.
1983 *Die Weiden: Phantastische Erzählungen* Frankfurt/M.: Fischer
Blom, Frans
1956 »On Slotkin's Fermented Drinks in Mexico« *American Anthropologist* 58 (1): 185–86
Blom, Frans & Gertrude *Duby*
1955 *La selva lacandona* México, D. F.: Editorial Cultura
Bodley, John H.
1983 *Der Weg der Zerstörung* München: Trickster
Boremanse, Didier
1979 »Magic and Poetry among the Maya: Northern Lacandon Therapeutic Incantation« *Journal of Latin American Lore* 5 (1): 45–53
1981 »A Comparative Study of Two Maya Kinship Systems« *Sociologus* 31 (1): 1–37
1981 »Una forma de clasificación simbólica: los encantamientos al balche' entre los lacandones« *Journal of Latin American Lore* 7 (2): 191–214

1981 »A Southern Lacandon Maya Account of the Moon Eclipse« *Latin American Indian Literatures* 5 (1): 1–6

Boyd, Doug

1978 *Rolling Thunder* München: Trikont

Bruce, Robert D.

1979 *Lacandone Dream Symbolism* México, D. F.: Ed. Euroamericanas

Capra, Fritjof

1984 *Das Tao der Physik* Bern usw.: Scherz

Charnay, Désiré

1883 »La ville lorillard au pays des lacandons«
Revue d'Ethnographie 2: 481–503

Clare, Ray

1984 *The Mayan Mushroom Dust of Palenque* Los Angeles: MS.

Clastres, Pierre

1976 *Staatsfeinde* Frankfurt/M.: Suhrkamp

Cline, Howard F.

1944 »The Lore and Deities of the Lacandón Indians, Chiapas, Mexico« *Journal of American Folklore* 57 (224): 107–115

Coe, Michael D.

1975 »Death and the Ancient Maya« in E. P. *Benson* (Hg.), *Death and the Afterlife in Pre-Columbian America:* 87–104, Washington D. C.: Dumbarton Oaks

Colby, Benjamin N. & Lore M.

1981 *The Daykeeper: The Life and Discourse of an Ixil Diviner* Cambridge: Harvard University Press

Diechtl, Sigrid

1982 »Recursos forestales del trópico húmedo y la alimentación humana« *Alternativas para el uso del suelo en área forestales del trópico húmedo,* Vol. 5: 75–102, Publ. 38, México, D. F., *Inif*

Dobkin de Rios, Marlene

1972 »Is Science Catching up with Magic«? *Medical Anthropology Newsletter* 7: 4–7

1974 »The Influence of Psychotropic Flora and Fauna on Maya Religion« *Current Anthropology* 15 (2): 147–164

Duby, Gertrude

1959 »Estado actual de los lacandones de Chiapas, México« *América Indígena* 19 (4): 255–267

1961 *Chiapas indigena* México, D. F.: *Unam*

1983 »Wandel im Zeitraum: Bei den Lakandonen in Chiapas« *Indiana* 8: 149–158

Dütting, Dieter

1974 »Sorcery in Maya Hieroglyphic Writing« *Zeitschrift für Ethnologie* 99: 2–62

Ebermann, Oskar

1903 *Blut- und Wundsegen* Berlin: Mayer & Müller

Eis, Gerhard

1964 *Altdeutsche Zaubersprüche* Berlin: de Gruyter

Emboden, William A.

1979 »Nymphea ampla and other Narcotics in Maya Ritual and Shamanism« *Mexicon* 1 (4): 50–52

Engler, F. K. (Hg.)
1980 *Dschu-lin Yä-schi* Frankfurt/M.: Fischer
Fabrega, Horacio & Daniel B. *Silver*
1973 *Illness and Shamanistic Curing in Zinacantan* Stanford University Press
Farriss, Nancy M.
1984 *Maya Society under Colonial Rule* Princeton: University Press
Favret-Saada, Jeanne
1979 *Die Wörter, der Zauber, der Tod* Frankfurt/M.: Suhrkamp
Fernandez, James
1974 »The Mission of Metaphor in Expressive Culture« *Current Anthropology* 15: 119–145
Frake, Charles O.
1980 *Language and Cultural Description* Stanford University Press
Friedrich, Adolf
1955 »Das Bewußtsein eines Naturvolkes« *Paideuma* 6 (2): 47–53
Furst, Peter T.
1976 *Hallucinogens and Culture* San Francisco: Chandler & Sharp
Furst, Peter T. & Michael D. *Coe*
1977 »Ritual Enemas« *Natural History* 86 (3): 88–91
Gage, Thomas
1710 *Neue merkwürdige Reise-Beschreibung nach Neu-Spanien* Gotha: Verlegts Johann Herbordt Kloß
Gaster, Theodor H.
1983 *Die ältesten Geschichten der Welt* Berlin: Wagenbach
Gelpke, Rudolf
1982 *Vom Rausch im Orient und Okzident* Frankfurt am Main–Berlin: Ullstein
Giboudeaux, Colette & Silvia *Ferrari*
1984 »Menstruation« *Cargo – Zeitschrift für Ethnologie* 4: 13–25
Gibran, Kahlil
1982 *Das Reich der Ideen* Olten/Freiburg: Walter
Globus, Gordon G.
1981 »Wissenschaft und Zauberei« in H. P. Duerr (Hg.), *Der Wissenschaftler und das Irrationale* Bd. 1: 457–472, Frankfurt/M.: Syndikat
Goncalves de Lima, O. et al.
1977 »Contribution to the Knowledge of the Maya Ritual Wine: balche« *Lloydia* 40: 195–200
Grof, Stanislav
1978 *Topographie des Unbewußten* Stuttgart: Klett-Cotta
Grof, Stanislav & Joan *Halifax*
1980 *Die Begegnung mit dem Tod* Stuttgart: Klett-Cotta
Grof, Stanislav & Christina
1984 *Jenseits des Todes: An den Toren des Bewußtseins* München: Kösel
Groom, Nigel
1981 *Frankincense and Myrrh* London: Longman
Grube, Nikolai K.
1985 »Die Götter der Maya-Handschriften« in C. *Rätsch* (Hg.), *Chactun – Die Götter der Maya*, Köln: Diederichs
Guerra, Francisco
1971 *The Pre-Columbian Mind* New York: Seminar Press

Guiteras Holmes, Calixta
1961 »La magía en la crisis del embarazo y parto en los actuales grupos mayances de Chiapas« *Estudios de Cultura Maya* 1: 159–166
Hahn, Robert A.
1973 »Understanding Beliefs« *Current Anthropology* 14 (3): 207–229
Halifax, Joan
1981 *Die andere Wirklichkeit der Schamanen* Bern, München: O. W. Barth
Hamblin, Nancy L.
1981 »The Magic Toads of Cozumel« *Mexicon* 3 (1): 10–14
1984 *Animal Use by the Cozumel Maya* Tucson: University of Arizona Press
Hammond, Dorothy
1970 »Magic: A Problem in Semantics« *American Anthropologist* 72 (6): 1349–1356
Hammond, Norman
1981 »*Pom* for the Ancestors« *Mexicon* 3 (5): 77–79
Hampp, Irmgard
1961 *Beschwörung, Segen, Gebet* Stuttgart: Silberburg-Verlag
Harman, Robert C. & William B. *Kurtz*
1976 »Effects of Missionary and Government Programs on Medical Behavior in a Maya Community« *Actas del XLI Congreso Internacional de Americanistas*, Bd. 3: 292–302
Hartmann, Franz
o. d. *Unter den Gnomen im Untersberg*, Calw: Schatzkammer
Hasan, K. A.
1981 »The Ecology of Health and Disease« *Mankind Quarterly* 21 (4): Seite 315–325
Hauschild, Thomas
1982 *Der Böse Blick* Berlin: Mensch und Leben
Heffern, Richard
1974 *Secrets of the Mind-Altering Plants of Mexico* New York: Pyramid
Hemleben, Johannes
1980 *Jenseits* Reinbek: Rowohlt
Hermanns, Barbara & Hein J. *Probst*
1985 »Berichte von den Dingen in Yucatán« in C. *Rätsch* (Hg.), *Chactun – Die Götter der Maya*, Köln: Diederichs
Hesse, Hermann
1981 *Kindheit des Zauberers* Frankfurt/M.: Insel
Hinz, Eike
1970 *Anthropologische Analyse altaztekischer Texte* Hamburg: Hamburgisches Museum für Völkerkunde
1978 »Cognitive Structures and Processes in Verbal Magic« *Sociologus* 28 (2): 122–148
1978 *Analyse aztekischer Gedankensysteme* Wiesbaden: Steiner
1984 »Kanjobal Maya Divination: An Outline of a Native Psycho-Sociotherapy« *Sociologus* 34 (2): 162–184
Höhle, Sigi, Christian *Rätsch* & Ossi *Urchs*
1984 »Die bewegten Schatten – Lakandonen im Film« in *M. Friedrich* et al. (Hrsg.), *Die Fremden sehen:* 161–174, München: Trickster
Höhle, Sigi & Ossi *Urchs*
1982 *Das Antlitz der Mayas* Königstein: Athenäum

Hofer, G.
1966 »Der Medizin-Mann in der naturvolklichen Gemeinschaft« *Confinia Psychiatrica* 9 (3–4): 177–197
Hofmann, Albert
1983 »Pflanzenkundliche Überlegungen zum Waldsterben« *Sphinx Magazin* 23: Seite 2
1984 *The Interdependence of Inner and Outer Space (The Transmitter-Receiver Concept of Reality)* Paper presented at the Esalen Invitational Conference on Psychedelic Research, 9.–19. 12.
1985 »Die Philosophie des erweiterten Bewußtseins« in *New Age-Kalender* Basel: Sphinx
Holland, William R. & Roland *Tharp*
1964 »Highland Maya Psychotherapy« *American Anthropologist* 66: 41–52
Huber, Meg
1983 »Hier stimmt doch etwas, nicht?« *TAZ* 6. 12. 83
Hunn, Eugene S.
1977 *Tzeltal Folk Zoology* New York usw.: Academic
Illies, Joachim
1977 *Anthropologie des Tieres* München: dtv
Inchaustegui, Carlos
1983 *Figuras en la niebla* México, D. F.: Cultura Popular
Jackson, Bruce
1980 »The Other Kind of Doctor: Conjure and Magic in Black American Folk Medicine« in *W. D. Hand* (Hg.), *American Folk Medicine:* 259–272, Berkeley usw.: University of California Press
Janiger, Oscar & Marlene *Dobkin de Rios*
1973 »Suggestive Hallucinogenic Properties of Tobacco« *Medical Anthropology Newsletter* 4 (4): 6–11
Kaarle, Krohn
1917 *Snomalaiset Syntyloitsut Vertailera tutkimus* Helsinki
Kalweit, Holger
1984 *Traumzeit und innerer Raum* Bern usw.: Scherz
Katz, Solomon H., H. L. *Hediger* & L. A. *Valleroy*
1974 »Traditional Maize Processing Techniques in the New World« *Science* 184: 765–773
Kennedy, Alison B. & Christian *Rätsch*
1985 »Datura: An Aphrodisiac?« *High Frontiers* No. 2: 22, 25
Kihm, Walter
1974 *Zur Symbolik im Schamanismus* Freiburg i. B.: Diss.-Ms.
Köhler, Ulrich
1975 »Ein Zauberspruch auf Maya-Tzotzil zur Heilung von Schlangenbissen« *Zeitschrift für Ethnologie* 100: 239–247
1977 *Čonbilal Č'ulelal* Wiesbaden: Steiner
1983 »Gefahr am Usumacinta« *Mexicon* 5 (6): 99
Kokot, Waltraut, Hartmut *Lang* & Eike *Hinz*
1982 »Current Trends in Cognitive Anthropology« *Anthropos* 77: 329–350
Kruppa, Hans
1983 *Zaubersprüche: Aphorismen* Clausthal-Zellerfeld: Koch
Le Guin, Ursula K.
1982 *Das Wort für Welt ist Wald* München: Heyne

Lehmann, Alfred
1908 *Aberglaube und Zauberei* Stuttgart: Enke
Leigh, Egbert G. et al. (Hg.)
1982 *The Ecology of a Tropical Forest* Washington D. C.: Smithsonian
Litzinger, William J.
1980 *Introduction to Native North American Alcoholic Beverages* Paper presented at the Third Conference on Ethnobiology, Tucson, 21.–22. 3.
Ma'ax, K'ayum & Christian *Rätsch*
1984 *Ein Kosmos im Regenwald: Mythen und Visionen der Lakandonen-Indianer* Köln: Diederichs
Malinowski, Bronislav
1981 *Korallengärten und ihre Magie* Frankfurt/M.: Syndikat
Masters, Robert & Jean *Houston*
1984 *Phantasie-Reisen* München: Kösel
McKenna, Dennis J. & Terence K.
1975 *The Invisible Landscape* New York: Seabury
Meckel, Christoph
1984 *Wildnisse* Frankfurt/M.: Fischer
Meier, P. Joseph
1913 »Die Zauberei bei den Küstenbewohnern der Gazelle-Halbinsel, Neupommern, Südsee« *Anthropos* 8: 1–11, 285–305, 688–713
Metzner, Ralph
1968 *The Ecstatic Adventure* New York: Macmillan
1974 *Maps of Consciousness* New York: Macmillan
Miranda, Faustino
1975 *La vegetación de Chiapas* Tuxtla Gutiérrez: Ejecutivo del Estado
Moerman, Daniel E.
1979 »Anthropology of Symbolic Healing« *Current Anthropology* 20 (1): Seite 59–80
Moser, Don
1982 *Die Dschungel Mittelamerikas* Amsterdam: Time-Life
Müller-Ebeling, Claudia & Christian *Rätsch*
1985 »Regenwaldmenschen – Diesseits des Waldes – Jenseits der Milchstraße« *Ökozid 1 – Jahrbuch für Ökologie und bedrohte Kulturen* Gießen: Focus
Nations, James D.
1979 »Snail Shells and Maize Preparation: A Lacandon Maya Analogy« *American Antiquity* 44 (3): 568–571
Nations, James D. & D. I. *Komer*
1983 »Indianer, Siedler und Rindfleischexport: Die Vernichtung des mittelamerikanischen Regenwaldes« *Pogrom* 14 (104): 63–66
Nations, James & Ronald B. *Nigh*
1980 »The Evolutionary Potential of Lacandon Maya Sustained Yield Tropical Forest Agriculture« *Journal of Anthropological Research* 36 (1): 1–30
Nerval, Gérard de
1979 *Aurelia* München: dtv
O'Keefe, Daniel L.
1982 *Stolen Lightning: The Social Theory of Magic* New York: Continuum
O'Nell, Carl W.
1976 *Dreams, Culture and the Individual* San Francisco: Chandler & Sharp

Ornstein, Robert
1976 *Die Psychologie des Bewußtseins* Frankfurt/M.: Fischer
Patten, Nathan van
1932 »Obstetrics in Mexico prior to 1600« *Annals of Medical History, N. S.* 4 (2): 203–212
Pelletier, Kenneth R.
1982 *Unser Wissen vom Bewußtsein* München: Kösel
Perls, Fritz
1976 *Grundlagen der Gestalt-Therapie* München: Pfeiffer
Quezada, Noemi
1977 »Creencias tradicionales sobre embarazo y parto« *Anales de Antropología* 14: 307–326
Rätsch, Christian
1982 »Der Urahne, der in einen Jaguar verwandelt wurde: Über das Wirklichkeitskonzept bei den Lakandonen« *Trickster* 9/10: 37–45
1983 »Wenn es keinen Wald mehr gibt, kommt das Ende der Welt« *Trickster* 11: 14–15
1984a »Zaubersprüche als Theraphie: Zur Ethnomedizin der Lakandonen im Mexikanischen Regenwald« *Psychosozial* 23: 130–142
1984b »Toniná – das alte Haus des Pulvermachers« *Mexicon* 6 (5): 66–69
1984c *Their Word for World is Forest: Cultural Ecology and Religion among the Lacandone Maya Indians of Southern Mexico* Lecture held at UC Berkeley, sponsored by the Group in Religious Studies, 4. 12. 84.
1985a »Eine Hamburger *balche'*-Zeremonie« *Trickster* 12/13: 50–58
1985b »Denn der Wald war ihre Welt« *Pogrom* 16. Jg., Nr. 112: 49–51
1985c *Das Erlernen von Zaubersprüchen: Ein Beitrag zur Ethnomedizin der Lakandonen von Naha'* Berlin: Express Edition
1985d »Kosmologische Zaubersprüche« in ders. (Hg.), *Chactun – Die Götter der Maya*, Köln: Diederichs
Rätsch, Christian & Heinz J. *Probst*
1983 »Kräuter zur Familienplanung« *Sexualmedizin* 12 (4): 173–176
1985 »Xtohk'uh: Zur Ethnobotanik der Datura spp.« *Ethnologia Americana*
1985 *Namaste Yeti* München: Knaur
Redfield, Robert & Margaret
1940 »Disease and its Treatment in Dzitas, Yucatan« *Contributions to American Anthropology and History* No. 32
Riese, Berthold
1972 *Geschichte der Maya* Stuttgart usw.: Kohlhammer
Robicsek, Francis
1978 *The Smoking Gods* Norman: University of Oklahoma Press
Robicsek, Francis & Donald M. *Hales*
1982 *The Mayan Book of the Dead* Charlottesville: University of Virginia Press
Rody, Georg M.
1940 *Definitor: Die Merseburger Zaubersprüche* Birkesdorf-Düren: Ragier
Rosaldo, Michelle Zimbalist
1972 »Metaphors and Folk Classification« *Southwestern Journal of Anthropology* 28: 83–99
1975 »It's All Uphill: The Creative Metaphors of Ilongot Magical Spells« in *M. Sanches* & B. G. *Blount* (Hg.), *Sociocultural Dimensions of Language Use:* 177–203, New York: Academic

Roys, Ralph L.
1965 *Ritual of the Bacabs* Norman: University of Oklahoma Press
1976 *The Ethno-Botany of the Maya* Philadelphia: *Ishi*
Ruiz de Alarcón, Hernando
1985 *Treatise on the Heathen Superstitions* Norman: University of Oklahoma Press
Sapper, Carl
1891 »Ein Besuch bei den östlichen Lacandonen« *Ausland* 64: 892–895
1897 *Das nördliche Mittel-America nebst einem Ausflug nach dem Hochland von Anahuac* Braunschweig: Vieweg
1903 »Mittelamerikanische Waffen im modernen Gebrauche« *Globus* 83 (4): 53–63
Schendel, Gordon
1968 *Medicine in Mexico* Austin: University of Texas Press
Schröder, Dominik
1955 »Zur Struktur des Schamanismus« *Anthropos* 50: 848–881
Schütz, Alfred & Thomas *Luckmann*
1979 *Strukturen der Lebenswelt* Frankfurt/M.: Suhrkamp
Sebeok, Thomas A.
1953 »The Structure and Content of Cheremis Charms« *Anthropos* 48: 369–88, 760–772
Seligmann, C. G. & Brenda Z.
1969 *The Veddas* Oosterhout: Anthr. Publ.
Sepulveda, Ma. Teresa
1983 *Magía, brujería y supersticiones en México*, Mexico D. F.: Ed. Everest Mexicana
Sharon, Douglas
1980 *Magier der vier Winde* Freiburg i. B.: Bauer
Shuttle, Penelope & Peter *Redgrove*
1982 *Die weise Wunde Menstruation* Frankfurt/M.: Fischer
Smailus, Ortwin
1985 »Aus den Büchern des Jaguarpriesters« in C. *Rätsch* (Hg.), *Chactun – Die Götter der Maya*, Köln: Diederichs
Smet, Peter A. G. M. de
1983 »A Multidisciplinary Overview of Intoxicating Enema Rituals in the Western Hemisphere« *Journal of Ethnopharmacology* 9: 129–166
Snyder, Gary
1984 *Landschaften des Bewußtseins* München: Trickster
Soustelle, Jacques
1937 »La culture matérielle des indiens lacandons« *Journal de la Société des Américanistes* 29: 1–95
Stehlik, Brigitte
1981 *Die indianische Bevölkerung des westlichen Maya-Tieflandes im 16. und 17. Jahrhundert* Berlin: MS.
Stephens, John L.
1980 *In den Städten der Maya* Köln: DuMont
Strathern, Andrew & Merilyn
1968 »Marsupials and Magic: A Study of Spell Symbolism among the Mbowamb« in E. R. *Leach* (Hg.), *Dialectic in Practical Religion*: 179–202, Cambridge University Press

Stüben, Peter E.
1984 »Die Weisheit der ›Primitiven‹ – eine ökologische Alternative?« in F. *Maderspacher* & ders. (Hg.), *Bodenschätze contra Menschenrechte:* 279–294, Hamburg: Junius
Tambiah, S. J.
1968 »The Magical Power of Words« *Man* 3: 175–208
Tart, Charles T. (Hg.)
1969 *Altered States of Consciousness* New York usw.: Wiley
Termer, Franz
1959 »Die Kenntnis vom Uterus bei den Maya und anderen Völkern in Mesoamerika« *Ethnos* 24 (3–4): 177–201
Thompson, J. Eric S.
1970 *Maya History and Religion* Norman: University of Oklahoma Press
1977 »A Proposal for Constituting a Maya Subgroup, Cultural and Linguistic, in the Peten and Adjacent Regions« in G. D. K. *Jones* (Hg.), *Anthropology and History in Yucatán:* 3–42. Austin: University of Texas Press
Tibón, Gutierre
1981 *La triade prénatal* México, D. F.: FCE
Tozzer, Alfred M.
1907 *A Comparative Study of the Mayas and the Lacandones* New York: Macmillan
1977 *A Maya Grammar* New York: Dover
Urchs, Ossi
1985 »Besprechung« *Trickster* 12/13: 80–83
von der Dunk, Klaus
1983 *Gifttiere in aller Welt* Augsburg: A. Bücher
Watzlawick, Paul
1982 *Die Möglichkeit des Andersseins* Bern usw.: Huber
Wax, Murray & Rosalie
1963 »The Notion of Magic« *Current Anthropology* 4: 495–518
Wilson, Robert Anton
1982 *Schrödingers Katze* (3 Bde.) Basel: Sphinx
1983 *Die Illuminati-Papiere* Reinbek: Rowohlt
1983 *Masken der Illuminaten* Basel: Sphinx
1984 *Ist Gott eine Droge oder haben wir sie nur falsch verstanden* Basel: Sphinx
Winkelman, Michael
1982 »Magic: A Theoretical Reassessment« *Current Anthropology* 23 (1): 37–66
Zerries, Otto
1984 »Die Rolle des Großen Ameisenbären im Glauben der Aché (Paraguay)« *Tribus* 33: 193–195

Danksagung

Mein tiefer Dank gehört meinen lakandonischen Lehrern, die zu ihrem Schutz namenlos bleiben müssen. Sie haben mir die Pforten zu ihrer Wirklichkeit geöffnet und mir erlaubt, das erlernte Wissen weiterzureichen. Mit ihnen hoffe ich für den Erhalt des Regenwaldes und danke allen Menschen, besonders den Zauberern und New-Age-Schamanen, die mit uns am Aufbau einer lebenswerten, befreiten, friedlichen und liebenden Welt arbeiten.

Ohne die Unterstützung meiner Eltern und des Deutschen Akademischen Austauschdienstes wären meine Forschungen niemals möglich gewesen. Wärme, Erfrischung und Inspiration in Zeiten der Kälte, Einsamkeit und Dunkelheit gaben mir Claudia Müller-Ebeling und Hartmut Rüsch. Ich umarme Euch!

All meinen Freunden, deren Gedanken und Ideen mit in dieses Buch eingeflossen sind, möchte ich meinen herzlichen Dank aussprechen: Alise Agar, Claus Biegert, Sigrid Dichtl, Gertrude Duby-Blom, Wolfram Eberhard, Marilyn Ferguson, Stanislav Grof, Thomas Hauschild, Adam I. Heart, Ruth-Inge Heinze, Eike Hinz, Sigi P. A. Höhle, Albert Hofmann, Meg Huber, Alison B. Kennedy, Terence und Kat McKenna, Ralph Metzner, Werner Petermann, Heinz Jürgen Probst, Berthold Riese, Galan O. Seid, Michel Strickmann, Ossi Urchs, Robert Anton Wilson, Rich Yensen, Debby, Jan und allen Dakinis.

Bay. Ne tsoy äh k oleex – yok'ol k'abah k'uh!